Heide Wilts

Gestrandet in der weißen Hölle

Delius Klasing Verlag

Dieses Buch wurde auf umweltschonendem,
chlorfrei gebleichtem Papier gedruckt.
Die Folie des Schutzumschlags
sowie die Einschweißfolie
sind PE-Folien und biologisch abbaubar.

Die Deutsche Bibliothek – CIP-Einheitsaufnahme

Wilts, Heide:
Gestrandet in der weißen Hölle / Heide Wilts. [Fotos: Erich Wilts]. –
2. Aufl. – Bielefeld: Delius Klasing, 1993
ISBN 3-7688-0767-3

2. Auflage

Fotos: Arno Scheffler (Nr. 1 und 2),
alle weiteren Aufnahmen inkl. Schutzumschlag: Erich Wilts
Grafik: Siegfried Berning
Druck und Bindung: Franz Spiegel Buch GmbH, Ulm
Printed in Germany 1993

Heide Wilts

Gestrandet in der weißen Hölle

Für Erich

Inhalt

Prolog

Die Temperatur ist auf antarktische Tiefen gesackt, zusammen mit dem Wind wird es bestialisch kalt. Das Heulen des Sturmes, die wütenden Angriffe der Brecher und die ständigen Grundberührungen des Schiffsrumpfes zermürben meine Nerven. Noch nie habe ich mich Naturgewalten so hilflos ausgeliefert gefühlt, noch nie die Natur so sehr als Feind empfunden. Unaufhaltsam steigt das Wasser im Schiff. Wie gelähmt sitzen wir auf der oberen Messekoje in voller Montur, miteinander verbunden durch ein langes Tau. Kälte, Hunger und Erschöpfung machen uns benommen, apathisch. Unter uns wölben sich die Polster nach oben, als würden sie von Geisterhand bewegt, und beginnen aufzuschwimmen. Spülmittelflaschen, Handschuhe, Wollsocken, Wasserkanister, Suppentüten, eingeschweißte Notraketen, Taschenlampen, das abgerissene Echolot, Federkissen, Bodenbretter – alles schwappt hin und her wie ein großer Eintopf.

„Wir müssen jetzt von Bord, wenn wir nicht erfrieren wollen", entscheidet Erich.

Jetzt, da es ernst wird, erfaßt mich panische Angst. In der Sturmnacht durch die tosende Brandung? Das Wasser ist eiskalt, niemand kann darin länger als ein paar Sekunden überleben...

Mir ist, als würde ich am Strick zum Schafott geführt. Mein Herz klopft bis zum Hals, als wir über die Schottbretter ins Cockpit steigen. Tonnen von Eis überziehen die FREYDIS, Brecher schlagen über uns zusammen, der Wind wirft mich fast über Bord.

„Bis gleich", brüllt Erich und springt in die schäumenden Fluten... Ich lasse mich einfach fallen und strample um mein Leben.

Habe ich alles nur geträumt, oder ist das die Wirklichkeit – das Ende?

Die FREYDIS brennt

Wieder in die hohen südlichen Breiten – Wir bleiben im Zeitplan – Tierparadies Valdez – Wiedersehen mit den Falklands – Silvester auf Kap Hoorn – Der Weg ist das Ziel

Bereits in den Jahren 1981/82 und 1986/87/88 hatten wir mit unserer Segelyacht FREYDIS lange und aufwendige Etappentörns in den tiefen Süden beziehungsweise in den hohen Norden unternommen – unsere „Eistörns", wie wir sie im nachhinein nannten, weil das Eis die Höhepunkte unserer Reisen charakterisierte: die ungebändigte Natur, mit der wir uns auseinandersetzen mußten, aber auch die großartige Schönheit, die wir genießen durften. Wir waren glücklich über das, was wir erlebt hatten, und stolz darauf, was und wie wir es gemeistert hatten, allein, ohne fremde Transportmittel, ohne große Ansprüche, ohne daß jemand zu Schaden gekommen war.

Auf unserem ersten Antipodentörn waren wir entlang der südamerikanischen Küste gesegelt, rund Kap Hoorn und bis zur antarktischen Halbinsel mit den ihr vorgelagerten Südshetland-Inseln[1]. Fünf Jahre später wagten wir uns in die ähnliche und doch ganz verschiedene, aber nicht minder beeindruckende arktische Natur von Neufundland, Grönland und Spitzbergen[2]. Nun, 1991, hatten wir uns erstmals für längere Zeit aus unseren Berufen ausgeklinkt und alles in diese Reise investiert, die mehrere Jahre dauern sollte. Wir hatten uns für dieses Leben entschieden, obwohl wir

1 H. Wilts: *Weit im Norden liegt Kap Hoorn*, Bielefeld 1984, 2 H. Wilts: *Wo Berge segeln*, Bielefeld 1988

wußten, daß es uns finanziell nicht mehr so gut gehen würde wie zuvor und daß wir nur noch einen Bruchteil unserer vorherigen Einnahmen verdienen würden. Dennoch war es für uns kein Aussteigen, sondern ein Umsteigen.

Als wir zehn Jahre zuvor zu einer ähnlichen einjährigen Segelreise gestartet waren, hatte mir das vorübergehende Ausscheiden aus meiner ärztlichen Tätigkeit viele schlaflose Nächte bereitet. Obwohl ich meinen Beruf nur für begrenzte Zeit aufgab, hatte ich doch das Gefühl, etwas für mich Lebenswichtiges zu verlieren. Etwas, das seit vielen Jahren mein Leben tiefgreifend mitbestimmt hatte und das für mich nicht nur ein Job zum Geldverdienen war. Ich sah mich ein sinnvolles Berufsleben eintauschen gegen ein Seglerleben voller Unbequemlichkeiten, Unwägbarkeiten, Risiken und Gefahren.

Damals konnte ich noch nicht überblicken, ob ich einem so langen Törn einen anderen positiven Aspekt würde abgewinnen können als den, daß Reisen eben schön, interessant und farbig ist. In meiner Unsicherheit schleppte ich eine Menge medizinischer Fachliteratur bis in die Antarktis mit, in der ehrlichen Absicht, mich durch Lesen auf dem laufenden zu halten: ein völlig unsinniges Vorhaben. An Bord hatte ich den Kopf nicht frei und auch gar keine Lust, medizinische Fachliteratur zu studieren. Ungelesen, feucht und angeschimmelt brachte ich alles wieder mit nach Hause, fand dann aber mit der neugewonnenen Energie rasch wieder ins Berufsleben zurück.

Als wir diesmal lossegelten, war ich ganz froh, meinem Arztberuf den Rücken kehren und die Alltagsmonotonie abschütteln zu können. Heute scheint es mir geradezu notwendig, mal ein anderes Leben mit anderen Zielsetzungen zu führen. Ich sehe in diesem Umsteigen eine große Chance, meine Neugier, meinen Wissensdurst, meine Sehnsucht nach Abenteuer und Freiheit aktiv zu befriedigen, nicht nur durch die Medien. Und ich weiß jetzt, daß die neuen Erfahrungen sich auch positiv für meinen Arztberuf auswirken können. Deshalb schreckt mich auch die Frage nach dem Hinterher nicht mehr. Sollten Interesse und Leistungsbedürfnis mich dazu drängen, werde ich wieder in meinen alten Beruf zurückkehren – wie damals, aber vielleicht mit dem Gefühl, etwas mehr geben zu können als vorher.

Bei Erich, meinem Mann, liegen die Dinge noch eindeutiger. Er war wie ich dreißig Jahre erfolgreich in einem „bürgerlichen" Beruf tätig. Aber nie hatte dieser Beruf ihn voll befriedigt. Doch was er jetzt macht, ist für ihn mehr als ein Beruf, es ist Berufung. Inzwischen sind es drei Jahre her, seit wir diese Entscheidung getroffen haben, und wir haben sie noch nicht bereut. Nichts ist leichter geworden, im Gegenteil, aber alles ist schöner. Der Höhepunkt für Erich und mich sollte das Überwintern in einem Vulkankrater der Antarktis sein, bevor die Reise um den sechsten Kontinent weiter gehen würde. Wir hatten uns alles so schön vorgestellt, uns darauf gründlich vorbereitet. Und dann kam alles anders...

Es ist Nachmittag und sommerlich warm im argentinischen Mar del Plata. Der Generator läuft, um die frischgefüllte Kühltruhe zu versorgen. An Bord ist alles gewissenhaft verstaut, die Ausrüstung für ein ganzes Jahr untergebracht. Wir haben gerade ausklariert und wollen bald auslaufen. Zum Abschied sitzen wir noch ein Weilchen im Cockpit, trinken Tee und schauen über den friedlichen Yachthafen.

Plötzlich dringen Rauchschwaden aus der Achterluke und dem Niedergang. Geistesgegenwärtig greift sich Erich sofort den nächsten Feuerlöscher, reißt den Motorraum auf und versucht zu löschen. Was er schafft, erweist sich aber im wahrsten Sinne des Wortes als Tropfen auf den heißen Stein. Flammen hüllen ihn ein, seine Haare sind nur noch versengte Stummel und Fransen. Mitsegler Arno rennt nach der Feuerwehr, und ich haste nach anderen greifbaren Feuerlöschern. Alle Segler und die Angestellten des Club Nautico Argentino, wo wir zum Glück an der Pier liegen und nicht vor Anker, sind sofort hilfsbereit zur Stelle, und das bestimmt nicht nur darum, weil das Feuer leicht auf die benachbarten Kunststoffschiffe übergreifen könnte.

Aber selbst sechsundzwanzig Feuerlöscher bringen keinen Erfolg. Ungerührt von all dem weißen Kunstschaum, schlagen die Flammen weiter aus dem Motorraum und fressen sich bis in die

Achterkammer und die Messe durch. Unglücklicherweise sind in den Backskisten über dem Motorraum unsere großen Gasflaschen für den Herd gestaut und die Kiste mit Notraketen. Hoffentlich geht nicht alles in die Luft!

„Heide, es ist aus, die Reise ist zu Ende! – Unser schönes Schiff..." ruft mir Erich zu. Sein Ton, so voller Schmerz, trifft mich mehr als alles andere.

Ich bin kurz vor einer Rauchvergiftung, weil unter anderem unsere PVC-Decke und die Kabel abbrennen – ein scheußlicher Geruch, den ich noch lange in der Nase habe. Erich und unsere Mitsegler Erhard, Arno und Klaus stehen in beißendem Qualm und bekämpfen die Flammen, verteidigen die FREYDIS mit dem Mut der Verzweiflung. Aber trotz aller Anstrengungen scheint es aussichtslos, unser Schiff zu retten. Immer wieder findet das Feuer in Diesellachen, Seekarten, Plastikteilen und ähnlichem neue Nahrung, droht zu vernichten, was für Jahre unser Heim, unsere Zuflucht werden sollte.

Eine Menschenmenge ist zusammengelaufen, das brennende Schiff wird die große Attraktion. Hobbyfilmer und -fotografen sind dabei. Am liebsten würde ich sie wegscheuchen. Ich will nicht, daß das Unglück bestaunt und festgehalten wird. Ich kann nicht fassen, daß es trotz allen Einsatzes seinen fatalen Lauf nimmt. Es ist nur noch eine Frage der Zeit, bis die gefräßigen Flammen auch Ventile und Dichtungen erreicht haben, bis unsere hochgesteckten Ziele in Feuer und Rauch aufgehen und die FREYDIS sinkt.

Aber Neptun und alle Meeresgöttinnen, die ich in meiner Not anrufe, halten sie über Wasser. Nicht nur sämtliche Elektrogeräte, die gesamte Bordelektrik, die Achterkammer, der Gang und die Messe sind ausgebrannt – auch die teure Kamera- und Tonausrüstung der ZDF-Leute ist hin. Kameramann Arno und Assistent Klaus waren zwei Tage zuvor angereist, um unsere nächste Etappe mitzusegeln und zu filmen. Erst am Vortag hatten sie ihr Arbeitsgerät installiert. Nun ist allein schon dem ZDF ein Schaden von rund hunderttausend Mark entstanden, wie sich später herausstellt. Fast das gesamte Filmmaterial ist verbrannt oder von der Feuerwehr, die uns letztlich rettet, unter Wasser gesetzt. Sie pumpt

Tonnen von Wasser durch die Luken in den heißen Rumpf, bis die Flammen keinen Mucks mehr machen, bis nur noch schwarze Rauchschwaden als Zeichen der Verwüstung die Luft verpesten und in den strahlend blauen Himmel steigen.

Das Drama ist zu Ende, aber wir haben noch immer nicht begriffen, wie und warum es dazu kommen konnte. Wie betäubt schauen wir uns im Schiffsinneren um. Dort sieht es schlimm aus: schwarze, stinkende Brandhöhlen, die vor ein paar Stunden noch Messe, Achterkammer und Maschinenraum waren. Es dauert lange, bis wir einen klaren Gedanken fassen können: weitermachen, so rasch wie möglich reparieren, damit wir die Reise vielleicht doch noch fortsetzen können.

Noch am späten Abend beginnen wir mit den Aufräumungsarbeiten. Das Zerstörungswerk des Brandes, der wahrscheinlich durch einen Kurzschluß im Kabelbaum ausgelöst worden ist, bietet einen deprimierenden Anblick. Drei Tage schuften wir fast rund um die Uhr: Wir kratzen, reißen, waschen, schrubben, spachteln, sortieren und schaffen die vielen verkohlten Teile hinaus. Dann erst geht's ans Reparieren. „Trabajan como locos“ (sie arbeiten wie die Irren), wundern sich unsere argentinischen Freunde und Helfer. Besonders gefordert sind die Elektriker, sie entpuppen sich als wahre Künstler der Improvisation. Uns kommen fast die Tränen, als das angeschmorte Radio plötzlich wieder Töne von sich gibt und der große Plácido Domingo seine Arie auf der Kassette zu Ende schmettert, die er drei Tage zuvor begonnen hat. Dann gehen die Lichter wieder an, Wasser fließt wieder aus dem Hahn. Leitung für Leitung wird neu verlegt, bis alle neuinstallierten oder von den Flammen verschonten Verbraucher angeschlossen sind.

Mitsegler der nächsten Etappe, zwei Fluglotsen aus Düsseldorf, bringen uns in ihren Seesäcken neue elektronische Geräte mit. Wir haben sie noch am Tag des Brandes in Deutschland bestellt. Dank des schnellen Einsatzes von Lieferant und Freunden klappt alles wie am Schnürchen. Apropos Schnürchen: Auch die Schoten sind angekohlt und müssen ersetzt werden. Sogar die Polster werden frisch überzogen. Was nach der Säuberung noch schwarz bleibt, überpinseln wir einfach mit weißer Farbe. Achterkammer und

Messe werden behelfsmäßig renoviert. Die Argentinier aus dem Klub, die uns immer wieder besuchen, um den Stand der Dinge zu begutachten, sind vom Fortschritt der Arbeit fasziniert. Die Navigationselektronik wird von den Fluglotsen eingebaut. Langsam funktioniert alles für das Segeln Notwendige wieder an Bord.

Während dieser ganzen Zeit harter Arbeit fällt kein böses Wort. Alle Mitsegler, Stegnachbarn und angeheuerten Spezialisten arbeiten toll und haben sogar Spaß dabei (ein wenig Galgenhumor ist es natürlich auch, wenigstens bei uns). Jeden Abend vertilgen wir alle zusammen riesige argentinische Steaks, die uns bei Kräften und Laune halten. Nachts jedoch können Erich und ich kaum schlafen, denn der Schock, die Verantwortung für die Reise, für unsere Mitsegler und uns selbst wirken sich aus. Wir richten einander auf, machen uns Mut, trösten uns damit, daß niemand verletzt wurde, daß noch nicht alles verloren ist. Es wird vor allem davon abhängen, daß wir beide nicht aufgeben.

Und das Unmögliche wird wahr: Bereits nach nur fünf Tagen prüfen drei argentinische Inspektoren, zuständig für Maschine und Elektrik, für Elektronik und Schiffssicherheit, die FREYDIS gründlich vor dem Auslaufen und befinden sie für voll hochseetüchtig.

Weil nur ich spanisch spreche, bin ich ständig am Übersetzen und kann schließlich vor Erschöpfung gar nicht mehr reden, weder in Spanisch noch in Deutsch. Außerdem werde ich vom argentinischen Fernsehen vor unserem angekohlten Schiffchen interviewt. In Mar del Plata bin ich bekannt wie ein bunter Hund, mitleidende Geschäftsleute geben mir sogar Prozente beim Einkaufen!

Das ZDF-Projekt ist fürs erste gestorben. Die Kameraleute Arno und Klaus reisen ab, ohne eine einzige Meile auf der FREYDIS gesegelt zu sein. Zeitlich noch immer im Plan, laufen wir aus, Richtung Halbinsel Valdez in Patagonien. Außer uns sind noch vier Mitsegler an Bord: Erhard, der schon die vorige Etappe von Rio de Janeiro nach Mar del Plata mitgesegelt ist und uns nach dem Brand die ganze Zeit zur Seite stand; Karl, der die FREYDIS schon lange kennt, unter anderem von einer Tour nach Spitzbergen; und dann sind da noch die beiden Jochens, die Fluglotsen, die bereits an kleineren Touren auf der FREYDIS teilnahmen.

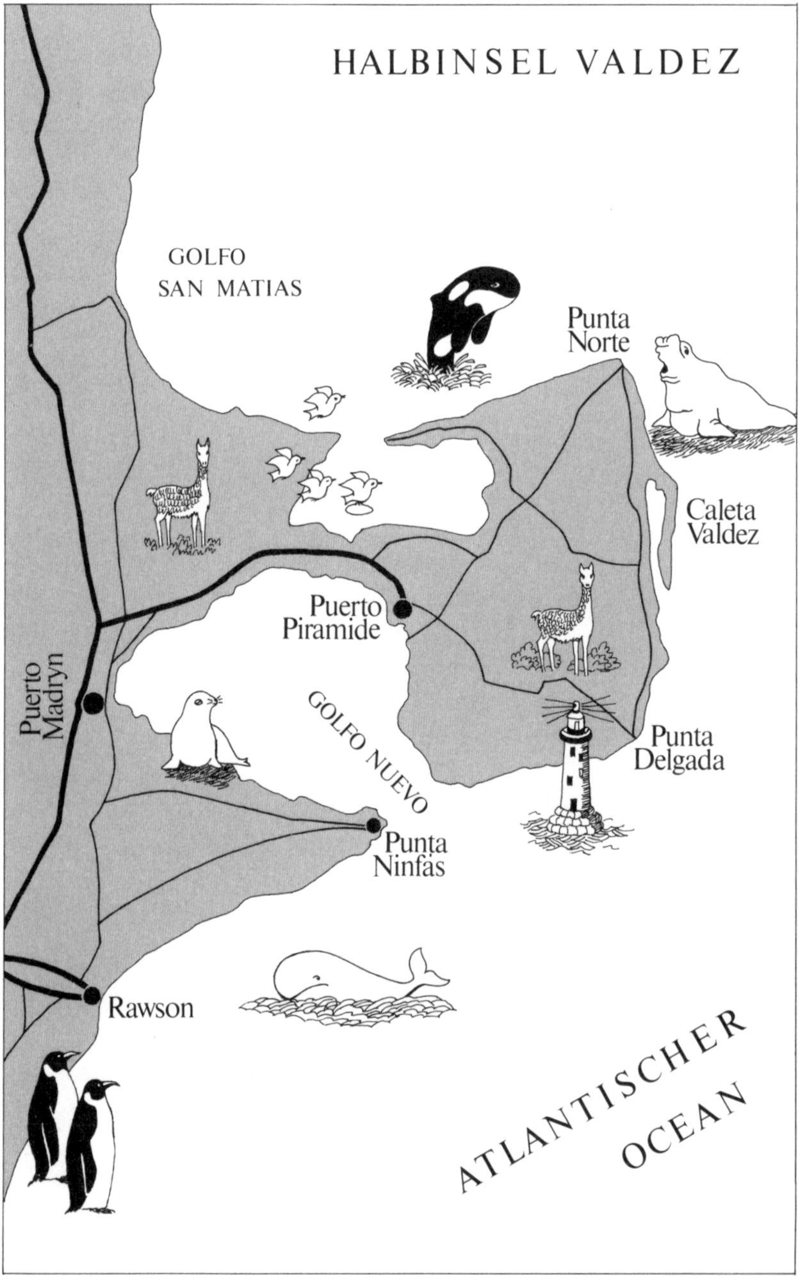

HALBINSEL VALDEZ
GOLFO SAN MATIAS
Punta Norte
Caleta Valdez
Puerto Piramide
Puerto Madryn
GOLFO NUEVO
Punta Delgada
Punta Ninfas
Rawson
ATLANTISCHER OCEAN

Die ersten vierundzwanzig Stunden haben wir freundliches Wetter, Sonnenschein, Sternenhimmel, günstigen Wind und gute Bordstimmung. Die FREYDIS segelt wieder, das ist das Schönste. Ich kann's kaum fassen, wenn ich daran denke, daß wir vor einer Woche noch vor den qualmenden Trümmern unserer Träume standen. Wir sind glücklich, Erich und ich, genießen die einsame Nachtwache stumm und dankbar. Albatrosse und Sturmvögel, die Bewohner südlicher Meere, umkreisen unser Schiff, und das Kreuz des Südens weist uns den Weg.

Der Bilderbuchtag endet damit, daß die Sonne als blutroter Ball ins silbrig glänzende Meer taucht, ein geheimnisvolles Schauspiel, das nie alltäglich wird. Zumal jetzt nicht, da wir laut GPS gerade den vierzigsten Breitengrad überschreiten. Darauf stoßen wir an. Ich wünsche mir, daß uns die Brüllenden Vierziger noch ein Weilchen gnädig sind, uns eine Schonfrist gönnen, bis wir alles wieder fest im Griff und auch selbst ein wenig Kraft getankt haben. Unter Deck riecht es immer noch nach kaltem Rauch und verbranntem Kunststoff, aber unser Leben hat sich fast wieder normalisiert. Die Sonne ist heiß, die Luft kalt, die Wassertemperatur beträgt dreizehn Grad Celsius. Die Tage werden immer länger.

In der Nacht frischt der Wind stark auf und dreht, bis er fast von vorn kommt. Rasch baut sich eine hohe See auf, schwarze Gewitterwolken rollen über uns hinweg. Mit dreifach gerefftem Groß und Fock hackt das Schiff auf sein Ziel zu. Mehrmals steigen Brecher aufs Deck, versuchen die beim Brand gesprungene Scheibe im Cockpit einzudrücken. Durch die Luken, die sich durch die Hitze verzogen haben und undicht geworden sind, dringt Wasser ein. Erichs passender Kommentar: „Scheibenkleister!"

Am nächsten Tag wieder Sonne, blauer Himmel, der Wind bläst weiter mit sieben bis acht Beaufort. Was kann man auch anderes erwarten in den Brüllenden Vierzigern? Nicht von ungefähr erhielten diese Breitengrade ihren ausdrucksvollen Namen von den Matrosen auf den alten Rahseglern, für die das schöne Passatsegeln spätestens hier in diesem rauhen Westwindgürtel endete. Zum Glück flaut der Wind in der Nacht ab, als wir auf die Küste zuhalten. Bei Starkwind würde sich auf den flachen Sänden eine so gefährliche Brandung aufbauen, daß wir unser Ziel, die Caletta Valdez, vergessen könnten. So aber finden wir auf Anhieb die Einfahrt, die sich laut Seehandbuch mal nach Norden, mal nach Süden verlagern soll, ähnlich einer Wanderdüne. Bis zum Morgen ankern wir davor. Um sechs Uhr früh und bei Stillwasser (zu Springzeiten sollen hier bis zu zehn Knoten Strom stehen) tasten wir uns durch die schmale Einfahrt, bei einer Wassertiefe von nur 1,3 bis 3 Metern.

Ausgerechnet jetzt können wir die Winschkurbel nicht finden, um unseren Kiel hochzukurbeln. Seit dem Brand ist vieles noch nicht wieder an seinem alten Platz. Ab und zu schleifen wir deshalb über den sandigen Grund, schaffen es aber trotzdem, in die lange, schmale Caletta einzudringen, die aussieht wie ein blind endendes Flußbett. Dort empfängt uns ein überwältigendes Tierparadies, das uns für alles Erlittene entschädigt.

Ich liege mit „meinen" süßen Elefantenrobben-Kindern Wange an Wange am Strand. Sie lassen sich streicheln, kommen neugierig angerobbt, um mich ganz aus der Nähe zu begucken. Eines von ihnen tätschelt mich sogar mit seinen langen schwarzen Brustflossen, hält mich wahrscheinlich für eine Kameradin. Das ist erfreulich, lustig, unkompliziert. Die Tiere machen sich keine Sorgen um den nächsten Tag, sie sind einfach da und leben. Hoffentlich noch lange... Hoffentlich geht es ihnen nicht so wie den Robben und Kormoranen an der Westküste Südamerikas, die in den letzten Jahren zu Zigtausenden an Hunger starben, weil die immer effizienter arbeitende Fischerei ihnen keine Nahrung mehr übrig ließ. Der Aufenthalt in Valdez ist Balsam für meine „verbrannte" Seele. Ich kann wieder gut schlafen, obwohl mir der Schock von Mar del Plata eigentlich erst hier richtig bewußt wird. Ich fühle mich versöhnt, geborgen, eins mit der Natur, die es gut meint mit mir. Auch Erich genießt diese Zeit, ist tagsüber ständig mit der Kamera unterwegs, um die pelzigen „Strandschönheiten" in den verschiedensten Posen zu fotografieren.

Doch schon nach zwei Tagen müssen wir leider weiter nach Puerto Pyramides im Golfo Nuevo, ebenfalls auf der Halbinsel Valdez. Auch hier bekommen wir im Restaurant am Strand so saftige Steaks wie überall in Argentinien, dem Land, wo die Rinder wie Gänseblümchen auf der Wiese wachsen. Die Bucht, in der wir ankern, ist eine Art Entbindungsstation für Wale. Überall schwimmen Walkühe mit ihren übermütigen Kälbern herum. Es ist schon beeindruckend, diese großen, sanftmütigen Tiere zu beobachten, die bis zwanzig Meter lang und zwanzig Tonnen schwer werden. Ein Superschauspiel ist es, wenn die Kleinen aus dem Wasser springen und mit der Mutter spielen.

In der Nacht schlägt das Wetter plötzlich um, und wir bekommen satten Sturm aus West. Der Anker hält nicht mehr, die FREYDIS zerrt ihn rumpelnd über den sandigen Grund. Mit gerefften Segeln fliehen wir Richtung Falklands, weg vom südamerikanischen Kontinent. Erhobenen Hauptes steuert unsere FREYDIS durch die Stürme. Aber sie kennt ja den Weg. Schon einmal, vor zehn Jahren, war sie durch das Revier der Roaring Forties, Furious Fifties und Screaming Sixties gesegelt. Damals war ihr das Glück der Ahnungslosen hold gewesen, jetzt kommt ihr die Vorsicht der Erfahrenen zugute, die wissen, daß hier mit den Elementen „kein ewiger Bund zu flechten" ist. Nach 500 Seemeilen windiger und nasser Überfahrt legen wir im Westen der Falklandinseln an der kleinen Holzpier eines Schafzüchters an. Mit diesem Farmer (17000 Schafe!) hatten wir bereits vor zehn Jahren Kontakt über Funk. Da er mitten in der Schafschur ist, hat er kaum Zeit zum Luftholen und natürlich auch nicht für uns.

Wir fliegen mit einem kleinen, aber starken Inselhüpfer nach Ostfalkland, wo wir in Port Stanley ebenfalls alte Bekannte besuchen. Port Stanley hat sich nach dem Falklandkrieg ausgedehnt, ist viel größer, lauter, verkehrsreicher geworden und hat seitdem viel von seinem altenglischen Charme verloren. Das Schlimmste an den Falklands von heute sind für mich die zahllosen riesigen Fischtrawler, die das Meer um die Inseln buchstäblich leerfischen. Die Briten auf den Falklands schwimmen geradezu im Geld, in schmutzigem Geld aus dem Verkauf von Fischereilizenzen an Russen, Japaner, Koreaner, Chinesen und weiß der Teufel an wen noch. Überall liegen Fabrikschiffe und Heckfänger. Nachts sind sie hell erleuchtet, wir hören ihre starken Motoren und das Surren der Seiltrommeln, während sie ihre riesigen Schleppnetze auslegen. Wir beeilen uns, von ihnen Abstand zu bekommen. Wer weiß, vielleicht holen sie uns sonst noch mit ihren Netzen ein und verarbeiten auch uns ohne hinzusehen zu Fischmehl, wie sie es schon mit dem gesamten Meeresgetier machen. Ein Jammer! Auf den Inseln beheimatete Robben und Seevögel werden bald nichts mehr zu fressen haben oder ebenfalls in den Netzen enden.

Es gibt allerdings auch einige Falkländer, die sich dagegen auflehnen. Einer von ihnen ist der „Naturalist" (wie er sich selbst bezeichnet) und Kunstmaler Ian Strange, der sein kleines New Island im Westen der Falklands, das wir anlaufen, weitgehend ursprünglich erhalten konnte. Diese Insel gehört Ian und einem Schafzüchter jeweils zur Hälfte. Ian hat aus seiner Hälfte eine Heimat für die bedrohte Fauna und Flora gemacht. Der restliche Teil hat wie die übrigen Inseln durch intensive Schafzucht stark gelitten.

Das Harpunengeschütz auf einem halbversunkenen Walfängerwrack peilt ein imaginäres Ziel an. Im Wasser spielen Pelzrobben mit den langen Kelpblättern. Auf dem unberührten Inselteil brütet oben an der Riffkante eine Kolonie Felshüpfer-Pinguine, deren Eier unterschiedlich groß sind. Das erste Ei, das sie ins Nest legen, ist viel kleiner als das zweite. Vielleicht ist das erste, aus dem oft gar kein Junges schlüpft, nur eine Art Probierei? Den Skuas (Raubmöwen) ist das egal. Sie nutzen jede Gelegenheit und klauen den Pinguinen alle Eier buchstäblich unter dem Hintern weg.

Der Wind kommt aus Nordwest mit sieben Beaufort. Wir verlassen die Falklands mit Kurs Südsüdwest, unser nächstes Ziel ist die 250 Seemeilen entfernte Staateninsel. In der kabbeligen See wird die Freydis hin- und hergewälzt wie ein Wäschestück in der Waschmaschine: Buß- und Bettag nicht nur im Kalender. Zum Glück haben wir die Luken, durch die auf der letzten Etappe viel Wasser ins Schiff gedrungen ist, auf den Falklands abgedichtet.

In der Nacht dreht der Wind und kommt spitz von vorn. Das Kreuz des Südens tanzt in gestochenem Tangoschritt über den Himmel. Erst in der zweiten Nacht beruhigen sich Wind und See. Erich sichtet als erster Land, wie es sich gehört für einen guten

Skipper. „Auf den Bergspitzen liegt noch jede Menge Schnee“, ruft er begeistert, während er durchs Fernglas blickt. Wir sind alle gespannt auf diese letzten Auffaltungen der Anden im Südatlantik und feilschen mit Rasmus um jeden halben Knoten. Unter Blister können wir noch vor Sonnenuntergang unser Ziel erreichen.

Wir ankern in einer wunderschönen Bucht. Schmal ist sie, mit einem noch schmaleren Wurmfortsatz, den wir durch eine Art Wildwassertor erreichen, das nur wenig breiter ist als unser Schiff. Aber dieses Würmchen ist leider mit zahlreichen tückischen Unterwasserfelsen bewaffnet, und prompt läuft unsere FREYDIS denn auch auf und ist trotz Hochholen des Kiels und voller Kraft voraus nicht mehr runterzukriegen. Erst in der Nacht hebt die Flut unser Schiff ein wenig an, und ohne viel Mühe können wir diese miese Miesmuschelklippe verlassen. Für ein Kunststoffschiff mit Festkiel hätte diese Strandung wahrscheinlich das Ende der Reise bedeutet, aber für unser Stahlschiff mit Schwenkkiel ist sie kein Problem.

Doch auch in der klippenfreien Ecke an der Westseite finden wir keine Ruhe. Bei heftigen Fallwinden schliert unser Anker über den felsigen Grund. Erst als wir die FREYDIS an die Ostseite legen, zwischen eine kleine Insel und das Ufer, und sie nach beiden Seiten hin an knorrigen Krüppelbuchen vertäuen, können wir aufatmen. Über Steine, Moosteppiche, an Bächen entlang und durch dichtes Gestrüpp erklimmen wir Hänge und Bergsättel, schauen in die Nachbarbuchten und freuen uns über dieses wilde Idyll. Am Uferstreifen ziehen kleine Karawanen weißer Wildgänse mit ihren Küken dahin, Kormorane und Reiher sitzen auf Felsen am Wasser, und über uns kreisen sogar Kondore. An einer kahlen Bergwand stürzt ein Schmelzwasserbach vierzig Meter in die Tiefe. Unten am Ufer ist er ein sprudelnder Süßwasserteich, gerade recht zum Auffüllen unserer Tanks und zum Duschen. Letzteres muß aus Temperaturgründen in Rekordzeit erledigt werden. Bei dieser Gelegenheit wirbelt eine Hammerbö Karls Wäsche ins brodelnde Wasser der Bucht. Karl, zähneklappernd zum eilig startenden Bergetrupp im Dingi: „Wenn ihr eine Robbe in blauer Unterhose seht, wißt ihr Bescheid. Das ist meine!“

Die Sonne scheint einladend freundlich am dritten Morgen unseres Aufenthalts auf der Staateninsel. Nur wenige unverdächtige Wölkchen sprenkeln den blauen Himmel. Die Feder des Barographen erhebt sich optimistisch aus der Sturmdepression der letzten Tage. Die Zeichen stehen günstig für den Aufbruch: Also Leinen los und ade, du lauschig verträumte Bucht. Ich wünschte, du könntest so bleiben, wie du bist, noch viele Jahrhunderte lang.

Mutig biegt die FREYDIS um das westliche Kap in die Le-Maire-Straße ein, die Meerenge zwischen der Isla de los Estados und der Isla Grande Feuerlands. Seit die Holländer Jacques Le Maire und Willem Schouten sie 1616 mit ihrer EENDRACHT erstmals passierten, hat sie einen schlechten Ruf bei den Seglern. Gewaltige Strömungen, die bis zu zehn Knoten betragen können, ließen immer wieder Schiffe, besonders Rahsegler, aus dem Ruder laufen und machten sie zum Spielball der Elemente.

Aber statt mit schiffsverschlingenden Strudeln empfängt uns das berüchtigte Nadelöhr mit geradezu harmlosem Gekräusel, als wäre es ein etwas zu groß geratener, dörflicher Ententeich. Vom vielen Blasen müde, schläft der Wind schließlich ganz ein, außerdem haben wir Stillwasser. Mit dem nur noch als Stützsegel dienenden Groß brummt die FREYDIS unter Motor in Richtung Kap Hoorn.

Seit dem Brand in Mar del Plata ist das Schicksal fast verdächtig gnädig mit Crew und Schiff umgegangen. Stürme gab's zwar genug, sogar schwere, aber nur dann, wenn sie uns kaum etwas anhaben konnten, zum Beispiel von achtern auf der Halbinsel Valdez, als die FREYDIS sowieso gerade auslaufen wollte. Stürme auch auf hoher See, die aber fern von gefährlichen Leeküsten abgewettert wurden. Sturm, als wir sicher an der Pier in den Falklands lagen oder gut vertäut an starken Bäumen, wie zuletzt vor der Staateninsel. Die FREYDIS hat ja auch schon genug im voraus bezahlt, die gebrandmarkte, durch Tonnen von Löschwasser beinahe ertränkte Weltenbummlerin.

Jetzt schüttelt sie sich. Ein kalter Südost fegt plötzlich übers Deck, bombardiert sie mit groben Hagelkörnern. Sie trägt nun Sturmbesegelung. Mit sieben Knoten düst sie durch immer steilere Seen in eine atemberaubende Welt rasch wechselnder Lichtverhältnisse. Düstere, graue Felsen mit schneebedeckten Spitzen ziehen schemenhaft vorbei: die Hermiteninseln. Geisterhaft verschwinden sie von einem Augenblick auf den anderen hinter Vorhängen aus Schnee und Hagel und tauchen gleich danach wieder auf, wie neu geboren und meist gekrönt mit leuchtenden Regenbögen, wie man sie sonst kaum noch zu sehen bekommt.

Kap Hoorn betritt die Bühne: hell beleuchtet durch ein Bündel Sonnenstrahlen wie durch ein Spotlight, würdig einer Theaterkönigin. Da steht es, dieses steinerne Symbol so vieler, meist grausiger Seefahrermythen, ehrfurchtheischend, wie es sich gehört.

An Deck beginnt eine wahre Fotografierorgie. Klar, daß sich jeder vor diesem berühmten Felsen ablichten lassen will.

Auf der Westseite der Kapinsel legen wir uns in einer Bucht vor Anker. Mit der FREYDIS am Fuß des berühmten Kaps zu liegen, ist für mich ein besonderer Höhepunkt dieser Reise, und ich glaube, die übrigen an Bord empfinden genauso. Zu gerne wären wir alle an Land gegangen, aufs Kap gestiegen. Aber nur Skipper Erich und Crewkamerad Karl wagen sich mit dem kleinen Gummiboot durch die schäumende Brandung und erklettern die Spitze des Felsens. Die Restcrew ist heilfroh, als die beiden „Kapbezwinger" nach drei Stunden, naß aber glücklich, endlich wieder an Bord klettern, denn von Südwesten her wird der Himmel bedrohlich dunkel. Das heißt, sofort Anker lichten und nichts wie weg. Das schwarze Ungeheuer läßt seine Wut dann am Kap Hoorn aus, auf die FREYDIS prasseln nur noch ein paar Hagelkörner. Sie braust nach Norden in Richtung Puerto Williams, dieser südlichsten Siedlung der Erde entgegen.

Am Morgen hocken unschuldige Schönwetterwölkchen auf den schneebedeckten Gipfeln, während die FREYDIS das spiegelglatte Wasser des Paso Picton durchpflügt. Auf den nackten Felsen wärmen Seelöwen ihren Pelz in der Sonne, und Kormorane halten ihr die aufgespannten Flügel zum Trocknen entgegen. Für gutes Wetter muß man dankbar sein, schlechtes Wetter ist hier die Regel.

In Puerto Williams holt es uns dann doch wieder ein. Eisiger, steifer Westwind zaubert brodelnde weiße Schaumkronen auf den tiefblauen Beaglekanal. Die FREYDIS aber liegt mal wieder sicher vertäut im Hafen. Das Schicksal scheint es weiterhin gut mit uns zu meinen.

Ushuaia auf der argentinischen Seite des Beaglekanals liegt vierzig lange Seemeilen gegenan. Wir sind enttäuscht: Aus dem kleinen, verträumten, knapp fünftausend Menschen zählenden Dorf am Ende der Welt, das wir vor zehn Jahren kennenlernten, ist eine unansehnliche, laute, verkehrsreiche Stadt mit dreißigtausend Einwohnern geworden. Politisch motivierte Subventionen haben einen Bauboom ausgelöst, der die gleichen häßlichen Folgen hat wie solche kurzsichtigen Projekte in allen Regionen und Ländern unserer Erde. Industriehallen an den Stadträndern verschandeln das herrliche Gebirgspanorama. Von der unverbauten Lage ist nicht mehr viel übrig. Noch ist das Wasser im Hafen sauber, trotz der immer öfter anlegenden Containerschiffe und der Luxusliner. Wie wird's hier wohl nach weiteren zehn Jahren ausschauen?

Laut Logge sind es nun genau 9996 Seemeilen, die wir bisher von Leer in Ostfriesland nach Ushuaia gesegelt sind. Eine Ruhepause hat sich die Freydis verdient. Und wir auch. Manchmal habe ich eigentlich keine rechte Lust mehr. Es fällt mir dann schwer, die vielen Einschränkungen und Entbehrungen an Bord zu ertragen. Mir ist, als müßte ich mich wehren gegen die Enge, gegen die Gefahren, denen wir ausgesetzt sind, gegen die immer wieder neuen Crews und den ständigen Zwang, mich anzupassen, zu gewöhnen an neue Stimmen, neue Sprüche, neue Eigenheiten. Aber auf dem kleinen Schiff gibt es keinen Ort, an den ich mich flüchten könnte. Dann kapsele ich mich ab, lese, höre Musik, träume, vergesse, wo ich bin, denke an Vergangenes und daran, wie bedeutungslos vieles geworden ist, das mir vor der Reise noch unendlich wichtig schien. Aber das ist eben das Gute beim Segeln: Man kann vollständig abschalten, fühlt sich klein auf dem riesigen Ozean, als Kind der Schöpfung, abhängig von den Naturgewalten. Dadurch werden Dimensionen zurechtgerückt, Probleme erhalten einen neuen, angemesseneren Stellenwert. Ja, es kommt mir vor, als ob sich in der weiten See alles Unwesentliche verlöre, als ob die Wellen viele Probleme einfach fortspülten, der Wind sie verwehe.

Nach achttägigem Sturmgeheul beruhigt sich das Wetter endlich ein wenig, und wir laufen mit neuer Crew aus, Ziel Ventisqueros. Das sind Gletscher, die in die Bergwelt der Darwin-Kordilleren eingebettet und durch tiefe Fjorde erreichbar sind. Wir segeln gegen den Wind, mal im schönsten Sonnenschein, mal durch eisigen Regen. „Entweder man schwitzt – oder man friert", beschwert sich Crewkamerad Herbert und zieht die Thermohose an. Zur Abwechslung rasen Windwalzen auf uns zu. Schwarze Wolkenfetzen hängen bis zum aufgepeitschten Wasser herab, Berge und Ufer lösen sich in dunkelgrauem Furioso auf. Die FREYDIS macht keine Meile mehr gegenan. Als das Wüten nachläßt, kämpfen wir uns in den Schutz einer vorspringenden Landzunge.

In der Yendegaia-Bucht ankern wir vor dem größten Gletscher der Darwin-Kordilleren. Zwischen den Bergspitzen leuchtet er blendendweiß zu uns herüber. Mit dem Dingi überqueren wir reißende grüne Gletscherflüsse, waten durch eisige Bäche im Geröllbett, wandern über Wiesen und Flußinseln, erklimmen Berge. Immer scheint der Gletscher verlockend nahe und ist doch viel zu weit weg, als daß wir ihn in einem Tagesmarsch erreichen könnten. Ringsum sind die Hänge übersät mit halbverkohlten Baumleichen. Brandrodung für neue Weiden für Rinder und Schafe der Estancias? „Oder war es Blitzschlag?" meint Albert, segelbegeisterter Altruist. Er glaubt noch an einen vernünftigen Umgang des Menschen mit der Natur. Aber in Feuerland gibt es keine Gewitter, keine Blitze und deshalb auch keine Entschuldigung für die verbrannte Erde. Es sind Schandflecken.

Die Sonne gleißt erbarmungslos durchs Ozonloch: Sonnenbrand in Feuerland. Eckart und Herbert cremen sich ihre Glatzen ein. „Wenn wir Sonnensegel aufspannen", befürchten sie, „dann glaubt uns auf den Fotos keiner, daß wir im kalten Süden und in der sturmreichsten Gegend der Erde sind."

Die Fjordarme enden ohne Ausnahme vor imposanten Gletscherabbrüchen. Darin knackt, rumpelt, poltert und knallt es, ständig brechen Eisbrocken herunter. Eckart, durchtrainierter Fünfziger, der zur allgemeinen Be- und Verwunderung seine Morgentoilette auf der FREYDIS täglich mit einer Seewasserdusche beginnt, flippt fast aus. Übermütig besteigt er kleine Eisberge, springt hinunter ins Eiswasser oder schwimmt im Eisbrei, in den sich nicht einmal die Seelöwen wagen.

Heiligabend: Eine immergrüne Buche mit winzigen, harten Blättern wird von unserem „alten" Segelkumpan Holger und seiner frischangetrauten Frau Anne mit Weihnachtskugeln, Christsternen und einem Rauschgoldengel geschmückt – ein wunderschöner Weihnachtsbaum! So etwas hat unsere FREYDIS noch nie erlebt. Aufgedonnert wie ein Pfingstochse motort sie durch Fjorde, paradiert vor gigantischen Gletscherteppichen und posiert für die emsigen Bordfotografen. Eckart spielt Weihnachtslieder auf der Mundharmonika, und wir singen dazu die vertrauten Texte. Ein richtig sentimentales Weihnachtsfest: Am Ufer gurgelt ein Wasserfall, vom Gletscher her knallt es laut wie Salut: *Feliz Navidad*! Die Schiffsglocke übernimmt die Aufgabe des Weihnachtsglöckleins. Zur Bescherung dürfen wir endlich unsere Päckchen und Briefe von daheim auspacken oder lesen. Die lustigen Kleinigkeiten, mit denen sich die Crew untereinander beschenkt – kleine, aus Holz gefertigte Feuerland-Andenken, Fotos von früheren gemeinsamen Segeltörns, Bücher, Süßigkeiten –, finden natürlich auch die ihnen gebührende Anerkennung. Sogar die Natur hält Geschenke für uns bereit, schönes Wetter und das an den Felsen hängende Weihnachtsmenü: Prachtexemplare von Muscheln, die wir nur zu pflücken brauchen. Mit Knoblauchsoße, frischgebackenem Brot und Weißwein angerichtet, sind sie ein kaum zu überbietender, echt feuerländischer Gaumenschmaus.

Ein paar Tage später haben wir genug von Bergspitzen, Gletschern, Fjorden und dem Beaglekanal. Es zieht uns hinaus auf See und wieder zum Kap Hoorn, wo wir das neue Jahr begrüßen wollen. Bei strömendem Regen und kaltem, böigem Westwind segeln wir durch die Bahia Cook und von dort in den Seno Christmas, wo einst Darwin auf der BEAGLE Weihnachten feierte. Da sich das Wetter beruhigt und das Barometer vielversprechend steigt, beschließen wir, bis zu unserem Ziel durchzusegeln. Dann spricht Rasmus aber doch ein Machtwort. Er scheint etwas gegen unsere Pläne zu haben. Kaum sind wir auf offener See, läßt er es wie wild aus Südwest blasen. Zwei Reffs haben wir schon vorsorglich ins Groß gebunden, aber nun ist sogar das dritte noch zuviel Tuch. So rasch wie möglich drehen wir die Rollgenua ein. Hohe Brecher schlagen über die Freydis hinweg, die sich einmal ungewöhnlich weit überlegt. Schleunigst machen wir kehrt und laufen zurück. Wo sind wir überhaupt? Der GPS gibt zwar einen exakten Ort, aber die Karten sind ungenau. Wir finden trotzdem ein Mauseloch im schützenden Labyrinth der Inseln, in das wir uns dankbar verkriechen.

Erst am übernächsten Tag wagen wir uns wieder hinaus. Eine hohe Altdünung macht uns zu schaffen. Der Wind hat stark nachgelassen. „Und so segeln wir ganz langsam um Kap Hoorn, und die See, die kommt von achtern und von vorn", singt Erich vergnügt. Da wir diesmal von Westen kommen, geht es allerdings zunächst ums „falsche" Kap Hoorn, ein Kap auf einer großen Halbinsel, dreißig Seemeilen vom richtigen Kap Hoorn entfernt. Seinen etwas abwertenden Namen hat es bekommen, als sich herausstellte, daß das richtige Kap Hoorn gar kein Kap ist. Es liegt als südlichster Punkt Südamerikas auf einer der Hermiten-Inseln.

Am nächsten Tag soll's dann aber ums richtige Kap gehen. Die Barographenfeder schiebt sich, Unheil orakelnd, an den unteren Rand der Trommel. „Das heißt hier noch gar nichts. Schließlich ging sie vor drei Tagen, als wir Sturm hatten, steil in die Höhe", wiegle ich ab und hoffe, daß der Barograph auch diesmal falsch anzeigt. Unterstützung bekomme ich von Herbert, der darauf hinweist, daß auf der Südhalbkugel sowieso alles andersrum läuft: das Wasser im Siphon, die Hochs und Tiefs und sogar der Mond, der beim Abnehmen kein A wie zu Hause, sondern ein Z formiert; im Winter ist Sommer und umgekehrt, etcetera: verkehrte Welt!

Hunderte dunkelbrauner Riesensturmvögel hocken vor uns auf dem Wasser. Als sich die Freydis nähert, fliegen sie in großen Schwärmen auf und dicht um uns herum. „Das kann kein gutes Omen sein", fürchtet Eckart und kramt die Kette mit dem Kreuzchen aus seinem Seesack, das ihm seine besorgte Mutter zum Schutz gegen böse Meeresgeister mitgegeben hat. Eilig legt er sie sich um den Hals – und sie scheint zu wirken. Die Meeresgeister verhalten sich ruhig und lassen die FREYDIS ein zweites Mal in diesem Jahr ungeschoren Kap Hoorn umrunden, wenn auch mit gerefften Segeln.

Über UKW rufe ich die kleine Militärstation auf dem Kap an. Die beiden dort vorübergehend stationierten Soldaten freuen sich auf unseren Besuch zum Jahreswechsel. Wir ankern mitten im Kelpstreifen, der den Seegang ähnlich gut bremst wie ein Eisfeld. Sicherheitshalber bringen wir zwei Anker aus, denn morgen wollen wir die FREYDIS einige Stunden allein lassen, wenn wir zur Station auf der Südseite der Insel stiefeln, die etwa zehn Kilometer entfernt ist.

Bei strahlender Sonne setzen wir am nächsten Morgen mit dem Dingi zum Ufer über. In Erdhöhlen und unter dichten Büschen nisten Magellan-Pinguine. Es ist lustig, ihnen zuzusehen, wie sie über die großen Steine am Strand hopsen und purzeln, wenn sie zum Wasser fischen gehen. Die sanft zum Kap hin ansteigenden Hänge auf der Südseite der Insel sind von einem fast undurchdringlichen Minidschungel überwuchert. Aus der Ferne hat es so ausgesehen, als seien sie mit Gras bewachsen und leicht begehbar. Aber nichts da! Fast überall stoßen wir auf stachliges Gebüsch, auf dichten, zähen Krüppelwald, auf Schilffelder und Moosteppiche mit kleinen weißen, gelben, rosa Blümchen. Doch trotz oder gerade wegen des mühevollen Weges wird dieser Aufstieg zu einem faszinierenden Naturerlebnis. Die Reize der kargen und doch bewundernswert vielfältigen Vegetation genießen wir in diesem Frühsommer auf Kap Hoorn in vollen Zügen.

Nach dreistündigem anstrengendem Fußmarsch stehen wir plötzlich vor einem doppelten Stacheldrahtzaun und Schildern mit der Aufschrift *Peligro campo minado* (Vorsicht, Minenfeld): erstes Zeichen unserer großartigen Zivilisation. Das tragbare UKW-Gerät wird eingesetzt. Drei freundliche Hunde und zwei nicht weniger freundliche Soldaten kommen uns entgegen und geleiten uns sicher durch den Todesstreifen, der während des Beinahe-Krieges mit Argentinien 1989 angelegt wurde. Damals ging es vordergründig um die drei kleinen Feuerlandinseln, die jetzt zu Chile gehören, in Wahrheit allerdings um Ansprüche auf die Bodenschätze im Festlandsockel und damit in der Antarktis.

Die schier unglaublich klare Sicht von den hohen Klippen auf die Drakestraße reicht bis hinüber zu den rund sechzig Meilen entfernten Diego-Ramirez-Inseln. Ganz in der Nähe der Station hat die „Amical", der internationale Verein der Kap Horniers, ein Denkmal aufgestellt, eine Art Obelisk, der erinnern soll an die vielen Rahsegler, die über vier Jahrhunderte lang diese südlichste Spitze Südamerikas als Prüfstein und Schicksalsmarke umrunden mußten. Die Magellanstraße war für diese schwerfälligen Großsegler viel zu eng und gefährlich. Es handelte sich vor allem um die Woll- und Weizenklipper, die zwischen Australien und Europa unterwegs waren, um die Salpeter- und Guanoschiffe, die zwischen Chile und Europa verkehrten, sowie um Handelsschiffe, die zwischen der West- und Ostküste Südamerikas pendelten. Manchmal kreuzten sie wochenlang im Sturm auf der Stelle oder mußten einen Holeschlag bis weit nach Süden in die Antarktis wagen, um schließlich doch am Kap Hoorn zu scheitern.

Sogar die Soldaten sorgen sich, daß ihre Hütte eines Tages im Sturm wegfliegen könnte. Wir erfahren, daß sie zur chilenischen Marine gehören und jeweils nur für zwei bis vier Monate hier stationiert sind; in erster Linie, um das Hoheitsrecht über die Insel zu wahren, aber auch zur Kontrolle der Seefahrt in diesem Bereich und um die hier gesammelten meteorologischen Daten nach Punta Arenas durchzugeben. Sie werden reihum auf verschiedene Stationen und Schiffe versetzt, ihren ständigen Wohnsitz jedoch haben sie in Puerto Williams, wo auch ihre Familien auf sie warten.

Es tut uns leid, daß wir die Einladung der Soldaten, Silvester mit ihnen zu verbringen, ausschlagen müssen. Der Weg zurück zur Bucht ist weit, außerdem erwarten wir dort die deutsche Yacht SANTA MARIA mit Wolf und Melanie. Wir haben die beiden in Rio kennengelernt, wo ihre Yacht – ein slupgetakelter Knickspanter wie die FREYDIS und ebenso groß – neben uns lag. Sie sind wie wir Mitglieder im Trans-Ozean-Verein, dem fast alle Segler im deutschsprachigen Raum angehören, die über die Weltmeere schippern. Ganz in der Nähe des Kaps haben wir sie überraschend wiedergetroffen und mit ihnen abgemacht, gemeinsam in unserer Kap-Hoorn-Bucht Silvester zu feiern – wenn das Wetter es zuläßt.

Nach dem Kaffeeplausch mit den Soldaten müssen wir uns deshalb gleich wieder auf den Rückweg machen, und das Treffen klappt tatsächlich. Kurz nach unserer Rückkehr läuft die Santa Maria in die Bucht ein: großes Begrüßungshallo und Spaghetti-Essen im Cockpit der Freydis. Um 24 Uhr knallen die Sektkorken auch an diesem Ende der Welt, und sei sie noch so verkehrt – Prost Neujahr! Die Fallen, die der Wind gegen den Mast knallt, läuten das neue Jahr ein. Über UKW wünschen wir auch den zwei einsamen Soldaten auf der Station: *Feliz Año Nuevo*! Eine Flut guter Wünsche brandet zurück und ein dickes *Gracias* für die Flasche Whisky, die wir ihnen als Silvestertrunk gestiftet haben.

Ein Jahr mit vielen Erlebnissen, eindrucksvollen Höhepunkten und gutem Teamwork mit Freunden und Mitseglern liegt hinter uns. Der Tiefschlag in Mar del Plata ist nicht vergessen, aber er konnte uns die Freude an unserem Vorhaben nicht nehmen. Trotzdem schaue ich mit gemischten Gefühlen in die Zukunft. Bisher war alles im gewohnten Rahmen und bekannt, aber jetzt betreten wir Neuland. Die geplante Antarktis-Überwinterung wirft ihre Schatten voraus. Wir fragen uns teils in froher, teils in banger Erwartung, was das neue Jahr für uns bereithält.

Anfang Januar fliege ich kurzentschlossen für einige Wochen nach Deutschland, um noch fehlende Ersatzteile zu besorgen und um den Brandschaden mit unserer Versicherung möglichst bald zu regulieren. Die Reise wollen wir trotzdem planmäßig fortsetzen und auf der Antarktisinsel Deception überwintern.

Am 12. Februar geht's wieder zurück. Immer noch Golfkrieg. Auf dem Frankfurter Flughafen habe ich große Probleme mit meinem Gepäck. Obwohl die Elektronikgeräte schon drei Wochen vorher angemeldet wurden, will man mich damit nicht an Bord lassen. Auch die hektische Rennerei mit der Ausrüstung von einer angeblich zuständigen Stelle zur nächsten bringt nichts mehr. Meine Koffer mit dem Funkgerät, dem Gasdetektor und dem Echolot bleiben zu guter Letzt dann doch in Frankfurt zurück. Ich werfe sie kurzentschlossen über die Absperrung meinem Schwager in die

Arme, der mich an den Flugplatz gebracht hat, und haste in Richtung Gateway.

Erst fliege ich ins Warme nach Buenos Aires und nach einer Nacht im Hotel zurück ins sommerlich kühle Ushuaia. So bewältige ich die Strecke in zwei Tagen, für die wir mit der FREYDIS viele Monate gebraucht haben. Monate voller Strapazen und Erlebnisse schrumpfen zusammen auf ein paar Stunden im Flugzeugsessel, auf ein bißchen Kino, ein bißchen Speisen, ein bißchen Duty-free-Einkaufen. Ich kann entscheiden, ob ich ein französisches Parfüm, eine Schweizer Uhr oder einen irischen Whiskey kaufen will.

Im Flugzeug erinnere ich mich an unsere Abreise mit der FREYDIS im Mai letzten Jahres in Ostfriesland. Damals wunderte sich ein Bekannter über uns, der unsere Schwierigkeiten bei der Reisevorbereitung mitbekommen hatte. „Ich kann doch nach Ushuaia oder Puerto Williams fliegen und dann mit einem Kreuzfahrtschiff in die Antarktis fahren“, sagte er. „So eine Passage kostet zwar viel Geld, aber im Vergleich zu dem Aufwand, den ihr insgesamt treibt, um dort hinzukommen, wäre das nur ein Bruchteil. Warum diese umständliche, anachronistische Art zu reisen, die doch offensichtlich viel mehr Zeit, viel mehr Geld und viel mehr Mühe kostet?“ Ja, warum? Darüber ließe sich seitenweise mit tiefenpsychologischen Aspekten und philosophischen Argumenten diskutieren, bis hin zur Frage über den Sinn des Lebens selbst.

Mir allerdings fällt die Antwort auf obige pragmatische Frage besonders leicht: Für meine Person und aufgrund meiner Erfahrungen erwidere ich, daß das Segeln, diese „überholte Art zu reisen“, mir Erlebnisse und Empfindungen verschafft, die ich in meinem Berufs- und Alltagsleben nicht oder nicht so intensiv bekommen kann, ohne die aber mein Leben glanzloser, blasser, ärmer und leerer würde. Es wäre so, als würde ich nur ein paar Schwarz-weiß-Seiten meines Lebensbuchs aufschlagen und die vielen anderen, bunten immer wieder überblättern, bis ich sie schließlich ganz vergesse.

Für Flugzeug und Boot ist das Ziel wohl dasselbe, aber die Wege dorthin sind absolut unterschiedlich. Einen Berg zu besteigen, seinen Gipfel über alle natürlichen Hindernisse hinweg zu Fuß zu erobern, ist das eine – mit Gondel oder Zahnradbahn hinaufgetragen zu werden, das andere. „Der Weg ist das Ziel“ – nach diesem Grundsatz versuchen wir zu leben, also auch zu reisen.

Das sind ja alles keine neuen Argumente, könnte nun mit Recht eingewandt werden und auch: Wer kann sich solche Extravaganz schon leisten? Aus Erfahrung läßt sich hier ebenfalls leicht antworten. Viel mehr Individuen aus unserer immer bürokratischer und informierter werdenden Gesellschaft könnten es sich leisten, wenn sie es wirklich bewußt wollten und bereit wären, einiges andere dafür zu opfern oder hintan zu stellen. Es muß ja nicht jeder gleich in die Antarktis segeln, Möglichkeiten der Selbstverwirklichung durch Reisen gibt es viele. Jede Art hat ihre Berechtigung und Reize: Kreuzfahrten, Pauschalreisen, Wandern, Fahrradtouren und andere. „Der Weg ist das Ziel“ widerspricht ja nicht dem Wunsch des Reisenden, sich am Zielort in die Sonne zu legen, einen feinen Wein zu genießen oder Kulturdenkmäler zu bestaunen. *Wir* haben uns eben für das Segeln entschieden, nicht weil wir uns irgendwie elitär fühlten oder mit Geld herumschmeißen könnten (ganz im Gegenteil!) oder gar besonders auffallen wollten. Wir sehen in unseren Segeltörns zu extremen Zonen, abseits von Massentourismus, Konsumzwang und Anpassungsdenken, halt eine der vielen Möglichkeiten.

Als ich wieder den Beaglekanal unter mir sehe, hüpft mein Seglerherz – und bald darauf mein Magen dazu, weil der Flieger nach einer gewagten Haarnadelkurve zwischen hohen Bergen zum ungewöhnlich steilen Anflug auf die Flugpiste ansetzt. Zwar dürfen in Ushuaia nur speziell ausgebildete Piloten landen, trotzdem haben der oft sehr starke und böige Seitenwind und die kurze Landebahn schon zu manchem Unfall geführt, die aber alle bisher glimpflich für die Passagiere ausgegangen sind. Insider erfanden deshalb den Slogan: „We have the safest crashes of the world.“

Erich holt mich am Flughafen ab. Ich bin froh, wieder hier zu sein und begierig auf Neuigkeiten.

„Was war los, während ich weg war? Hab' ich was versäumt?“

„Wie man's nimmt“, antwortet Erich. „Wir hatten einen schlimmen Orkan, eine Yacht des hiesigen Klubs ist gesunken, drei

Personen sind dabei ertrunken, und in Puerto Williams ist ein Flugzeug über die kurze Landebahn hinausgerast und ins Meer gestürzt. Zwanzig Gäste des Antarktis-Kreuzfahrtschiffes SOCIETY EXPLORER sind dabei ums Leben gekommen."

Hätte ich doch lieber nicht gefragt! Ich bin bedrückt, bis ich draußen in der Bucht die SANTA MARIA vor Anker schwojen sehe. Unsere Silvesterfreunde Wolf und Melanie sind mit ihrer Crew glücklich zurück von ihrem ersten Antarktistörn. Sie sind ebenso begeistert über all das Gesehene wie erleichtert, daß sie ohne Probleme und Schaden ihren Vorstoß in die Eiswüste überstanden haben.

Am nächsten Tag besuchen uns als Rucksacktouristen Wolfgang und Gaby. Wir haben die beiden mit ihrer Yacht WILDE MATHILDE im brasilianischen Salvador (Bahia) kennengelernt und dann etwas weiter südlich in Santa Cruz Cabralia wiedergetroffen. Ihre Yacht haben sie in Buenos Aires gelassen. Sie wollen sich – nur zu zweit – den Gefahren, die einem Boot in südlicheren Breiten drohen, nicht aussetzen. Nach ein paar Tagen ziehen sie weiter, zu Fuß und per Bus wollen sie in Feuerland und Patagonien herrliche Touren machen. Dazu braucht man ja auch nicht unbedingt ein Schiff.

Vorbereitungen auf die Antarktis

Das Fernsehen kommt an Bord – Mein Quentchen Freiheit – Feuerlandkatze Adélie – Ein Schlauch schlaucht uns – Überwachung hat auch Vorteile

Unsere Crew für die letzte Etappe nimmt Gestalt an. Es ist auch höchste Zeit, denn wir haben schon Ende Februar, also kurz vor Herbstbeginn in der südlichen Hemisphäre. Die Stürme häufen sich. Reinhard, Axel, Christoph, Hans Ulrich und die beiden Fernsehleute vom ZDF, Thomas und Per, kommen alle zusammen mit dem Flugzeug an, ein paar Tage vor dem Start, um bei den letzten Vorbereitungen mit Hand anzulegen. Sack und Pack, zahllose Alukisten vom ZDF und eine chemische Toilette für unsere Überwinterung stapeln sich auf der Pier vor der FREYDIS. Alle, die wissen, was schon im Schiff drin ist, schütteln nur ungläubig den Kopf und fragen sich, wie das noch hinein soll. „Die haben halt noch nicht vom Stauwunder Erich gehört", meint zuversichtlich Reinhard, der den Skipper kennt.

Bis auf Per ist uns die Crew für den Antarktistörn ganz gut bekannt. Reinhard, Allgemeinmediziner, und Hans Ulrich, Fachmann für optische Geräte, beide Mitte Vierzig, sind erfahrene Hochseesegler. Sie kennen das Kap-Hoorn-Revier von Törns mit anderen Yachten her und sind auf der FREYDIS früher schon etappenweise mitgesegelt.

Unsere Jüngsten, Axel und Christoph, der eine Mitte, der andere Anfang Zwanzig, kennen die FREYDIS ebenfalls schon, und zwar von Törns auf der winterlichen Nordsee her. Axel ist frischgebackener

Diplomkaufmann, und Christoph hat soeben das zweite Semester seines Medizinstudiums hinter sich gebracht. Mit Reinhard, Christoph und mir ist also die medizinische Zunft so stark vertreten, daß wir keinem raten können, krank zu werden!

Thomas, 39 Jahre, war ZDF-Korrespondent, als wir ihn kennenlernten. Inzwischen arbeitet er verantwortlich in einer Magazinsendung des ZDF. Er war einer der ersten, die sich auf unsere Anzeige in der ‚Yacht' meldeten, als wir noch Mitsegler für einzelne Etappen unserer Reise nach Südamerika und in die Antarktis suchten. Er schrieb uns: „Liebe Skipper der FREYDIS! Eure Anzeige in der letzten ‚Yacht' veranlaßt mich, Euch mit einer verrückten Idee zu überfallen: Ich bin der Skandinavienkorrespondent des ZDF und begeisterter Segler... Was würdet Ihr von der Idee halten, zwei Mainzelmänner rund Kap Hoorn mitzunehmen und in einer Reportage von fünfundvierzig Minuten mitzuwirken?... Ich habe die Vorstellung, daß das ein wunderbarer Film werden könnte – nicht nur übers Segeln, sondern auch über Psychologie auf engem Raum... Haltet doch mal Kriegsrat miteinander. Seid Euch dabei aber klar, daß Filmen an Bord die Atmosphäre empfindlich belasten kann."

Wir waren von der Idee recht angetan. Allerdings will ich nicht verschweigen, daß wir – vor allem ich – auch große Bedenken gegen dieses Vorhaben hatten. Gerade die Reise in die Antarktis und die anschließende Überwinterung war ein langgehegter Herzenswunsch von Erich und mir. Wir sahen das Unternehmen als einen Höhepunkt in unserem Leben an. Dieses Stückchen Freiheit hatten wir uns erkämpft und teuer erkauft. Nun wollten wir es uns von niemandem wegnehmen lassen, keiner sollte es uns vermiesen. Und jetzt kam plötzlich einer an und wollte das Ganze „durchleuchten". Wer sollte wissen, was dabei herauskam? Wie würden wir auf die dauernde Anwesenheit von Kamera und Mikrophon reagieren? Eine Crew wächst gerade bei einem solch extremen Törn zu einer engen Gemeinschaft zusammen. Wenn sich der Einzelne aber als Darsteller im Fernsehen fühlt – wie wird er sich dann wohl verhalten? Gewiß anders, als er es normalerweise täte. War nicht ein Verlust an Natürlichkeit, Ungezwungenheit und Spontaneität zu befürchten?

„Ein Film ist etwas anderes als ein Buch“, versuchte ich Erich meinen Standpunkt zu erklären. „Der Film, besonders eine filmische Reportage, ist distanzlos, hautnah, unmittelbar, indiskret, vielleicht sogar peinlich, und ich will mir die Freude an dieser Reise nicht verderben lassen. Bei einem Buch habe ich einen gewissen Abstand zu den Dingen, die ich im nachhinein niederschreibe. Mein Schreiben stört die Atmosphäre nicht. Keiner fühlt sich dadurch belästigt oder gar aufgefordert, sich zu produzieren.“

Daß ein Fernsehteam an Bord eine Belastung sein würde, davon waren wir beide jedenfalls überzeugt. Soweit das Negative, wie ich es sah. Was waren dann aber die Pluspunkte? Nun, es würde sicher eine neue Erfahrung sein, Fernsehleute an Bord zu haben. Wir freuten uns darüber, daß ein professioneller Film über unsere Reise entstehen sollte. Ich selbst filmte seit vielen Jahren als Amateur und versprach mir von Profis eine Menge Anregungen. Erich brachte mehr das Wirtschaftliche ins Gespräch, denn die finanzielle Seite unserer Reise bereitete uns einige Kopfschmerzen. Die Ausrüstung der FREYDIS für den langen Törn und die Überwinterung hatte – wie unschwer vorstellbar – eine ganze Menge gekostet. Wir lebten von den Reisekostenbeiträgen unserer Mitsegler, vom Bücherschreiben und von Vorträgen. Dennoch wollten wir vom ZDF kein Honorar fordern, um auf keinen Fall auch nur den geringsten Teil unserer Unabhängigkeit zu verlieren. Nachdem wir einige Filme von Thomas gesehen hatten, setzten wir voraus, daß in ihm jemand an Bord kommen würde, dem es nicht nur um Aktion und Effekthascherei, sondern vor allem um die Menschen ging. Das gab den Ausschlag.

Wir stimmten dem Projekt zu, stellten allerdings einige Bedingungen: Die beiden Fernsehleute mußten als Teil der Crew mitfahren. Sie mußten sich an dem Unternehmen im gleichen finanziellen Rahmen beteiligen wie alle anderen auch. Ihre Anwesenheit durfte weder eine Schwächung der Crew noch eine finanzielle Einbuße für uns bedeuten. Sie mußten bei den vorbereitenden Winterarbeiten am Schiff mithelfen wie alle anderen und vorher einen Törn mitsegeln, damit wir einander kennenlernen konnten.

Da Per als Kameramann erst in letzter Minute dazukam, war er als einziger vom letzten Punkt nicht betroffen. Aber Per war ein erfahrener Hochseesegler, der schon zweimal einhand den Atlantik überquert hatte. Mit sechzig Jahren war er der Bordälteste und mit zwei Metern Körpergröße der längste Mitsegler, der jemals auf der FREYDIS fuhr. Er ist Finne, lebt aber bereits seit 35 Jahren in Deutschland.

Jetzt sind die beiden an Bord und mit ihnen zehn Kisten Ausrüstung, fast eine halbe Tonne an Gewicht. Es wird eng, denn immerhin werden wir zu acht das Wagnis Antarktis antreten.

Abendessen im „Volver“: Centollas (Königskrabben) für die Feuerlandneulinge und natürlich argentinische Steaks und Salat. Am nächsten Vormittag folgt ein letzter Gang zum Supermarkt. Wohin bloß noch mit all dem Frischproviant? Schon vor dem Start der Reise in Deutschland haben wir lange darüber nachgedacht, wie das Transportproblem zu lösen sei. Acht Personen, Gepäck, Fernsehausrüstung, Proviant und das ganze Material für die Überwinterung wollen erst mal heil über die Drakestraße und bis Deception Island gebracht werden. Dort können wir allerdings viele sperrige Dinge, die wir nur für den Winteraufenthalt brauchen, vorerst in den Hütten einer verlassenen englischen Station unterstellen, bevor wir die Reise fortsetzen. Bis dahin aber darf auf dem Schiff kein Eckchen Platz verschenkt werden: ein Puzzlespiel! Erich hatte die Idee, bereits aus Deutschland dreißig leere Kunststoffcontainer mitzunehmen, die nahezu bündig und zweilagig in die Messe, die Vorkammer und die Gänge passen. Diese Container haben wir jetzt gefüllt und mit Holzbrettern verkeilt, damit man darauf gehen kann. Das hat den Vorteil, daß alle Kojen freibleiben, doch können wir uns nur noch gebückt an Bord bewegen. Der lange Per muß sich mehrmals „falten“, um noch durchzukommen.

Am Abend gehen alle wieder ins „Volver“ essen – diesmal allerdings ohne mich. Ich liege mit dickem Hals in der Koje, nehme Aspirin und überlege, wo ich jetzt wohl lieber wäre. Ein warmes, windgeschütztes Plätzchen unter Palmen stelle ich mir vor, fern aller Vorbereitungen und Aufbruchshektik. Aber ich habe ja gewußt, daß auch diese letzte harte Phase noch durchgestanden werden muß und bald vorübergeht. Obwohl ich im Grunde weiß, daß ich nirgends lieber bin als auf unserer FREYDIS, frage ich mich trotzdem manchmal, warum ich das eigentlich mache. Etwa zum Vergnügen?

Was man sich oft so leicht vorstellt, wenn man von Abenteuer und Freiheit träumt, ist in Wirklichkeit harte Arbeit, verbunden mit ständiger Angst um das Schiff, die Crew und um sich selber. Meine Mußestunden sind nur kurz. Mir bleibt wenig Zeit für mich selbst und wenig Raum. Wir haben keine Privatsphäre, keine Rückzugsmöglichkeit, wenn wir mit Crew segeln – was nicht heißen soll, daß ich lieber ohne Crew segle; in diesem Revier gewiß nicht. Aber ich bin im Moment einfach müde und erschöpft. Entspannung finde ich eigentlich nur auf den langen Wachen, wenn ich den Sternenhimmel, die Sonnen- oder Mondaufgänge beobachte und die sich ständig verändernde Wasserlandschaft um mich herum.

Wir sind nun schon viele Monate unterwegs, von einem Liegeplatz zum anderen, geradeso als wären wir auf der Flucht. *Sind* wir auf der Flucht? Nein, wir wollen ja nirgendwo weg, wir wollen bloß irgendwo hin. Aber besonders im letzten halben Jahr haben wir unsere Kräfte arg strapaziert: das karge, oft harte Leben auf See, zumindest wenn es in die brüllenden Vierziger ging; die Stürme, die abgewettert werden mußten; die Unsicherheit in fremden Revieren und dreimal in den letzten zwei Monaten Kap Hoorn mit all seinen Risiken. Selbst die Landaufenthalte waren meist eine einzige Hetzjagd mit Provianteinkauf, Formalitäten, Telefonaten, Geldumtausch, Reparaturen, Wasser- und Dieselübernahme und, und, und... Die ursprünglich eingeplante, frei verfügbare Zeit zwischen den Törnabschnitten war seit dem Brand noch verstärkt mit Reparaturarbeiten ausgefüllt gewesen. All das konnte nicht spurlos an uns vorübergehen. Auch bei Erich, der sonst so gelassen und zuversichtlich war und für alles eine Lösung hatte, bemerkte ich Zeichen der Anspannung und Müdigkeit. Aber trotz vieler großer und kleiner Widrigkeiten wurde der Törnplan genau eingehalten. Kein Wunder, daß unsere Kräfte nicht mithalten konnten, sich nicht schnell genug regenerierten.

Vor uns liegt also die Drakestraße, gefährlich wegen ihrer Sturmhäufigkeit. Die Intensität der Stürme wird durch die Winddüse angefacht, die dadurch entsteht, daß auf beiden Seiten der Meerenge Gebirge von zwei- bis dreitausend Metern Höhe enden, auf der einen die Anden Südamerikas, auf der anderen die Berge der antarktischen Halbinsel. Auf dem flachen Festlandsockel können sich gewaltige Seen, sogenannte Monsterseen aufbauen. Wenn Segelboote von ihnen getroffen werden, besteht die Gefahr, daß sie durchkentern, und das passiert hier tatsächlich öfter. Außerdem geht große Gefahr von den Eisbergen und Packeisfeldern aus.

Alpträume löst bei mir der Bericht französischer Segelfreunde aus, die vor einigen Monaten mit ihrer Yacht in der Drakestraße durchgekentert sind. Eine Dreiviertelstunde haben sie in schwerer brechender See „kopfgestanden“ und sind nur deshalb mit heiler Haut davongekommen, weil ihr Boot so dicht ist wie ein Einweckglas und sich wieder aufgerichtet hat. Ja, man braucht hier ein Schiff, das besonderen Anforderungen genügt, zum Beispiel sehr solide gebaut ist und nicht gleich beschädigt wird, wenn Brecher einsteigen; zum anderen benötigt man – und das ist genauso wichtig – eine erfahrene Crew. Man kann den überbrechenden Seen oft mit geschicktem Rudergehen die Spitze nehmen. Aber egal, wie gut das Schiff und die Crew ist, es bleibt immer ein Risiko, in einem so gefährlichen Revier zu segeln.

Zwar hat sich unsere Freydis bisher in unzähligen Stürmen bewährt – ich vertraue mich keiner Yacht lieber an –, aber für den Ernstfall einer Durchkenterung ist sie noch unzureichend gerüstet. Heizungsrohre, Schornstein, Maststütze und Lüfter durchlöchern sie; sie hat einen breiten, undichten Niedergang und einen Schwenkkiel, der beim Kentern nach innen klappt – das sind die Negativfaktoren, die meine Alpträume speisen.

In den zwei Tagen vor dem Start wird aber noch fieberhaft gearbeitet, um alle möglichen Vorsorgemaßnahmen zu treffen: Die Löcher werden ausgeschäumt, der Niedergang wird abgedichtet, ein mit Preßluft aufblasbarer Ballon an der Saling und eine Arretierung am Kiel angebracht. Alle schweren Film- und Kameracontainer der ZDF-Leute werden ebenso festgezurrt wie der gußeiserne Kohleofen und die Kisten und Kästen mit Büchern, zusätzlichem Proviant und Ausrüstung für die Überwinterung.

Eine Katze haben wir jetzt auch. Sie sitzt vor einer Schüssel voll frischer Leber, die ich ihr hingestellt habe, um ihr damit ihr neues und schwankendes Zuhause schmackhafter zu machen.

Eine Bordkatze war schon lange bei uns im Gespräch, denn ich halte es mit Rilke: „Das Leben und dazu eine Katze, das gibt eine unglaubliche Summe, ich schwör's euch." Als vollwertiges Mitglied unserer Überwinterungsexpedition hatten wir uns von Anfang an eine Patagonien- oder Feuerlandkatze vorgestellt, die an rauhes Klima gewöhnt war. Aber erst am Abend vor der Abreise sahen wir „unsere" Katze. Sie saß fröstelnd auf der kleinen Treppe des Restaurants und teilte sich den Platz mit dem Hund des Hauses, wobei die Gäste notgedrungen über beide hinwegsteigen mußten. Freundlich und ohne Scheu sah sie uns aus ihren grünen Augen an, und ich behaupte, es war Liebe auf den ersten Blick, nicht nur von unserer Seite aus. Sie hatte ein wunderbares, dreifarbiges Fell mit Angoraeinschuß und einen lustigen braunen Fleck auf der weißen Nase, weshalb sie immer so aussah, als hätte sie gerade an der Schokolade genascht. Und dann noch die weißen Pfoten... Aber schließlich kam es auf solche Äußerlichkeiten nicht an, die Hauptsache war, sie ließ mit sich reden. Das tat sie und begleitete uns sogar in die Gaststube. Auch die Eigentümerin des Restaurants ließ zum Glück mit sich reden. Nun ja, meinte sie, der Hund ärgere die arme Katze ohnehin ständig, und eine Reise in die Antarktis würde nicht jeder geboten, noch dazu mit der Aussicht, ins Fernsehen zu kommen. Ich durfte sie mitnehmen, aber nur leihweise. Nach der Überwinterung wollte sie das Tier unbedingt wiederhaben. Mir war in diesem Falle alles recht, an die Rückgabe verschwendete ich noch keinen Gedanken. Am nächsten Morgen fuhren Hans Ulrich und ich mit dem Taxi zum Restaurant und holten die Katze ab. „Ihr Catnapper", begrüßte uns Christoph, als wir glücklich mit unserer Beute zur Freydis zurückkehrten.

Und nun ist sie an Bord, und wir beobachten gespannt, wie sie zurechtkommt. Sie ist ein Glücksgriff! Es gibt überhaupt keine Probleme mit ihr. Sie frißt, geht ohne besondere Aufforderung auf ihre kleine Katzentoilette, putzt sich, schnurrt, spielt und ist freundlich zu allen. Als Restaurantkatze ist sie an Fremde gewöhnt und läßt sich durch sie nicht irritieren. Wenn ihr das Kommen und Gehen an Bord zuviel wird, verkriecht sie sich in der Vorkammer und schläft sanft gebettet auf einem unserer Daunenschlafsäcke. Katzen haben einen siebten Sinn für warme und gemütliche Plätzchen.

Und dann geht's los, zuerst nach Puerto Williams, um für Chile einzuklarieren. Auch Diesel bunkern wir dort. Das ist viel einfacher als in Ushuaia, weil man direkt an den Anleger der Tankstelle fährt und nicht mühsam Kanister zum Boot schleppen muß.

Mit den Fernsehleuten und der übrigen Crew besuche ich Ursula und Christina Calderón, die angeblich letzten reinrassigen Vertreterinnen des einst großen Feuerland-Indianerstammes der Yamana in ihrem Dorf. Sie haben Minikanus aus Baumrinde gebastelt und kleine Körbe geflochten, die wir ihnen gern als Souvenir abkaufen. Thomas und Per drehen mehrere Szenen in der malerischen Kulisse. Der kleine Enkelsohn, der die Yamana-Sprache schon nicht mehr beherrscht und nur spanisch spricht, führt uns zum Abschied noch sein feuriges Pferd vor. Winkend galoppiert er den felsigen Strand entlang, an dem einst seine Vorfahren ihre Rindenkanus mit Körben voller Fische an Land zogen.

Nach eintägiger Unterbrechung geht es am Nachmittag weiter Richtung Kap Hoorn. Als letztes holen wir uns den Wetterbericht von der Capitania. Für die nächste Nacht sieht es günstig aus, alles weitere weiß allein der Himmel. Mit achterlichem Wind segeln wir die ganze Nacht hindurch und über die große Bahia Nassau. Die Bordroutine spielt sich schon langsam ein. Ich koche am Abend gleich für den nächsten Tag und lege Frischfleisch in Rotwein oder Öl ein. Das gute Wetter und die ruhige See muß ich ausnutzen. Wer weiß, was kommt?

Und richtig, am nächsten Morgen schon dreht der Wind auf Ost und frischt gehörig auf. Unsere vertraute Kap-Hoorn-Ankerbucht können wir nicht anlaufen, bei diesem Wind bietet sie keinen

Schutz. Unter Landabdeckung suchen wir uns einen Liegeplatz gegenüber der Kapinsel. Auf zehn Meter Wassertiefe fällt der Anker in einer Felsennische, wo wir geduldig auf Wetterbesserung warten. Als aber am Tag darauf der Wind plötzlich auf West umspringt und sogar noch zulegt, werden wir auch von dort vertrieben. Das Schiff liegt in einer unangenehmen Legerwall-Situation, wir müssen zusehen, daß wir so rasch wie möglich hier wegkommen.

Unter diesen Bedingungen, bei bis zu zehn Windstärken, ist das Ankeraufholen eine schwierige Arbeit, weil das Schiff von dem Moment an, in dem der Anker hochkommt, nur auf die Maschine angewiesen ist. Zudem ist unsere mechanische Zweigang-Ankerwinde viel zu schwach und zu langsam für dieses Manöver. Alle Hände werden gebraucht, um die Ankerkette hochzureißen. Thomas und Per nutzen diese Gelegenheit, um erste dramatische Szenen zu drehen. Dabei testen sie auch ihr wasserdichtes Kameragehäuse, das sie auf dem Deckshaus montiert haben. Trotz seiner Körperlänge schleicht Per mit seiner Kamera so behende unter und an Deck herum wie eine Katze auf Beutezug. Thomas fängt mit dem Tonbandgerät „Atmos“ ein, Atmosphären und Stimmungen, also den Ton zum Film, denn sie drehen ja in 16 mm und nicht elektronisch wegen der harten Bedingungen.

Mit „full power“ gelingt es Erich, das Schiff aus der schmalen Bucht zu manövrieren, und dann zieht die Crew blitzschnell die rote Sturmfock und das dreifach gereffte Groß hoch. Unter Segeln legt sich das Boot erst mal auf die Seite, richtet sich dann wieder auf und schießt vorwärts. Ein Stück weit laufen wir flott durch kurze, steile Seen, aber dann sind wir schon wieder unter Landschutz. Meter um Meter erkämpfen wir uns gegen den Wind. Das Wasser ist glatt, sonst hätten wir gar keine Chance. Endlich biegen wir in die Marcialbucht ein, einen der schönsten und geschütztesten Plätze dieser Region.

Weiße Sandstrände und Krüppelwälder laden zum Ausflug ein, und als der Wind am Nachmittag abflaut, hat es die Crew dann auch eilig, an Land überzusetzen. Es tut ihr gut, der Enge an Bord eine Weile zu entfliehen und nicht nur die Wasserwege, sondern auch die Inseln kennenzulernen.

Am Strand trippelt ein Königspinguin ziellos hin und her und macht einen verlorenen, bedauernswerten Eindruck. Sein Frack ist ganz zerzaust, er hat sich offensichtlich verfranzt und ist viel zu weit nach Westen abgekommen. Seine Heimat ist Südgeorgien, hier ist er fremd. Aber wir können ihm nicht helfen, Südgeorgien liegt nicht auf unserer Route.

Der Wind hat weiter nachgelassen. Der Himmel zeigt große blaue Flecken, und die Sonne wirft sogar ein paar freundliche warme Strahlen auf die FREYDIS, als wir die gastliche Bucht wieder verlassen. Wegen des günstigen Wetters wollen wir gleich ums Kap segeln und danach in der Caletta Leon ankern, um von dort aus die Kapstation zu besuchen. Doch als wir den Motor anwerfen, weil uns der Wind nun fast ganz im Stich läßt, heult seine Alarmsirene auf. Erich verschwindet im Maschinenraum, um nachzusehen. Ein Schlauch im Kühlwassersystem ist geplatzt, das Kühlwasser ausgelaufen. Der Motor hat sich dadurch erhitzt und den Alarm ausgelöst.

„Und was ist mit den Felsen hier vor uns?“ fragt Thomas besorgt.

„Nicht weiter problematisch“, beruhigt ihn Erich. „Man kann zwischen ihnen durchsegeln. Aber wir laufen lieber gleich in die Caletta Leon, damit wir dort den Schaden reparieren können.“

Er leitet das notwendige Wendemanöver ein, und dann segeln wir in die Caletta Leon, die unterhalb der Kapstation liegt. Wir ankern dort, aber nur kurz. Es stellt sich nämlich heraus, daß der Schaden schwerer zu beheben ist als gedacht. Erich ist unruhig, nicht nur wegen des defekten Motors. Die Caletta ist einfach nicht der richtige Liegeplatz für die Nacht. Zu viele Felsen schauen überall aus dem Wasser, und die Steilküste ist nur zwei Schiffslängen entfernt. Außerdem nähert sich schon wieder eine dunkle Schlechtwetterfront von Süden her. Also Anker auf und in unsere gewohnte Bucht an der Nordostecke der Kapinsel. Dort fühlen wir uns sicherer.

Per filmt, und Thomas ist wieder mit dem Tonband unterwegs. Er interviewt einzelne Crewmitglieder, die natürlich lange Gesichter machen, weil sie die Antarktisreise, auf die sie sich seit Wochen gefreut haben, nun gefährdet sehen.

Hinter dunklen Wolkenfetzen geistert hoch am Himmel der Vollmond dahin und wirft ab und zu sein fahles Licht auf die Segel. Der Wind ist mittlerweile ganz eingeschlafen, die Front zum Glück nach Westen abgebogen. Jetzt Starkwind, das wäre wirklich eine Katastrophe. Aber Dümpeln ist auch nicht gerade das, was wir brauchen.

Unerwartet werden wir über UKW gerufen. Ein chilenisches Patrouillenboot hat uns mit killenden Segeln gesehen und fragt nun an, ob an Bord alles in Ordnung sei. Nachdem ich ihnen unsere Lage geschildert habe, bieten sie uns sofort Hilfe an. Sie sind auf dem Weg von Puerto Williams zur Inselgruppe Diego Ramirez, sechzig Meilen vor der Küste. Dort wollen sie auf einen Havaristen der BOC-Einhandregatta um die Welt warten. Es bleibt ihnen noch ein wenig Zeit, uns zu helfen.

Bisher haben wir Chiles umständliche Überwachung seiner Wasserwege als lästig empfunden – man soll sich zweimal am Tag über Funk bei der nächsten Militärstation melden und die Position durchgeben –, aber nun bekommen wir ihre angenehme Kehrseite zu spüren: Wie selbstverständlich erhalten wir höfliche und freundliche Unterstützung. Die Marine schickt uns ihr starkes Beiboot, das die FREYDIS in kürzester Zeit in die Bucht zieht, wo wir ankern können, und ihren Schiffsingenieur, der sich den Motor ansehen will. Es dauert fast die ganze Nacht, bis der Fehler gefunden wird.

Wenn ein Kühlwasserschlauch platzt, ist das nicht weiter schlimm. Man erneuert ihn. Was bei uns aber nicht klappen will, ist das Wiederauffüllen mit frischem Kühlwasser. Erst nachdem die Maschine erfolglos in ihre Einzelteile zerlegt und wieder zusammengebaut ist, wird die Ursache des Übels schließlich entdeckt. Ein gut versteckter Pfropf einer Silikondichtmasse, die bei den Reparaturarbeiten in Mar del Plata verwendet worden ist, hat sich beim Heißlaufen der Maschine ausgedehnt und das Schlauchsystem verschlossen. Darauf muß man erst mal kommen! Der kleine Schaden mit den großen Folgen hätte beinahe zum vorläufigen Ende unserer Reise geführt, zumindest aber zu einer Rückkehr nach Puerto Williams.

Nach dieser langen Nacht auf schaukelndem Boot sind wir zu müde, um erleichtert zu sein. Der Schlauch hat uns geschlaucht. Nun ist das Maß wirklich bald voll, viel darf nicht mehr passieren. Die Kraft, die uns noch bleibt, haben wir bitter nötig, um die Drakestraße zu überstehen.

Die Mainzelmänner waren in der Nacht ebenfalls nicht untätig. Thomas ist zuversichtlich. „Das gibt alles eine gute Atmo", meint er im Hinblick auf das Gedrehte und den Ton. Per ist da nicht so sicher. „Wenn bloß das Licht gereicht hat. Mein eingebauter Belichtungsmesser zeigte nämlich, daß das meiste völlig unterbelichtet war. Ich habe das Bild manchmal gar nicht mehr gesehen."

Thomas meint, das macht nichts. „Können wir bei der Entwicklung alles verstärken lassen. Sonst war's doch sehr gut."

Das nennt man positives Denken.

Über die Piratenstraße

Abschied von Südamerika – Ein windiges Unternehmen – Durch Neptuns Blasebalg – Höllischer Badespaß – Zahme Tiere und blutgierige Ungeheuer

Zur Belohnung für unsere vorangegangene Mühsal scheint die Sonne den ganzen nächsten Tag. Reinhard, Hans Ulrich, Axel und Christoph machen sich auf den beschwerlichen Weg zur Kapspitze. Da wir diese Prozedur schon einmal mitgemacht haben, legen wir lieber eine Ruhepause ein und setzen uns am frühen Nachmittag im Deckshaus zu einer gemütlichen Teerunde zusammen. Es ist richtig warm. Das findet auch unsere Katze und legt sich schnurrend ans Fenster. Trotz des Trubels an Bord scheint sie sich bei uns wohlzufühlen. Ich habe noch keinen Namen für sie; um einen passenden zu finden, muß ich sie erst näher kennenlernen.

Kleine Wellen umspielen die FREYDIS, und der Wind streicht leicht übers Deck. Die Sicht ist hervorragend, so daß wir viele der Inseln und Riffe des Archipels erkennen können. Eine Silhouette sieht mit ihren runden Kuppeln und spitzen Türmen aus wie ein Märchenpalast aus Tausendundeiner Nacht. Erst kurz nach Sonnenuntergang trudeln unsere Kapbesteiger langsam wieder ein, einer abgekämpfter als der andere. Am nächsten Morgen laufen wir wieder zurück zur Caletta Leon und holen den Besuch auf der chilenischen Station nach, denn Thomas und Per wollen gern ein paar Szenen oben auf Kap Hoorn drehen. Die beiden Soldaten begrüßen uns wie alte Bekannte, warmherzig und freundlich. Wir sitzen alle zusammen in der Stationshütte bei einer Tasse Kaffee. Christoph und ich sprechen Spanisch oder besser gesagt Castellano, wie das weich gesprochene südamerikanische Spanisch genannt wird. Christoph hat vor Studienbeginn ein ganzes Jahr in Chile verbracht, während ich als Kind mit meinen Eltern vier Jahre in Kolumbien gelebt habe und immer noch sprachlich davon profitiere.

Ich hätte noch stundenlang, ja tagelang hier oben auf Kap Hoorn bleiben mögen. Erst als Erich zum Aufbruch drängt, merke ich, wie spät es ist. Wir wollen noch bei Tageslicht ein gutes Stück auf der Drakestraße zurücklegen. Die Soldaten holen über Funk einen letzten Wetterbericht aus Punta Arenas für uns ein, der von nichts Bösem kündet.

Nach einem herzlichen Abschied laufen wir deshalb beruhigt aus und sind um so überraschter, als uns direkt vor dem Kap wie aus dem Nichts plötzlich wütende Sturmböen anfauchen und uns die Segel um die Ohren knallen. Eilig binden wir zwei Reffs ein und setzen die Sturmfock, wie betäubt von dieser neuen Widerwärtigkeit des Schicksals. Aber nach einer Stunde pendelt sich die Windorgie auf sieben Beaufort Starkwind ein, und damit können wir leben. Wir kratzen unseren letzten Rest Mut zusammen und segeln zielstrebig gen Süden. Nichts wie weg von der gefährlich flachen Schelfkante des südamerikanischen Festlandsockels, der noch sechzig Meilen weit in die Drakestraße hineinreicht und auf dem sich die Seen zu Brechern türmen. Wir sind dankbar für jede Meile, die wir unbeschadet hinter uns bringen.

Die Wellen werden immer höher, die Luft wird immer kälter und die Anspannung immer größer. Das „Panikorchester" der FREYDIS spielt immer lauter. Die Wellengeneratoren quietschen, der Wind heult in den Wanten, die Schoten knarren, der Schwenkkiel schlägt die Schiffstrommel. Aber die Crew weiß, worauf sie sich bei der Straße des alten Piraten Drake eingelassen hat, und solange der Schlamassel von seitlich und von achtern kommt, können wir uns nicht beklagen. Die Stimmung ist gut. Generalkurs: Süd.

Alles läuft glatt, trotz der aufgewühlten See. Nur mit dem Rudergehen hapert's bei den Neuen manchmal ein bißchen. „Mein Gott!" ruft Fern„see"mann Thomas und starrt voll Entsetzen auf den Kompaß. „Der steuert ja zweihundertundvierzig und jetzt sogar schon zweihundertfünfzig! Was ist denn *das* ?"

Erich trocken von unten: „Nicht der steuert, du steuerst!"

Aber wie gesagt, das sind die üblichen Anfangsschwierigkeiten auf einem fast fremden Schiff. Bald steht die ganze Crew sicher und routiniert am Ruder und geht problemlos ihre Wachen. Da die Überfahrt nur vier bis fünf Tage dauert, ist eine Drei-Mann-Wache vertretbar, auch wenn sie anstrengend ist. Danach, in der Antarktis, werden wir nachts sowieso meist ankern. Wenn drei Personen Wache gehen, können sie sich jede halbe Stunde am Ruder ablösen, denn bei Auskühlung und Schwerwetter läßt die Konzentration rasch nach. Eine kleine Pause, ein heißes Getränk wirken dann oft Wunder.

Wir haben zwar elektronische Selbststeueranlagen an Bord, setzen sie aber in gefahrenreichen Revieren lieber nicht ein, jedenfalls wenn wir mit Crew segeln. Selbst bei gutem Wetter ist unser Skipper strikt dagegen und hat damit recht. Nur ständige Übung beim Rudergehen macht den erfahrenen Steuermann. Und jedes Schiff steuert sich anders. Auch Segler, die anderswo ihre Fertigkeit im Rudergehen erlernt haben, brauchen auf einem unbekannten Schiff eine Eingewöhnungszeit, damit sie, wenn's wirklich drauf ankommt, völlig sauber steuern. Die beste Technik in schwerer See ist immer noch das gute Aussteuern der Wellen. Und das kann eine Selbststeueranlage eben nicht. Sie ahnt und sieht nicht, was kommt, sie reagiert nur, und dann ist es oft schon zu spät.

Der Skipper ist vom Wachegehen befreit. In risikoreichen Revieren ist es besonders wichtig, daß er seine Kräfte schont, um bei schwierigen Situationen jederzeit voll einsatzbereit zu sein. Wenn die Crew so erfahren ist wie unsere, kann er ihr sogar einen Großteil der Seemannschaft und der Navigation überlassen. Aber meist ist Erich beim Wachwechsel nachts mindestens kurzfristig präsent und schaut, ob alles klargeht. Selbst im Schlaf nimmt er jede Veränderung der Schiffsbewegungen und der Geräusche wahr. Wenn man so lange mit einem Schiff unterwegs ist wie wir, entwickelt man geradezu einen siebten Sinn dafür und wacht dann von ganz alleine auf.

Ich selbst bin als Smut ebenfalls wachfrei. Bei einer vollzähligen Mannschaft übernehme ich das Kochen und kümmere mich dann meist noch um die Navigation und die Funkkontakte. Ich bin ganz froh, wenn ich eine Zeitlang bei den Arbeiten an Deck nicht mit einspringen muß, denn der Smut hat bei einer achtköpfigen Crew nahezu einen Rund-um-die-Uhr-Job. Natürlich spielen Erfahrung und Routine auch in der Kombüse eine große Rolle. Gutes Essen und Trinken ist auch für weniger Anspruchsvolle eine Quelle der Freude, der Entspannung und des Wohlbehagens und letztlich mitentscheidend für die gute Stimmung an Bord.

Beim Segeln mit Crew sehen unsere Arbeitsbereiche selbstverständlich ganz anders aus als beim Segeln zu zweit. Sind wir allein, müssen alle Arbeiten entweder von Erich oder von mir erledigt werden. Wachen und Navigation teilen wir uns. Bei Manövern erledigt Erich die Arbeit am Mast und auf dem Vorschiff, während ich im Cockpit Ruder und Winschen bediene. Ich koche dann für uns beide und bin außerdem als Ärztin für Apotheke und Krankheitsfälle zuständig. Erich ist verantwortlich für Maschine und Technik. Diese Zuständigkeiten sind allerdings in der Praxis nicht so scharf getrennt, sondern eher fließend.

Jetzt segeln wir zwar auf einer Meerenge, die ihren Namen dem berühmten Freibeuter Drake verdankt, aber deshalb muß ich seine Bordküche ja noch lange nicht kopieren. Die Kombüse damals war für die Mannschaft besonders auf langen Reisen meist eine Schrekkenskammer, in der vom „Schmutzigen“, dem Smutje, fragwürdige Mahlzeiten aus madigem Pökelfleisch, getrockneter Hirse, steinhartem Zwieback und fauligem Wasser zubereitet wurden. Heutzutage könnte ich damit nicht einmal meiner Katze imponieren!

Es wird weiterhin mit Starkwind gesegelt. Der Himmel ist tiefgrau, die See grob. Doch die Crew geht ihre ungemütlichen Wachen ohne zu murren. Außer unserer Katze murrt niemand an Bord. Sie allerdings findet die Reise im wahrsten Sinn des Wortes zum Kotzen. Wobei ich ihr hoch anrechne, daß sie das bisher noch nie auf unseren Schlafsäcken demonstriert hat. Aber obwohl sich unser Maskottchen eher als Maskotzchen aufführt, bleibt es doch erklärter Liebling aller an Bord. Vor Seekrankheit sind auch Tiere nicht gefeit, denn sie sind ebenso abhängig von der Schwerkraft der Erde wie wir. Ich erinnere mich an die lustige Geschichte, die mir ein Segler und Vogelliebhaber erzählte: Sein Papagei, ständiger Begleiter an Bord, hatte stets heftig unter Seekrankheit gelitten und während der Fahrt gewürgt, erbrochen, nichts gefressen und, was am wichtigsten war, das Sprechen verweigert. Erst als sein Herrchen ihm eine kardanisch aufgehängte Papageienschaukel bastelte, wurde es dem Vogel nicht mehr schlecht, er plapperte mehr als sonst drauflos. Soll ich für unsere Katze auch so etwas konstruieren? Ich kann sie schließlich nicht ständig auf unseren kardanisch aufgehängten Herd setzen. Das ginge zu weit, obwohl wir eine überaus katzenfreundliche Crew sind. Einen Namen hat die Katze inzwischen auch bekommen. Feierlich haben wir sie „Adélie" getauft, als Hommage an die Adélie-Pinguine, die Ureinwohner der Antarktis.

Ich bin längere Zeit in Sorge um unsere Katze, weil sie nicht fressen will, wahrscheinlich wegen ihrer Seekrankheit. Aber dann stelle ich fest, daß der Karton mit getrockneten „Fleischplätzchen für brave Katzen", gedacht als Notproviant für magere antarktische Zeiten, ein großes Loch hat und schon halb leer ist. Adélie wird nachts auf frischer Tat ertappt, als sie durch die defekte Lüftungsklappe des Kojenschranks mit Langpfoten nach den Plätzchen angelt. Nur der nachdrücklichen Fürsprache der gesamten Crew hat sie es zu verdanken, daß der Skipper Milde walten läßt und von einer Kielholung als Strafe für den Proviantdiebstahl absieht. In der Drakestraße gelten auch heute noch die harten Gesetze des alten Freibeuters – behauptet jedenfalls der Skipper.

Ob das stimmt oder nicht, nach einhelliger Meinung der gesamten FREYDIS-Mannschaft wäre aber eine Kielholung die einzig gerechte Strafe für den, der auf einer der letzten Etappen einige Liter Diesel in unseren Hauptwassertank gefüllt hat. Wir vermuten schon Sabotage, aber ich kann mich beim besten Willen an keinen so tückischen Feind der FREYDIS erinnern. Wahrscheinlich war es zu einer Verwechslung der Wasser- und Dieselstutzen beim Betanken gekommen, und der Übeltäter hat aus verständlicher Scham oder Angst vor den Folgen geschwiegen. Acht Tage lang

„genießen“ wir das verdorbene Wasser mit wachsendem Widerwillen in Tee, Kaffee oder Suppe und fühlen uns nun doch in die Zeiten Drakes zurückversetzt. Zunächst nehmen wir an, daß der üble Beigeschmack von einem Übermaß an desinfizierenden Chemikalien bei der argentinischen Wasseraufbereitung herrühre. Als wir aber schließlich vor Ekel doch auf den Reservetank umstellen und das Gammelwasser ins Meer fließen lassen, plätschern am Ende einige Liter braunen Diesels aus dem Hahn. Wir sind ganz schön erschrocken und dann von Herzen sauer auf den, der uns das eingebrockt hat. Ein Leck im Tank ist nicht zu entdecken, und eine räumliche Verbindung zum dieselführenden System wäre auch gar nicht möglich. Die Reinigung des Tanks wird schwierig und viel Zeit, Mühe und vor allem Wasser kosten. Aber woher das Wasser nehmen in der Antarktis, außer durch Schnee- und Eisschmelzen? Auf den Stationen, wo häufig Wassermangel herrscht, wird man sich schön bedanken, wenn wir gleich einige tausend Liter zum Spülen und Wiederauffüllen unseres Tanks schnorren.

Aber fürs erste sind wir noch versorgt. Das Gletscherwasser aus Puerto Williams, das wir im Reservetank haben, schmeckt nun besonders gut, und auch das Kochen macht wieder Spaß. Allerdings müssen wir jetzt sehr sorgsam haushalten. Beim Kochen mische ich deshalb wenn möglich Meerwasser bei, denn uns bleiben nur noch insgesamt dreihundert Liter und als eiserne Reserve hundert weitere Liter in Kunststoffkanistern.

In der zweiten Nacht legt sich plötzlich der Wind – Flaute! Wir laufen unter Motor weiter gen Süden. Nur nicht dümpeln und auf den nächsten Sturm warten! Noch dreihundert Meilen sind es bis zur Boydstraße, unserem ersten antarktischen Ansteuerungspunkt.

Am Morgen blauer Himmel und Sonnenschein. Albatrosse wählen sich die Freydis zum Mittelpunkt ihrer harmonischen und eleganten Rundflüge übers Wasser. Thomas hat seinen beiden kleinen Söhnen versprochen, unterwegs eine Flaschenpost aufzugeben. Die fünf Liter fassende Sektflasche, mit der die Vorcrew ihre Kap-Hoorn-Besteigung gefeiert und die sie mit ihren Namen verziert hat, muß dafür herhalten. Thomas steckt einen Zettel hinein, mit Schiffsnamen, Datum, Position, den Namen der Crew und seiner Berliner Adresse, an die der Finder bitte schreiben möchte und dann dafür zwanzig Dollar erhält. Sorgfältig verschlossen werfen wir diese Post in den riesigen nassen Briefkasten. Brandung und Felsen sind zwar eine große Gefahr für die dicke, zerbrechliche Sendung, aber wir vertrauen den Postministern aller Länder und warten gespannt, ob, wann und woher sich jemand meldet.

Das gute Wetter hält den ganzen Tag an. Seit Mittag schiebt uns sogar ein leichter Ostwind voran. Die Dünung ist hoch, aber gleichmäßig. Man kann sich gut auf sie einstellen und wird nicht dauernd herumgestoßen. Per filmt mich in der Kombüse, und ich hoffe, daß mir nicht gerade jetzt einer der Pfannkuchen vom Teller hüpft. Aber heute ist es so herrlich geruhsam an Bord, daß wir uns schon fragen, ob wir wirklich in der Drakestraße segeln. Die Antwort läßt nicht lange auf sich warten.

Gegen vier Uhr morgens wird es schlagartig kälter, das Thermometer im Cockpit sinkt von plus fünf auf minus zwei Grad Celsius, die Wassertemperatur von vier auf zwei Grad. Der Wind dreht auf Südsüdwest und kommt mit heftigen Böen und Schneeschauern. Mit gerefften, dichtgeknallten Segeln bolzen wir durch die langgezogene, teils brechende See. So plötzlich kühlt es ab, als seien wir über eine Wetterscheide gesegelt. Und genau das sind wir auch. In der Seekarte ist hier eine Linie eingetragen, die Polarfront oder Konvergenz. Diese Linie ist in Wirklichkeit eine viele Kilometer breite Zone, in der kaltes, nach Norden fließendes Antarktiswasser unter die wärmere subantarktische Strömung sinkt. Die Folge ist nicht nur eine Abkühlung des Wassers und der darüberstreichenden Luftmassen, sondern auch eine Änderung in der chemischen Zusammensetzung des Meeres und damit auch des Lebens im Wasser. Für uns bedeutet diese Linie, daß wir nun im Polarmeer segeln und besonders wachsam Ausguck halten müssen, denn die Eisberggefahr wird immer größer. Aber noch sehen wir keinen. Eine Schule schwarz-weißer Delphine, die uns fröhlich begleitet, ist da weniger zurückhaltend.

Vierter Tag auf der Drake. Lebensbedingungen an Bord: kalt, eng, feucht. Trotzdem keine schlechte Stimmung, aber Spannung

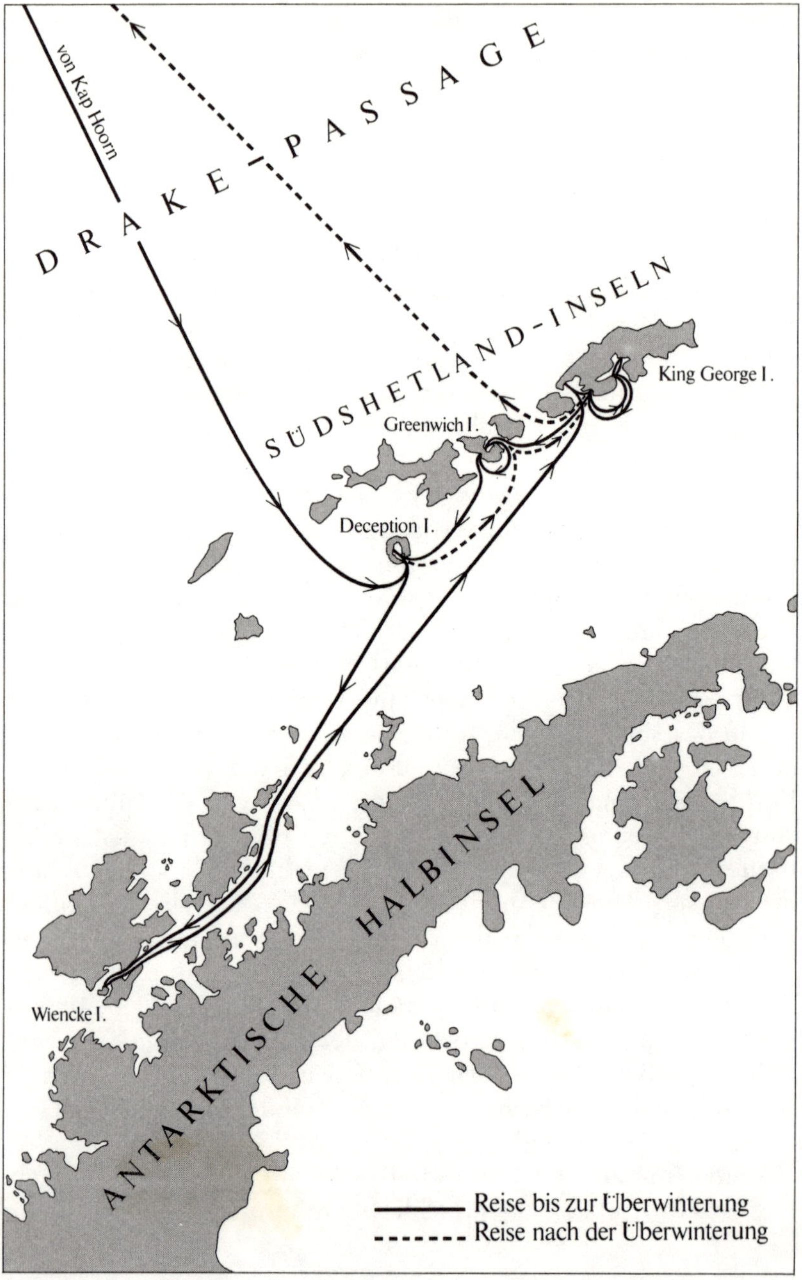

Karte der Antarktischen Halbinsel und der Südshetland-Inseln

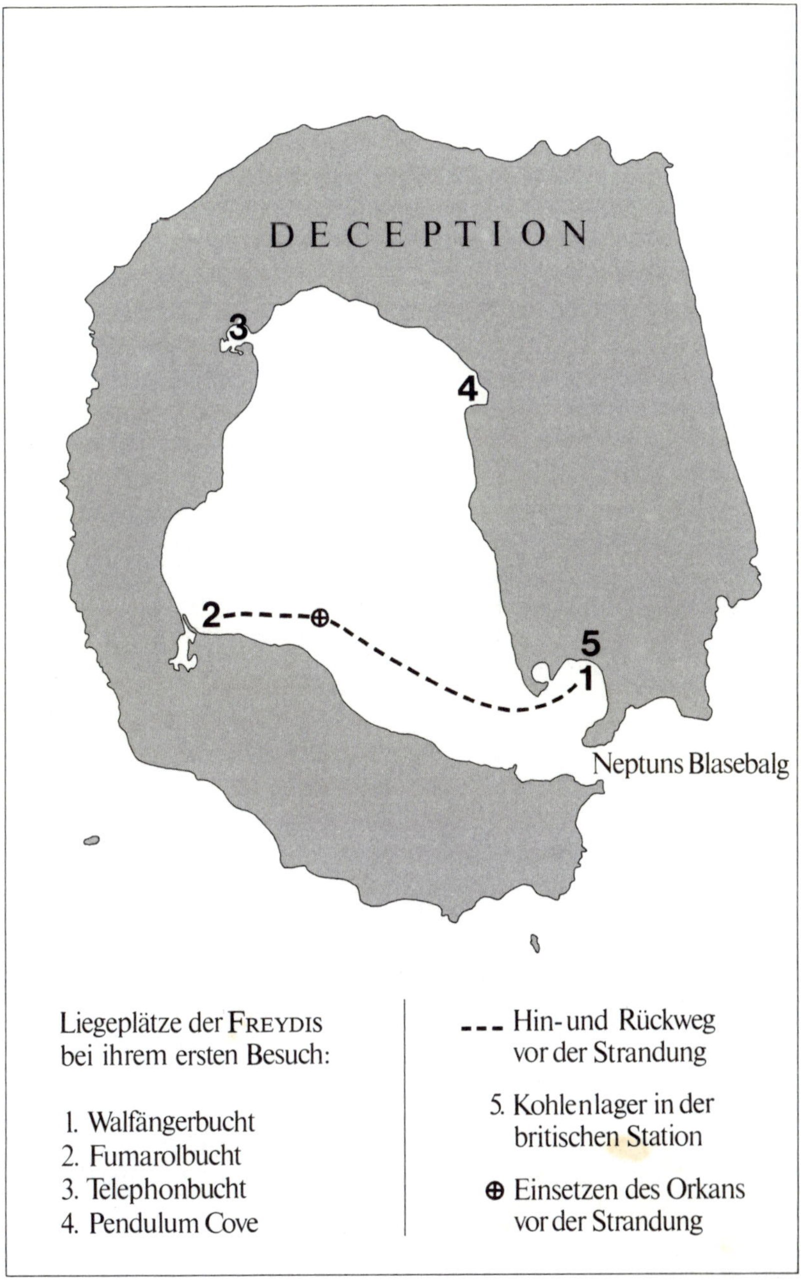
DECEPTION
3
4
2
5
1
Neptuns Blasebalg
Liegeplätze der FREYDIS bei ihrem ersten Besuch:
1. Walfängerbucht
2. Fumarolbucht
3. Telephonbucht
4. Pendulum Cove
Hin- und Rückweg vor der Strandung
5. Kohlenlager in der britischen Station
⊕ Einsetzen des Orkans vor der Strandung

Deception Island

und Anspannung. Gegen Mittag legt sich der Wind etwas, die Dünung wird wieder glatter, verliert die brechenden Kämme. Am Horizont helle Bänder, vor uns wieder zwei schwarz-weiße Delphine. Noch vierundsiebzig Meilen bis zum Wegepunkt Boydstraße. Wir haben einen außergewöhnlichen Standort: 62°62'/ 62°62', also gleiche Länge, gleiche Breite. Darauf müssen wir anstoßen! Die Stimmung wird mit jeder Meile in Richtung Antarktis euphorischer, auch wenn es noch keiner offen zu sagen wagt, daß wir es geschafft haben. Aber es ist wirklich so: Wir haben sie hinter uns, die Drakestraße. Die Angst weicht.

Im nachhinein kommt mir diese gefürchtete Passage so unheimlich und schaurig vor wie der Styx, der die Unterwelt von der Welt der Lebenden trennt. Jetzt sind wir heiter, gelöst, gesprächig. Aus unserem finsteren, stummen Fährmann Charon ist plötzlich wieder der übermütige Skipper Erich geworden, und plötzlich fällt auch den beiden Fernsehleuten ein, daß sie ja filmen wollten in der Drakestraße. So ähnlich ist es uns schon vor zehn Jahren gegangen. Vor lauter Anspannung wurde während der ganzen Überfahrt kaum ein Foto gemacht, kaum eine Szene gedreht. Auch Adélie kriegt den allgemeinen Stimmungswandel mit, sie spielt mit allen und tobt über die Kojen. Übermütig frißt sie sogar Kekse und Kartoffelbrei von den Tellern am Tisch. „Das habe ich ja noch nie bei einer Katze gesehen", wundert sich Per.

Wir haben Deception Island voraus. Die ersten Eisberge schaukeln schwerfällig an uns vorbei. Spitzzackige schwarze Lavafelsen ragen kalt in den blaßblauen Himmel, den die ersten Sonnenstrahlen erleuchten. Tausende von Pinguinen bewegen sich wie kleine schwarze Punkte auf den schneeweißen Gletscherwänden, die sich vor uns auftürmen. Diese Kulisse scheint aus einer anderen Welt zu stammen. Wie vor zehn Jahren sind wir auch jetzt wieder von der in sich ruhenden, schroffen Schönheit fasziniert. Natürlich ist die Überwältigung, die wir bei der ersten Begegnung mit dieser eisigen Märchenwelt empfanden, nicht wiederholbar, ebensowenig wie eine erste große Liebe. Aber dennoch hat die Antarktis für uns nichts von ihrer Faszination verloren.

Wir runden die kleine Felsinsel Labebrua, die wie eine Festung dem Eingang zu Deception vorgelagert ist. Und dann haben wir den ersten Kontakt mit den einheimischen Riesen: Drei Wale kommen uns entgegen. Schon von weitem sehen wir ihren hohen Blas, und bald darauf werfen sie uns sogar nasse Willkommensgrüße an Deck. Sie bringen unseren Kameramann Per ganz schön ins Schwitzen, weil sie immer gerade dort auftauchen, wo er sie nicht vermutet. Nach einer Weile dampfen die drei wieder ab in Richtung auf eine Walschule, deren Fontänen wir weiter draußen im Süden erkennen.

Dafür kommt nun Neptuns Blasebalg (Neptun's Bellow) in Sicht. So heißt das schmale Felsentor, der einzige Zugang zum Innern der Insel Deception. Langsam schiebt es sich vor uns auf. Wir müssen vorsichtig sein. Das Riff, das bis in die Mitte der Durchfahrt ragt, hat schon ein norwegisches Walfangschiff auf dem Gewissen, dessen Wrack hier in der Tiefe verrottet.

Auf der nassen schwarzen Torschwelle sitzen zwei genauso nasse schwarze Robben, die uns mit hochaufgerichteten Hälsen grimmig entgegenbellen. Wenn das nicht der doppelköpfige Höllenhund Zerberus ist! All das paßt in mein Bild von der Unterwelt, nur Freydis nicht. Wir fühlen uns quicklebendig, hellwach und fiebern „unserer“ Insel entgegen.

Neptun bläst uns hinein, und nun liegt der Kratersee vor uns, düster, ruhig und riesig. Wir sind in Deception, unserem selbstgewählten Bestimmungsort. Ich habe fast das Gefühl, als käme ich endlich zu Hause an. Für einen langen Winter wird es ja auch mein Zuhause sein. Wir ankern genau dort, wo wir schon einmal ankerten – vor langer Zeit.

Über das Wasser kriechen Nebel und Schwefelschwaden. An den dunklen Berghängen kleben Reste von Stationen wie Mahnmale an vergangene Vulkanausbrüche. An den pechschwarzen Stränden hat die Flut rosarote Wälle gekochten Krills angehäuft. In heißen Sandlöchern brodelt Seewasser, und Dampffontänen steigen wie weiße Fackeln aus der Tiefe. Pinguine trippeln eilig den Hang hoch, um sich weiter oben im Schnee die Füße zu kühlen. Wir klettern hinauf zum Kraterrand, über den ein eiskalter Wind fegt. Schwarzbraune

Skuas tanzen nach seinem Klagelied in der Luft, wie Rachegeister schweben sie über unseren Köpfen. Die antarktische Sonne brennt mit voller Kraft durch die glasklare Luft und versengt unsere kältebetäubte Haut, bevor wir uns schützen können.

Aus dem Kratersee kommt uns ein rotes Schiff entgegen, die POLAR DUKE, ein norwegischer Eisbrecher, gechartert von amerikanischen Wissenschaftlern. Sie läßt den Anker ganz in unserer Nähe fallen. Der Erste Offizier und einer der Amerikaner kommen mit dem Beiboot zur FREYDIS, laden uns zum Lunch und zur heißen Dusche ein. Auf der POLAR DUKE bekommen wir natürlich auch antarktische Informationen: über Wetter, Eisverhältnisse, Stationen, die schönsten Plätze, die größten Pinguinkolonien und die sichersten Buchten. Und zum Abschied ein großzügiges Gastgeschenk: Frischfleisch, Wurst und Obst. Da ihre Reise bald zu Ende gehen wird, würden die Sachen nur verderben.

Am Nachmittag läuft die POLAR DUKE wieder aus, aber wir sind noch nicht ganz allein in der Walfängerbucht. Kurz vor unserem Eintreffen sind nämlich zwei junge Engländer abgesetzt worden, die hier ihr Zelt aufschlugen. Sie sammeln den Müll, der ringsum an den Stränden liegt, hauptsächlich Schrott von der alten Walfängerstation. Im kommenden Sommer soll dann alles, was sie zusammengetragen haben, von einem Schiff abtransportiert werden. Schön, daß man anfängt, bewußter mit der Natur umzugehen. Es gibt hier auch wirklich viel zu tun! Zwischen leckenden Ölfässern und Holzbalken, aus denen lange, spitze Nägel ragen, wälzen sich Krabbenfresser- und Pelzrobben, und Pinguine trippeln verloren durch die Scherben einer Geisterstadt.

Badesüchtig, wie wir sind, wollen wir uns in der vulkanisch beheizten Pendulumbucht unter Krill und Pinguine mischen. Aber zu unserer Überraschung planschen dort noch weitere Badegäste. Der luxuriöse Kreuzfahrer SOCIETY EXPLORER bietet seinen meist betagten und betuchten US-Gästen als Höhepunkt ihrer Antarktisreise „das exklusivste Badevergnügen der Welt“. Weniger „betucht“, nur in Badehose und Badeanzug, lachen und planschen sie ausgelassen wie Kinder um die Wette. Ein wahrer Höllenspaß! Während die Bäuche im glühenden Sand schmoren, werden die

Rückseiten von den Wellen tiefgekühlt. Freundliche Explorerstewardessen reichen auch den Freydisleuten Glühwein im Pappbecher. Er sorgt für den notwendigen Temperaturausgleich in den irritierten Körpern und heizt die Stimmung noch weiter an. Nach einer Stunde hat der ganze Spuk ein Ende. Passagiere und Pappbecher sind eingesammelt, statt lautem, lebensfrohem Gelächter ist nur noch das Rauschen des Windes von den Bergen und das monotone Klatschen der Wellen an den schwarzen Aschenstrand zu hören.

Alles, was ich hier erlebe und wiedererlebe, ist wunderbar aufregend und anregend für mich, aber auch für die anderen an Bord. Ich atme tief, als könnte ich diese wilde Schönheit damit für immer in mich aufnehmen. Mir ist, als hätte ich eine längst vergessene Vitalität wiederentdeckt, ein Lebensgefühl, das ich noch aus der Kindheit kenne. Diese Wahnsinnslandschaft mit ihren Gegensätzen aus vulkanischer Hitze und polarer Kälte übt einen ganz besonderen Reiz auf mich aus. Von dem aktiven Vulkanismus verspreche ich mir im übrigen eher Sicherheit während unserer Überwinterung als Gefährdung. Ich fühle mich hier geborgen und möchte mit niemandem auf der Welt tauschen. Nur ganz selten beschleicht mich beim Anblick der betriebsbereiten Höllenküche das Gefühl einer Bedrohung. Aber warum in aller Welt sollte der Vulkan, der zwanzig Jahre geschlafen hat, ausgerechnet in diesem Winter ausbrechen?

Wir laufen in die Fumarolbucht ein, an der die argentinische Station liegt. Dort überfällt uns in der Nacht Starkwind. Es wird sehr ungemütlich, denn die Küste ist in Lee. In einem raschen Kraftakt lichten wir den Anker und fädeln uns nach drei harten Meilen durch das Nadelöhr in die Telephonbucht ein, den geschütztesten Ort auf Deception Island. Aber was ist das bloß für ein schreckliches Loch! Ringsum rabenschwarze Aschenberge, geboren aus den jüngsten Eruptionen. Kalt, düster und abweisend läßt die Bucht trotz allen Schutzes, den sie bietet, keinerlei Geborgenheitsgefühl in uns aufkommen. Vielleicht zu Recht, wenn man ihre jüngste vulkanische Vergangenheit bedenkt. Jedenfalls ist sie bestimmt nicht der Ort, an dem ich gern überwintern würde. Hier kann ja der heiterste Mensch depressiv werden. Trotzdem genießen wir vom

Gipfel einer ihrer frischen Aschenkegel einen herrlichen Blick über die gesamte Kraterinsel mit ihren Bergen, Buchten, Lagunen und Süßwasserseen. Und unter uns schwojt die rote FREYDIS mitten in der Bucht.

Später erfahre ich auch, was es mit dem Namen Telephonbucht auf sich hat. Die TELEPHONE, ein englisches Schiff, lief auf die Riffe vor King George, als sie den Walfängern Kohle liefern wollte. Dem wagemutigen norwegischen Walfangkapitän Adolf Andresen, der sich 1905 mit einer Walfanggesellschaft auf Deception niedergelassen hatte, gelang es als erstem mit einfachsten Mitteln, den Frachter durch ein geschicktes Manöver wieder flott zu machen. Damit wurde sie nach den Gesetzen des Meeres sein Eigentum – eine fette Prise. Er schleppte sie nach Deception, wo er die TELEPHONE in der gut geschützten Bucht im Norden des Kratersees auf Grund setzte und reparierte. Später soll er mit ihr noch viele weite Reisen unternommen haben.

Am Abend kehren wir zur Fumarolbucht zurück. Der Wind scheint sich gelegt zu haben, in Wirklichkeit aber holt er nur Atem. Kaum haben wir geankert, fängt es wieder heftig an zu blasen. Es ist zu spät, um noch einmal zurück in die Telephonbucht zu flüchten. Rasch entwickelt sich ein böser Sturm, natürlich wieder auflandig. Aber der Grund ist gut, der Anker hält. Einen ganzen Tag warten wir, daß der Wind abflaut, daß wir wieder an Land gehen und die argentinische Station besuchen können. Endlich ist es soweit. Wir erleben noch zwei äußerst aufschlußreiche Tage mit den Wissenschaftlern der Station, der einzigen, die bei der letzten Eruptionsserie verschont geblieben ist.

Im Sommer wird sie von Mitgliedern der argentinischen Armee instand gehalten und von argentinischen Wissenschaftlern genutzt. Wir haben das Glück, daß die Station noch besetzt ist. Erst in ein paar Tagen wird sie geräumt. Professor Viramonte, ein international bekannter Vulkanologe, ist Leiter der Station und untersucht schon seit mehreren Jahren den Vulkanismus auf Deception. Er ist genau der richtige Mann, um unsere Fragen zu beantworten.

„Gibt es irgendwelche Hinweise, ob und wann die nächste Eruption bevorsteht?“

„Das ist sehr schwer zu sagen bei einem Vulkan, den wir erst relativ kurze Zeit beobachten", erklärt er uns. „Aber in letzter Zeit zumindest konnten wir keine Zunahme der vulkanischen Aktivität feststellen."

Das klingt recht beruhigend, obwohl der Seismograph, wie wir gezeigt bekommen, heute allein sechs kleine Beben mit Zentrum im Krater aufgezeichnet hat. Aber schließlich soll es hier ja fast alle Tage beben, wenn auch nicht so stark, daß die Station dabei erzittert. Na ja, das Orakel von Delphi gilt auch hier: „Was ihr tun wollt, tut mit der Götter Glück."

Auf kleinen Exkursionen erhalten wir vulkanologischen Anschauungsunterricht. Wir besuchen die heißen Fumarolen (Dampffontänen) in der Nähe, die als Sicherheitsventile des Vulkans in direkter Verbindung mit der Magmakammer stehen sollen. Wir erfahren wann, wo und wie sich die Ausbrüche abgespielt haben und hören mehr über ihre Gefährlichkeit: „Die Aktivität auf Deception ist von zweierlei Art. Eine spielt sich unter dem Meer im Kraterzentrum ab, eine andere tritt an Land, also auf dem Kraterring, zutage. Letztere ist die weitaus bedrohlichere, weil sie wegen der Vermischung von Magma mit Seewasser zu Explosionen allergrößter Gewalt führt. Wolken überhitzter Dämpfe und giftiger Gase reißen alles, was sich in einem Umkreis von einem halben bis einem Kilometer vom Eruptionszentrum befindet, mit sich fort. Es ist die gefährlichste Vulkanaktivität der Erde."

Diese nüchternen Ausführungen des Professors versetzen mich doch einigermaßen in Aufregung. Mit jedem Wort verwandelt sich in meiner Vorstellung unser Überwinterungsvorhaben mehr in einen unkontrollierbaren Horrortrip. Dazu heult der Wind verhalten über die einstige Stätte des Infernos, und die Steine und Felsbrocken erzählen beredt von der ungeheuren Wucht der Bomben, von heißen Gasen und glühenden Lavaflüssen. Ich will mir doch noch einmal alles gründlich überlegen...

Am nächsten Morgen überraschen uns die freundlichen Argentinier mit einem großzügigen Angebot. Sie laden uns ein, den Winter auf ihrer Station zu verbringen, damit wir außer unserem Boot noch eine zweite Zufluchtstätte haben. Das übertrifft unsere kühnsten

Erwartungen. Ich bin ganz gerührt über soviel Anteilnahme an unserem Privatunternehmen und soviel Menschlichkeit. Es sei ganz selbstverständlich, sagen sie, daß wir ihre Station nutzen können, wenn wir auf Deception sind. Sie spüren wohl alle, wie glücklich ich darüber bin. Seitdem erstrahlt die Insel Deception für mich wieder im alten Glanz, und die Freude verdrängt sogar meine Furcht vor den Feuerteufeln einen Stock tiefer.

Die Vorstellung, auf der Station zu überwintern, eröffnet für mich ganz neue Perspektiven. Erich dagegen ist gar nicht sicher, ob er in einer intakten, wenn auch sehr schlichten Hütte den Winter verbringen will. Er hat sich unseren Aufenthalt auf Deception anders vorgestellt, kreativer, meint er. Er wollte uns in den Ruinen der halbverfallenen englischen Station mit einfachsten Mitteln ein Zuhause schaffen. Darin lag für ihn einer der Reize dieser Überwinterung. Aber ich glaube, wir werden auch hier noch genug gefordert. Was bleibt uns denn, wenn die Argentinier in ein paar Tagen abrücken und alles Wichtige mitnehmen? Keine Heizung, kein Licht, kein Strom, kein Radio, dichtgefrorene Kanalisation und Wasserleitung. Also viel Arbeit!

Nach einer Ehrenrunde in der Walfängerbucht verabschieden wir uns erst einmal von Deception. Pinguine begleiten uns im Delphinstil aus dem Krater. Bald haben wir den Wind im Rücken: vier Beaufort, phantastische Sicht. Die weißen Berge der sechzig Meilen entfernten antarktischen Halbinsel sind voraus klar zu erkennen. Wir machen gute Fahrt. Aber wieder hält unsere Glückssträhne nicht an. Bald verdüstert sich das Bild, und wir stecken in dichtem Schneetreiben.

Unter Radar laufen wir in der Nacht durch die Crookerpassage, die in die Gerlachestraße mündet. 1898 wurde sie von dem Belgier Adrien de Gerlache entdeckt, der mit seiner BELGICA hier am Palmer-Achipel entlangsegelte. Wenig später wurde die BELGICA für zwölf Monate vom Packeis eingeschlossen und driftete nach Süden. Sie war das erste Expeditionsschiff, das in der Antarktis unfreiwillig überwinterte. An Bord war damals auch Roald Amundsen, der dabei seine ersten Erfahrungen als Polarforscher machte.

Aber wir brauchen uns darüber, hier eingeschlossen zu werden, noch keine Gedanken zu machen. In zwei Monaten sieht die Sache allerdings schon anders aus. Ständig driften uns Eisberge entgegen, die meisten sehen wir im Radar, aber nicht alle und vor allem nicht die Growler, die deshalb besonders gefährlich sind. So ein kleiner Brocken, der nur zwei oder drei Meter aus dem Wasser ragt, wiegt leicht tausend Tonnen. Im Vergleich dazu ist die FREYDIS mit ihren gut zwanzig Tonnen kein gleichwertiger Gegner. Eine Kollision sollten wir deshalb tunlichst vermeiden.

Am 21. März, also in zehn Tagen, haben wir schon Tag- und Nachtgleiche. Die Nächte sind bereits sehr lang; nach Abzug der Dämmerung bleiben mehr als zehn Stunden Dunkelheit. Doch am Morgen umgibt uns wieder ein überwältigendes Maß antarktischer Herrlichkeit. Wie verzaubert stehen wir lange in eisiger Kälte an Deck und können uns nicht sattsehen an den Inseln, Bergen und Gletschern. Bei der Annäherung an die Eisberge entdecken wir Torbögen, Brücken, Rampen, Seen und Lagunen. Jeder Eisberg ist eine kleine Welt für sich, und jeder von uns hat seine eigenen Phantasien dazu.

Leopardenrobben patrouillieren durch die Wasserstraße und fordern ihren Blutzoll von den Pinguinen, die in großen Scharen bereits Richtung Norden ziehen. Wir entdecken auch mehrere Orkas (Mörderwale), die sich offensichtlich an der Jagd beteiligen. Voraus jetzt ein Schwarm Kaptauben, Dominikanermöwen und zwei große Wale, alle an der gleichen Stelle.

„Sie scheinen dort eine Krill-Party abzuhalten." Ich schaue mir die Gesellschaft durchs Fernglas an. Wir kommen rasch näher.

„Vorsegel runter", ruft Erich. „Wir laufen genau auf sie zu, aber keine Angst, es passiert gar nichts. Die haben uns schon längst gesehen." Ruckzuck ist das Segel unten und der Motor aus. Wir machen kaum noch Fahrt. An Bord herrscht wildes Durcheinander, jeder will soviel wie möglich mitkriegen und fotografieren. Für die Fernsehleute ist das Schauspiel ein gefundenes Fressen, wie das Tonbandprotokoll von Thomas beweist.

„Schau dir diese Fluke an!" (Gemeint ist die Schwanzflosse).

„Ein irres Bild."

„Peng, zischsch, peng, zischsch..." (Wale).

Knips, knips, surrrrr. Knips, knips, surrr... (Filmkameras und Fotoapparate).

„Was sind das für Wale, Heide?"

„Buckelwale. Die Rückenflosse ist typisch Buckelwal."

„Jetzt sind sie direkt unter uns. Schau, beide nebeneinander."

„Hier unten ist noch einer. Jetzt taucht er weg!"

„Da, direkt neben uns. Der dreht sich auf den Rücken."

„Mann, ist das ein Riesenvieh!"

„So lang wie die FREYDIS , allemal."

Peng, zischsch, peng, platsch, gurgel, knips, surrr...

„Schau, die langen weißen Flossen. Und der helle Bauch."

„Jetzt muß er auf der anderen Seite hochkommen. Da, paß auf!"

„Nein, hinten ist er, *hinten*!"

Peng, zischsch, spritz!

„Vorsicht, Per, die Kamera wird naß!"

„Seltsame Duschen hier an Bord."

„Jetzt liegt er direkt am Schiff und schaut uns an."

„Die sind genauso interessiert an uns wie wir an ihnen."

„Ach, Leute, das gibt's gar nicht. Der ist ja Klasse!"

„Jetzt kommt er ganz raus. Hast du das gesehen? *Hast du das gesehen*?"

„Haltet euch fest. Paß auf, Thomas!"

„Das werden Bilder... Wenn das keine Bilder werden!"

„Da, das Maul. Genau unterm Schiff. Guck dir das an, Per. Das Maul ist vor deiner Nase!"

„Kann man den mit dem Bootshaken streicheln?"

„Bloß nicht, Axel, sonst meint er noch, wir hätten 'ne Harpune."

„Leute, schaut mal lieber, wo wir hindriften. Geradewegs in die Wal-Lachei! Gleich rammen wir den Eisberg dort. Also Segel setzen, los!" Der Skipper nimmt uns alle wieder in die Pflicht.

Wir laufen durch den Neumeyerkanal, eine schmale Wasserstraße zwischen Anvers und Wiencke Island. Auf Anvers liegt die amerikanische Station Palmer, die wir schon auf unserer ersten Antarktisreise kennengelernt haben. Im letzten Abendlicht ankern wir in der Port-Lockroy-Bucht. Ein traumhaft schöner Ankerplatz!

Ein phantastisches Hochgebirgspanorama und Gletscherabbruchkanten umgeben uns. Auf den Felsen drängen sich große Kolonien von Kehlstreifen- und Eselspinguinen. Ab und zu treibt der Wind ihren scharfen Geruch an Bord, und einen ganz schönen Krach machen sie auch. Nicht nur das „Ark, ark" der Kehlstreifenpinguine ist zu hören, sondern auch das „Brrriiaaa, brrriiaaa" der Eselspinguine. Jetzt weiß ich wenigstens, warum sie so heißen.

Über Nacht legt der Wind zu, und am Morgen gibt's wieder mal Sturm. Die Freydis bockt in den Brechern und reißt wie wild an ihrer Kette. Mit einem deutlichen Ruck bricht der Anker aus dem felsigen Grund, und das Schiff geht auf Drift, Anker und Kette hinter sich herschleifend. Sofort sind wir in unseren Segelklamotten und an Deck. Draußen steht alles kopf. Der Wind hat das Dingi nach oben geschlagen, es hängt wie ein gelber Papierdrachen über dem Achterstag. Die Riemen sind vom Cockpitdach heruntergeschleudert worden und haben sich auf Nimmerwiedersehen verabschiedet.

„Maschine an", brüllt Erich gegen den Wind nach unten ins Schiff, wo Reinhard schon im Motorraum steckt. Seit dem Brand muß die Maschine unten gestartet werden.

„Sie springt nicht an!" kommt es entsetzt zurück. Aber nur keine Panik, Reinhard hat in der Aufregung die Knöpfe verwechselt. Kurz darauf brummt es gleichmäßig und kräftig.

Um den polternden Anker hochzuholen, werden alle Mann an Deck gebraucht, doch Thomas und Per wollen unbedingt den Hexenkessel filmen. „Jetzt oder nie", sagt Thomas entschlossen, „das muß einfach sein. Welches Objektiv, Per?"

Per hängt über seiner Koje in den Alukästen und kramt wie ein Wilder darin. Als er wieder hochkommt, tritt er rückwärts auf die Katze. „Eine Katze hat drei Leben, Gott sei Dank", entschuldigt er sich. Die Fernsehleute tun verständlicherweise das, was ihrem Beruf entspricht: diese kritische Situation möglichst spannend festzuhalten. Für die Arbeit als Crew fallen sie deshalb mehr oder weniger aus.

Die Klippen sind nur noch zehn Meter entfernt, und die Gischt brechender Seen nimmt uns die Sicht. Erich steht am Ruder und versucht, die FREYDIS im Wind zu halten, während Hans Ulrich mit Reinhard, Axel und Christoph die Kette samt Anker hochholen: ein schwieriges Unterfangen bei einem Sturm von zehn Windstärken, das seine Zeit braucht. Noch bevor der Anker an Deck ist, scheucht Erich die FREYDIS mit voller Motorkraft in den Windschutz einer kleinen Felseninsel. Er fährt ganz dicht an die Felsen heran, weil wir nicht nur ankern, sondern die FREYDIS auch noch an Land vertäuen wollen. Das Leinenkommando Axel und Christoph hat nun seinen waghalsigen Einsatz. Thomas möchte unbedingt mit den beiden an Land gehen und filmen. Alle stecken in Überlebensanzügen und setzen mit dem Dingi zur Insel über. Nicht weit, aber jeder Meter ist gefährlich. Deshalb sind sie mit uns durch eine Leine verbunden.

An Land wird die FREYDIS nach bewährter Patagonienmanier vertäut – natürlich an Felsen, Bäume gab's hier allenfalls vor Jahrmillionen. Durch Gischt und Schneesturm rudern unsere Sportskanonen das Dingi zurück: ein Yellow Submarine. Eine heiße Szene in eiskalter See. Die Mission ist erfolgreich beendet, als die drei wieder wohlbehalten an Bord sind – trocken sogar –, die Überlebensanzüge haben sich bewährt. Das Barometer ist weiter auf dem Weg in die Unterwelt, hat seinen Tiefpunkt noch nicht erreicht. So orgelt denn der Wind auch noch den ganzen Tag und die darauffolgende Nacht weiter. Aber wir liegen jetzt sicher, jedenfalls bis der Wind umschlägt. Adélie sitzt auf der Wärmflasche und träumt von besseren Zeiten.

Am nächsten Tag bessert sich das Wetter langsam. Sehnsüchtig schauen wir hinüber zu den Hütten der verlassenen englischen Station, die mitten in der Kolonie von Eselspinguinen steht. Am Mittag wollen wir versuchen, an Land zu gehen.

Mittlerweile werden wir Zeugen zahlreicher Massaker an Pinguinen. Eine Leopardenrobbe jagt in der Bucht, ein gewaltiges Vieh, etwa drei Meter lang, mit kalten Raubtieraugen, breitem Maul und langem Hals. Wenn sie im Wasser schwimmt, ähnelt sie einer riesigen Klapperschlange. Tückisch und böse sieht sie aus. „Genauso“, meint Erich, „stelle ich mir das Ungeheuer von Loch Ness vor.“

1 Aus dem Salon und der Navigation ist eine schwarze Höhle geworden.

2 Im Maschinenraum sieht's noch schlimmer aus.

3 Was soll bloß aus uns und der FREYDIS werden?

1

2

3

4

5

6

4 Eine Strandbekanntschaft

5 Letzte Überholung vor dem Winter

6 Ein übermütiges Wal-Kalb

7 Landeanflug eines „Jumbo“

8 Paradiesische Ruhe auf der Halbinsel Valdez

9 Die Wal-Kuh und ihr Sprößling lassen sich von der FREYDIS nicht stören.

8

7

9

10

11

10 Raufkommen ist leicht – aber wie wieder runter?

11 Auf der Staateninsel: wilde, unberührte Natur wie vor tausend Jahren

12 Im Sturm vor Kap Hoorn

13 Eingerahmt von den grandiosen Gletschern der Darwinkordillere, segeln wir unter Spi durch die Fjorde.

12

13

19 Spisegeln in Feuerland

20 Vor dem Auslaufen müssen Anker und Kette von Kelp befreit werden.

21 Auf der argentinischen Station Jubany

14

15

16

17

14 Eckarts eiskaltes Vergnügen im Gletschersee

15 Muschelernte für das Festtagsmenü

16 Auf den Darwingletschern

17 Einsames Bad am vulkanisch beheizten Strand von Deception Island

18 Ein Luxusdampfer bringt viele Badegäste.

18

19

20

21

22

23

2

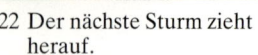

22 Der nächste Sturm zieht herauf.

23 Die Feuerland-Indianerin Christina Calderón

24 Windgezauster Baum in Patagonien

Stundenlang treibt die Robbe ihr grausames Katz-und-Maus-Spiel mit den Pinguinen. Dabei läßt sie die Kerlchen immer wieder entkommen, die sich dann auf kleine Schollen flüchten. Aber sie behält sie stets im Auge. Nach einer Pause kippt sie die Schollen und schnappt sich ihr Opfer wieder. Sie taucht mit ihm in die Tiefe, und das Spiel beginnt von vorn. Erst wenn der Pinguin völlig erschöpft und zerbissen ist, drischt sie ihn aufs Wasser, bis der Balg platzt und die Eingeweide herausquellen. Aber auch dann hat die Jagd noch kein Ende. Sobald ein Pinguin zerfleddert und gefressen ist, hat sie schon den nächsten am Wickel. Es ist kaum mitanzusehen! Nur Adélie sitzt am Fenster und starrt fasziniert hinaus, das Luder. Ich habe gelesen, daß man im Magen und Darm eines einzigen Seeleoparden nicht weniger als achtzehn Pinguine und die Überreste vieler weiterer Vögel fand. Nimmersatte Killer sind das! Wir sind voller Mitleid für die Pinguine, aber in der Natur gelten hier eben andere Gesetze, auch für uns.

Gegen Mittag hat sich das Wetter tatsächlich beruhigt. Sonnenschein entschädigt uns für das Ungemach der letzten dreißig Stunden. Aufgekratzt setzen wir in zwei Fuhren mit dem Dingi zu den Felsen über und besuchen endlich die Station inmitten des Pinguindorfes.

Früher wurde diese Bucht gern von Walfangschiffen angelaufen, und ihre Spuren sind noch immer nicht zu übersehen. Walrippen, Rückenwirbel und Beckenschaufeln „zieren" die Felsen. Weiter oben empfängt uns totales Chaos: jede Menge Schrott auf Schritt und Tritt. Um die halbverfallenen Hütten liegen rostige, scharfkantige Eisenteile, Drahtschlingen, Nägel, Glassplitter und alte Fässer, aus denen noch zähes schwarzes Öl sickert. Es gereicht den Engländern wahrhaftig nicht zur Ehre, daß sie ihre Stationen derart chaotisch hinterlassen. Die Türen der Holzhäuser stehen einladend offen, auch die des Proviantschuppens, der noch vollgestopft ist mit rostigen Dosen. Die Pinguine watscheln ein und aus, als seien sie die rechtmäßigen Hausbesitzer, hocken im Müll und zwischen den Walknochen, als gehöre auch das ihnen. Sie haben sich ihre Felsen zurückerobert, als die Menschen wieder abzogen. Das Pinguindorf zählt mehrere tausend Einwohner.

Auch eine ganze Anzahl Scheidenschnäbler (Palomitas) ist hier daheim. Sie sind schneeweiß und gleichen kleinen Hühnern. Sie leben von den Pinguinen, schlürfen ihre Eier aus und töten ihre Küken. „Ihr weißes Aussehen entspricht nicht ihren schmutzigen Gewohnheiten", steht in meinem sonst sehr sachlich gehaltenen Vogelkundebuch. Jetzt sitzen die meisten von ihnen allerdings friedlich auf den Dächern der Hütten in der Sonne oder picken unschuldig im stinkenden Morast, der sich zwischen den Felsen angehäuft hat.

Oben auf den Felsspitzen wohnen die Skuas mit ihrer hungrigen Brut, auch sie räuberische Schmarotzer der Pinguinkolonie. Immer wieder sehen wir, daß sie Reste vom Wasser aufsammeln, die ihnen die Leopardenrobben übriglassen. Daher müssen auch die abgerissenen Pinguinköpfe stammen, die überall herumliegen. Kein Wunder, daß sich die Pinguine in Anbetracht so vieler Feinde uns gegenüber etwas reserviert und abweisend verhalten und sich nicht einmal fotografieren lassen wollen. Nachdem wir uns aber längere Zeit friedlich auf einem Felsen niedergelassen haben, siegt doch ihre Neugierde. Immer mutiger werden sie, und einige kommen uns ganz nahe, schauen ins Objektiv und hören interessiert zu, wie Thomas ihnen die einzelnen Knöpfe erklärt.

Ich wäre gar nicht verwundert gewesen, wenn er sie auch noch interviewt hätte, denn Thomas hat einen guten Draht zu Tieren. Unsere Katze – mit der er Koje und Seekrankheit teilt – ist der Beweis. Außerdem bringt er alles zum Reden, ob See oder Schiff, ob Mensch oder Tier. Aber hier scheitert er wohl doch an der Sprache. Auf seine Fragen bekommt er immer nur ein heiseres „Brrrriiiaaa" zur Antwort. Also sind mal wieder wir dran. Auf den Felsen will er Erich und mich interviewen.

Thomas: „Erich, was bedeutet das für dich, was du hier im Moment erlebst?"

Erich: „Ein grandioses Naturerlebnis, es kommt unseren Wünschen und Vorstellungen ganz, ganz nahe."

Thomas: „Beschreibt doch mal, was ihr sucht. Es gibt ja Leute, die sagen, Weltumsegler sind Menschen, die weglaufen vor Problemen und meinen, sie finden eine schönere Zukunft unter Segeln."

Heide: „Wir versuchen einfach mal, ein anderes Leben zu führen, als wir es in der Zivilisation gewohnt sind. Wir wünschen uns nicht unbedingt ein bequemes Leben, sondern ein ursprünglicheres. Ein Leben, das nicht von den Gesetzen der Gesellschaft bestimmt wird, sondern von Naturgegebenheiten. Das ist eine Herausforderung, der wir uns stellen. Wir müssen ja alles selber machen, müssen unser eigener Klempner, Arzt, Bäcker, Koch und was sonst noch alles sein. Eine Art Allroundmenschen."

Thomas: „Und was bedeutet es ganz konkret für dich, Erich?"

Erich: „Nun, wie ich schon sagte, ich sehe da das grandiose Naturerlebnis, ich sehe aber auch das Abenteuer – im guten Sinn des Wortes. Und dann hat das Ganze noch einen dritten Aspekt, der mir besonders wichtig ist: daß wir einen Schnitt machen und die Möglichkeit zu einer Pause in unserem sonst so hektischen, leistungs- und erfolgsorientierten Leben wahrnehmen. Wir haben uns deshalb auch kein bestimmtes Programm für die Überwinterung vorgenommen. Wir wollen alles einfach auf uns zukommen lassen, Abstand zu den Dingen des Alltags gewinnen."

Heide: „Marie von Ebner-Eschenbach hat gesagt: ‚Wenn die Zeit kommt, in der man könnte, ist die Zeit vorbei, in der man kann.' Das soll uns nicht passieren. Von dieser zweiten Reise in die Antarktis haben wir geträumt, seit wir zum ersten Mal hier waren."

Thomas: „Ihr habt euch immer Extremgebiete für eure Segeltörns ausgesucht. Was fasziniert euch gerade an den hohen Breiten?"

Heide: „Die unverfälschte Natur und vielleicht auch die Unwägbarkeiten wie Eis, Wetter, Vulkane. Sie üben auf uns einen ganz besonderen Reiz aus."

Thomas: „Heide, dich würde ich gern noch etwas fragen: Es gibt sicherlich viele Leute, die gerade dich bewundern und sagen: eine Frau, die so etwas leistet – Hut ab! Was meinst du dazu?"

Heide: „Nun, ich glaube, der Lockruf der See und der Antarktis ist nicht geschlechtsgebunden. Frauen verfallen ihm genauso wie Männer, und es gibt genauso Abenteurerinnen wie Abenteurer."

Thomas: „Bist du besonders mutig oder zäh?"

Heide: „Nein, überhaupt nicht. Ich habe auch Ängste, aber die will ich eben überwinden und mich nicht verkriechen. Angst hat ja auch ihre guten Seiten, sie gehört einfach dazu, schon wegen der eigenen Sicherheit."

Thomas: „Erich, was bedeutet es für dich, daß ihr diese Erlebnisse mit anderen Menschen teilt? Ihr segelt ja nur wenige Abschnitte allein und habt im übrigen sehr viele Menschen an Bord."

Erich: „Für uns ist es aber wichtig, daß wir auch mal allein sind. Andererseits schätzen wir die Gesellschaft von Mitseglern. Mir macht es Spaß, die Erlebnisse mit anderen zu teilen."

Thomas: „Habt ihr beide Angst vor der Einsamkeit?"

Erich: „Ich hab' davor überhaupt keine Angst, im Gegenteil, ich freue mich darauf. Es ist ja auch keine Einsamkeit sondern Zweisamkeit, und das ist für uns beide entscheidend, daß wir das zusammen machen."

Thomas: „Was bedeutet für euch Partnerschaft?"

Heide: „Für mich ist es sehr wichtig in einer Partnerschaft, daß man gemeinsame Erlebnisse hat. Ich finde, daß eine Partnerschaft lebendig bleibt durch gemeinsame Erlebnisse. Andererseits werden aber auch die Erlebnisse durch den Partner noch lebendiger."

Die Sonne ist hinter Wolken verschwunden, es wird kalt. Plötzlich merken wir, daß wir einen gewaltigen Hunger haben. Thomas und Per wollen in aller Ruhe noch ein paar Szenen drehen, wir anderen quetschen uns zu sechst in das kleine Dingi, das sich mit uns gerade noch über Wasser hält. Als wir zwanzig Meter vom Ufer entfernt sind, sehen wir die Leopardenrobbe hinter uns herschwimmen. Es ist bekannt, daß diese Räuber gelegentlich auch Menschen angreifen. Zu ihrer Entschuldigung wird zwar gesagt, daß sie dabei die Menschen mit Robben oder großen Pinguinen verwechseln, aber das kann uns jetzt die Angst nicht nehmen. Mit was für einem Gegner wir es zu tun haben, wissen wir, seit wir sie bei der Pinguinjagd beobachtet haben.

Flach auf dem Wasser liegend, nähert sich das breitmäulig grinsende Ungeheuer zielstrebig und rasch. Nur noch fünf Meter ist es von uns entfernt, dann taucht es ab, schwimmt unter uns. Panikartig drücken wir uns alle gleichzeitig ins Dingi hinein und wären schon deshalb beinahe gekentert. Erich und Hans Ulrich nehmen je ein

Paddel wie einen Schlagstock in die Hand, und dann brausen wir mit allem, was der Außenborder hergibt, zurück zu den Felsen. Aufgeregt halten wir dort Ausschau. Die Robbe ist nirgends mehr zu sehen. Wahrscheinlich war sie nur neugierig, bei dem großen Nahrungsangebot kann es kaum Hunger sein, der sie zum Angriff auf uns trieb. Sie wollte uns Eindringlinge wohl einfach nur aus ihrem Revier verjagen. Wie dem auch sei, ich habe das Gefühl, vom Regen in die Traufe gekommen zu sein. Aus Angst vor Eisbären habe ich Spitzbergen als Überwinterungsort abgelehnt – und jetzt werden wir hier plötzlich von Leoparden gejagt!

Aber es bleibt uns keine Wahl, wir müssen so rasch wie möglich zur FREYDIS. Es ist unangenehm kalt, und wir sind alle durchnäßt. Leider hat unser Dingi bei dem hastigen Manöver auf den Felsen auch noch einen bösen Riß abbekommen.

Neuer Start. „Wenn wir die Robbe nicht sehen, ist sie wahrscheinlich gerade unter uns." Erichs einleuchtende Erklärung ist alles andere als beruhigend, zumal das Dingi immer schlaffer wird. Wir sind deshalb heilfroh, als wir die Bordwand der FREYDIS endlich zu fassen kriegen, und klettern alle gleichzeitig daran hoch. Dem armen Hans Ulrich fällt danach das schwere Los zu, mit dem Dingi noch ein zweites Mal überzusetzen, um Thomas und Per abzuholen, die ahnungslos am Ufer warten und winken. Er gesteht uns später, daß er auf der ganzen Reise nicht solche Angst ausgestanden hat wie auf dieser kurzen Strecke in der Bucht von Port Lockroy.

Einige Zeit später holen Erich und Axel mit dem Dingi die an Land ausgebrachten Leinen ein, weil wir bald auslaufen wollen. Die übrige Crew staunt nicht schlecht, als die beiden anschließend zweihundert Meter weiter an einer kleinen Scholle anlegen, auf der sich die Robbe ausschläft. Einerseits bewundern wir ihren Mut, andererseits halten wir sie für komplett übergeschnappt. Sie lassen sich sogar viel Zeit dabei und fotografieren das Tier aus nächster Nähe.

Eine zweite Leopardenrobbe nähert sich ihnen von achtern. Dicht am Dingi reckt sie ihren charakteristischen Schlangenkopf weit aus dem Wasser und mustert die beiden Segler, die aber mit der anderen Robbe voll beschäftigt sind.

„Vorsicht", rufe ich, so laut ich kann, „paßt doch auf!"

Aber sie scheinen sich über mich kaputtzulachen. Als sie schließlich unversehrt wieder an Bord klettern und unsere aufgeregten Gesichter sehen, grinsen sie immer noch über beide Ohren. Ihr Fotomodell sei doch bloß eine harmlose Krabbenfresserrobbe gewesen, versichern sie uns.

„Ja, schon", schwindeln wir, als wäre uns das nicht entgangen, „aber die Leopardenrobbe hinter euch – habt ihr *die* denn nicht gesehen?"

„*Was?*"

Wer zuletzt lacht...

Am Abend segeln wir in die Nachbarbucht Dorian Cove hinein, die nur ein paar Meilen von Port Lockroy entfernt liegt. Von dort hat sich die PELAGIC über Funk gemeldet. Kurz vor Sonnenuntergang werfen wir tief drinnen in der Bucht, nicht weit von ihr entfernt, unseren Anker. Die PELAGIC ist ein bauchiges Stahlschiff, zwei Meter länger als die FREYDIS. Robust und solide gebaut, hat sie wie die FREYDIS einen Schwenkkiel. Unser Mast erscheint allerdings klein neben dem ihren. Sicherlich ist sie wesentlich schneller als die FREYDIS.

Seit fast drei Monaten ist die PELAGIC mit Bergsteigern und einem italienischen Fernsehteam an den Küsten der antarktischen Halbinsel unterwegs. Gleich nach dem Abendessen will Skip Novak auf die FREYDIS kommen und unsere Crew begrüßen. In Ushuaia haben wir für unsere sechs Mitsegler die Rückreise aus der Antarktis mit der PELAGIC fest vereinbart. Wir besichtigten das Schiff und lernten den Skipper kennen. Sowohl Schiff als auch Skipper erschienen uns sehr vertrauenswürdig. Skip Novak, neununddreißig Jahre alt, ist Amerikaner und professioneller Skipper. Er hat schon an vielen Trans-Ozean-Regatten teilgenommen und auch viermal an der Whitbreadregatta rund um die Welt. Bei zwei dieser berühmten Rennen ist er ungewollt in die Schlagzeilen geraten. Das erste Mal 1985/86 als Skipper der Whitbread-Teilnehmerin DRUM, der Yacht des Popstars Simon Le Bon, die kurz zuvor beim Fastnetrennen im Englischen Kanal ihren Kiel verloren hatte und durchgekentert war. Das zweite Mal 1989/90, als er Co-Skipper auf der FAZISI war, der ersten sowjetischen Yacht, die an einem Whitbreadrennen teilnahm.

Sein russischer Co-Skipper hatte damals am Etappenziel Punta del Este in Uruguay Selbstmord begangen.

Mit Skip Novak haben wir die Antarktistörns beider Yachten von vornherein so aufeinander abgestimmt, daß wir uns am Ende des Törns in Deception treffen wollten. Von dort können unsere sechs dann mit der PELAGIC zurücksegeln, während für uns die Überwinterung beginnt. So hatten wir uns das vorgestellt und nach telefonischer Rücksprache mit den Mitseglern für vier Leute die Rückreise verbindlich und für die beiden Mainzelmänner in Form einer Option vereinbart, die sie wahrnehmen konnten, falls sie wollten. Thomas und Per wären aus beruflichen Gründen zwar lieber zurückgeflogen, aber damals stand noch nicht fest, ob, wann und von wo ein Rückflug aus der Antarktis möglich sein würde. Unterwegs erfuhren wir dann über Funk, daß das einzige und letzte Flugzeug, in dem noch Plätze frei waren, am 19. März von der chilenischen Station Teniente Marsh auf der Südshetland-Insel King George starten würde, fünf Tage vor dem festgelegten Ende unseres Törns. Jetzt verlangen die Chilenen sofortige Buchung, sonst wollen sie die Plätze nicht freihalten.

Thomas und Per, für die Zeit natürlich eine wichtige Rolle spielt – der Sendetermin sitzt ihnen im Nacken –, entschließen sich, kurzerhand den Flug zu buchen. Das Projekt mit der PELAGIC, die sie nicht kennen, scheint ihnen zu unsicher. Sie können sich nicht vorstellen, daß dieses Schiff, das nur wenig länger als die FREYDIS ist und bereits eine achtköpfige Crew an Bord hat, weitere sechs Leute samt Gepäck und Fernsehausrüstung verkraften kann. Da helfen auch all unsere Beteuerungen nichts.

Zu unserem Leidwesen und dem der übrigen Crew ist damit auch schon über den Rest des Törns entschieden. Denn wenn wir am 18. März auf King George sein wollen, um die beiden rechtzeitig abzuliefern, dann bleibt uns nichts anderes übrig, als den Törnplan zu ändern. Unsere weiter südlich gelegenen Ziele, die Paradiesbucht und die antarktische Le-Maire-Straße, müssen wir streichen.

Der Rest der Crew entschließt sich deshalb schweren Herzens ebenfalls für den Rückflug. Der einzige Pluspunkt für sie ist, daß er nur halb soviel kostet wie die Passage mit der PELAGIC. Für Erich und mich ist diese abrupte Wendung besonders bitter. Wir sind verärgert und fühlen uns überfahren. Wer weiß, ob wir je wieder Gelegenheit haben, in die Paradiesbucht zu segeln? Sie soll schöner und eindrucksvoller sein als alles, was wir bisher in der Antarktis gesehen haben. Aber Skip Novak nimmt es gelassen, da für einen solchen Fall eine Ausfallzahlung von fünfundzwanzig Prozent vereinbart ist.

Wir verlassen schon am nächsten Morgen die Bucht in Richtung King George. Unter Blister segeln wir bei achterlichem bis raumem Wind dicht an den hohen Gletscherabbrüchen entlang und staunen über dachartige Überhänge, Türme, Höhlen und gigantische Orgeln aus Eis an den Wänden über uns. Das Eis knistert. Ab und zu sind „Böllerschüsse" zu hören, wenn ein Gletscher kalbt. Gerade löst sich so ein Brocken und fällt von ganz oben herunter. Thomas und Per folgen uns im Schlauchboot, denn das Wasser ist nicht allzu bewegt. Sie bannen ihre Eisimpressionen auf Film und Tonband.

„Schön sieht das aus, das große rote Segel vor der weißen Wand", schwärmt Axel.

Auch Erich freut sich. „So steht es super!"

Ich gehe nach unten in die Messe, um Dosen für das Mittagessen auszugraben und Adélie zu füttern, die sich die Sonne durchs Fenster auf den Pelz brennen läßt. Dabei schaue ich aufs GPS. „Nur noch hundertfünfundfünfzig Meilen bis Marsh", rufe ich nach oben.

Zweimal ziehen Mörderwale paarweise ganz in unserer Nähe vorbei, aber leider doch zu weit weg, als daß wir sie filmen könnten. Sie haben es eilig und wollen nichts von uns wissen. Ich nenne sie lieber Orkas, bei ihrem wissenschaftlichen Namen. Neben Schimpansen sollen es die intelligentesten und gelehrigsten Tiere sein, und ich habe in der gesamten Literatur keinen einzigen Fall gefunden, in dem Orkas Menschen direkt angefallen haben; von Angriffen auf Segelschiffe wird dagegen vereinzelt berichtet. Die FREYDIS mit ihrer Stahlhaut hätte von ihnen wohl kaum etwas zu befürchten.

Wir segeln denselben Weg zurück, den wir gekommen sind: Neumeyerkanal, Gerlachestraße, Crookerpassage. Aber alles sieht jetzt ganz anders aus. Mir scheint, als wäre ich hier noch nie gesegelt. Berge, die zuvor offensichtlich verhüllt waren, sind jetzt sichtbar; vorher sichtbare sind jetzt eingenebelt oder in Wolken gehüllt. Andere Eisberge bauen andere Kulissen auf, verlegen Buchten und verändern Küstenstreifen.

Am späten Nachmittag überrascht uns der Wind mit einer Drehung um hundertachtzig Grad. Von einer Sekunde zur anderen springt er von Süd auf Nord, als hätte er sich's plötzlich anders überlegt. Die ganze Nacht müssen wir unter Maschine gegenanbolzen. Der Zeitplan muß eingehalten werden, sonst schaffen wir es nicht, am Achtzehnten auf King George zu sein. Thomas und Katze sind seekrank. Später liegen sie friedlich schlummernd nebeneinander in Thomas' Schlafsack (Adélie als schnurrende Wärmflasche). Reinhard, der zu Hause zwei Katzen hat, wird richtig eifersüchtig. „Schon die dritte Nacht schläft sie bei Thomas", beschwert er sich, „das geht doch nicht mit rechten Dingen zu." Auch Hans Ulrich beklagt ausbleibende nächtliche Katzenbesuche.

Am Morgen überlegt sich's der Wind doch noch einmal und springt urplötzlich wieder auf Süd um. Das ist sehr freundlich von ihm. Jetzt laufen wir zehn Knoten unter Genua und Groß. Wenn das so weitergeht, sind wir am Abend vor King George.

Eine Insel – viele Nationen

Letzter Flug in die Zivilisation – Die antarktische Halbinsel von oben – Vogelzug in den wärmeren Norden – Pinguine statt Osterhasen – Einige Forschungsstationen sind Umweltsünder

Nun ist bald auch unser letzter Törn mit Crew zu Ende. Schnell ist die Zeit vergangen, wie immer, wenn Tage und Wochen vollgestopft sind mit Erlebnissen. Die Crew packt schon die Seesäcke. Noch ein Tag, und wir sind allein. Dann gehört das Schiff nur noch uns – es wird uns riesengroß vorkommen. Wir werden die Tage einteilen, wie wir es für richtig halten, brauchen auf niemanden mehr Rücksicht zu nehmen, sind nur noch für uns und das Schiff verantwortlich. Darauf freue ich mich. Andererseits mache ich mir schon Gedanken, ob wir mit den Stürmen und der zunehmenden Kälte auch wirklich allein fertig werden.

Natürlich bin ich auch ein bißchen traurig, weil uns eine Crew verläßt, die ich mag. Sie war nicht nur sehr sportlich, sondern auch äußerst kameradschaftlich und freundschaftlich. Ausnahmslos zeigten sich alle sehr hilfsbereit und immer ansprechbar. Auch Thomas und Per waren trotz ihres anstrengenden Jobs als Filmemacher für uns vollwertige Crewmitglieder. Jeder trug nach seinen Möglichkeiten dazu bei, daß das Unternehmen gelang. Keiner spielte eine Rolle, versuchte sich oder den Mitseglern etwas vorzumachen, trotz der so oft präsenten Kamera. Diese Reise ist gut verlaufen, und gerade die schwierigen äußeren Umstände haben zu einem besonders herzlichen Verhältnis untereinander geführt. Die sechs werden uns fehlen.

Wir liegen gut in der Zeit. Am Abend des 17. März laufen wir bei vorlichen Winden mit dichtgezurrten Segeln an der klippenreichen Küste von King George entlang. Buchstäblich beim allerletzten Quentchen Tageslicht lavieren wir uns durch die mit Unterwasserfelsen gespickte Maxwellbucht. Mit Erlaubnis der Chilenen, die wir über UKW einholen, werfen wir Anker vor ihrer Station Teniente Rudolpho Marsh. Die anstrengende Reise steckt uns allen in den Knochen. Es reicht nur noch zu einem kleinen Drink, dann liegen wir schon in den Kojen. Nur einmal, um zwei Uhr nachts, werden wir vom slippenden Anker geweckt. Der Wind hat etwas aufgefrischt. Erich steckt noch zehn Meter Kette, dann kehrt wieder Ruhe ein. Am nächsten Morgen bringen wir gleich nach dem Frühstück Leinen zur Mooringboje und zum kleinen Steg aus.

Wir erhalten eine freundliche Einladung in die Station, und weil die Crew mit dem Packen so gut wie fertig ist – nur noch die Schlafsäcke brauchen sie für die letzte Nacht –, setzen wir an Land über. Dort lernen wir Hectór Barrientos kennen, den Kommandanten der Station. Er fliegt den einzigen Hubschrauber der ganzen Region, der hier auf Marsh stationiert ist, und ist sicherlich der beste Kenner der Gegend. Er wird einer unserer engsten Freunde werden. Bei einer Tasse Kaffee erfahren wir, daß er bereits seit drei Jahren auf King George lebt. Er fliegt viel zwischen den Stationen hin und her, auch Deception Island hat er schon mehrfach besucht. Bevor Erich und ich zu unserem Winterziel auslaufen, will er uns noch gute Tips über schöne Buchten und Ankerplätze unterwegs geben.

Schnell haben wir uns in der kleinen Siedlung orientiert. Wir suchen die Post auf, wo die Crew ihre während des Törns geschriebenen Karten loswerden und mit Pinguin-, Seelöwen- und Stationsstempeln versehen lassen kann. Die Bank tauscht unsere Travellerschecks ein, im Souvenirshop kaufen wir ein paar Antarktismitbringsel und letzte Postkarten, und in der Capitania erfragen wir die Wettervorhersage und erstehen für fünfzig Dollar den hervorragenden Seekartenatlas von Chile, der auch den Teil der Antarktis zeigt, den die Chilenen so nachdrücklich für sich beanspruchen. Es gibt sogar ein Hotel hier, das einzige in der Antarktis. Es liegt zwei Kilometer von der Station entfernt am Rand des Flugplatzes und gehört der Armee. In den Sommermonaten, von Oktober bis März, wird es an eine chilenische Hotelkette verpachtet und bietet deshalb guten Service.

Bereits am Vormittag ziehen unsere Mainzelmänner in dieses Hotel um. Sie müssen nicht nur ihr persönliches Gepäck, sondern vor allem die Filmausrüstung sortieren, Kameras und empfindliches Zubehör trocknen und alles transportgerecht verpacken. Von Thomas' und Pers Umzug profitieren wir nebenbei mit. Auch wir dürfen im Hotel duschen und sogar Wäsche waschen. Die Zwei-Bett-Zimmer erinnern in ihrer Ausstattung an die Unterkünfte in Gebirgshütten: einfach und zweckmäßig. Und aus den Duschen fließt köstliches, heißes Süßwasser.

Zum Dank dafür, daß wir alle dem ZDF Rede und Antwort gestanden und bis zum Schluß gute Miene zum manchmal lästigen Fernsehspiel gemacht haben, laden uns Thomas und Per am Abend zum Abschiedsessen ins Hotel ein. Dazu kommen noch Hectór und die vier Greenpeace-Leute, die unten am Strand, nicht weit von der russischen Nachbarstation Bellingshausen, ihr kleines Camp aufgebaut haben. So trifft sich eine bunte, internationale Mischung zum gemütlichen Beisammensein.

Ich genieße den Abend. Nicht nur, weil ich einmal nicht für acht Leute kochen muß, sondern vor allem wegen der heiteren und gelösten Atmosphäre. Und wegen all der Neuigkeiten und kleinen Geschichten, die über die Antarktis, die Stationen, die Tiere und über Gott und die Welt zum besten gegeben werden. Außerdem treibt uns eine kleine Armeeband mit heißen, südamerikanischen Rhythmen schnell Kälte und Müdigkeit aus. So wird es ein schöner Abschluß eines gelungenen Törns, den alle mitfeiern: friedliche Internationalität am Rand dieses – noch – ziemlich unberührten Kontinents.

Am nächsten Mittag stehen wir auf dem Flugplatz und winken. Nicht nur Wind und Schnee treiben uns Tränen in die Augen, als die bauchige Hercules von der Aschenbahn abhebt und nach Norden verschwindet. Darin verlassen zusammen mit unseren Mitseglern auch die letzten Touristen und das gesamte Hotelpersonal die Station Marsh. Das Hotel wird für die Saison offiziell geschlossen. Wir schauen dem Flugzeug nach und denken beide dasselbe: Von nun an sind wir allein, viele Wintermonate lang.

Um ein wenig Abstand zu gewinnen und uns auf die neue Situation einzustellen, gehen wir in die Natur. Das haben wir schon immer so gehalten: lange Spaziergänge gemacht, wenn wir Dinge in Ruhe überdenken wollten oder besonders berührt waren. Nun besuchen wir die Elefantenrobbenbucht hinter dem Flugplatz, die von Felshügeln gesäumt wird. Bald öffnet sich vor uns der Blick auf das silberne Meer, in dem schwarze, stachelige Klippen wie urzeitliche Seeungeheuer kauern.

Die wirklichen Seeungeheuer aber, die Elefantenrobben, liegen wie pralle Mehlsäcke verstreut am Strand. Sie schlafen oder dösen zwischen Wällen aus Wasserschlingpflanzen, die der letzte Sturm hier aufgeworfen hat. Im Gegensatz zu den Weibchen haben sich die männlichen Tiere zu einer Gruppe formiert. Bald werden alle gen Norden aufbrechen, und das Reisefieber scheint sie schon nervös zu machen. Es gibt öfter Gerangel. Sie keifen sich an, blasen den Rüssel auf und hauen auch schon mal die Zähne in den Speck eines unerwünschten Nachbarn.

Um die kleinen grünen Flecken aus seidig glänzendem, hartem Moos, die den Strand zu den Hängen hin begrenzen, machen wir einen großen Bogen. Grün ist in diesen Breiten eine seltene Farbe, der man mit Ehrfurcht begegnet. Am äußersten Rand der Bucht herrscht zwischen zwei großen Felsbrocken noch reges Strand- und Badeleben: Mehrere hundert Kehlstreifenpinguine planschen dort im Wasser oder putzen sich am Strand.

Als wir den steilen Schneehang wieder hochmarschieren und schon eine Strecke von hundertfünfzig Metern hinter uns gebracht haben, sehe ich unten einen einzelnen Pinguin aus dem Wasser steigen. Er schaut sich um, und weil Pinguine ungern allein sind, ruft er: „Ark?“ Das heißt soviel wie: „Jemand in der Nähe?“ Zum Spaß melde ich mich und rufe möglichst naturgetreu: „Ark!“ Daraufhin marschiert der kleine Kerl tatsächlich ernst und zielstrebig in meine Richtung. Alle zwanzig Meter bleibt er stehen, um sich zu vergewissern, daß die Richtung stimmt: „Ark?“ – „Ark“, antworte ich prompt von oben. Tapfer stapft er durch den Schnee den Hang

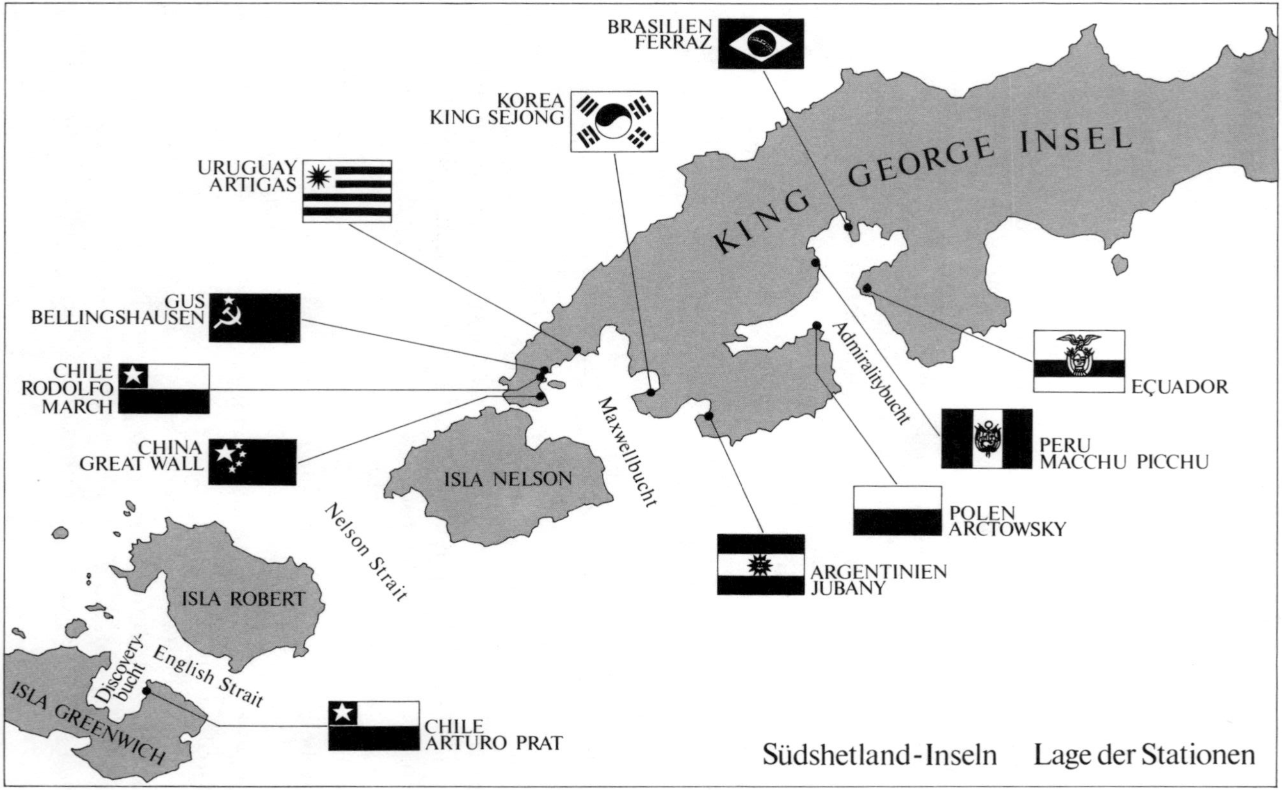

Südshetland-Inseln Lage der Stationen

herauf, bis er direkt vor meinen Moonboots steht. „Ark“, sage ich freundlich, als der Wicht ganz verdutzt an mir in die Höhe schaut. Aber nun glaubt er mir nicht mehr. Er fühlt sich veralbert. Ohne ein weiteres Ark dreht er sich abrupt um und watschelt mit abgespreizten Stummelflügeln eilig wieder hinunter zum Strand. Dort schreit er von neuem: „Ark?“ und bekommt die erwünschte Antwort, diesmal von seinesgleichen.

Auf dem Heimweg zur Freydis holen wir einen Karton Lebensmittel vom Hotel ab. Marsh hat keinen Laden, in dem sich Touristen mit Proviant versorgen können, aber ich hatte Glück. Der Hotelmanager verkaufte mir die Restbestände an Proviant, bevor er abflog. Das ist wenig, aber doch besser als nichts: hundertfünfzig Eier, zwei Kilogramm Frischfleisch und ein paar Flaschen Wein. Am Abend gibt es deshalb Steaks und eine Flasche Gato Negro – schwarze Katze – bei unserem gemütlichen „Dinner for two“.

Am 21. März ist Tag- und Nachtgleiche: zwölf Stunden Tag, zwölf Stunden Nacht, wie überall auf der Erde so auch in der Antarktis. In Deutschland fängt jetzt die schönste Jahreszeit an, der Frühling. Hier beginnt der triste Herbst, jedenfalls sagt das der Kalender. Ich dagegen habe eher das Gefühl, schon mitten im Winter zu stecken. Eisiger Wind pfeift uns um die Ohren, bombardiert uns mit harten Graupelkörnern und weichen Schneeflocken. Die Antennen im Topp der Freydis sind alle vereist, weiß ummantelt recken sie sich gen Himmel wie gefrorene Äste einer armseligen Baumkrone. An unserem Anker, der vorn am Bug auf seinen Einsatz wartet, falls im Sturm eine der Leinen reißt, hängt eine dicke Eisnase bis zum Wasserspiegel hinab. Die Pinguine trainieren in Gruppen von ein bis zwei Dutzend für ihren langen Zug nach Norden. Das Wasser brodelt, wenn die vielen kleinen Körper durch die Bucht und um ihre Wendemarke Freydis hechten. Ihr lautes „Ark! Ark!“ klingt mitreißend fröhlich.

Die Station Marsh begeht ihren einundzwanzigsten Geburtstag, denn im März 1970 wurde sie in Betrieb genommen. Hectór lädt uns zur Feier ein. Zunächst wird zackiges militärisches Ritual abgespult, danach glücklicherweise das steife Zeremoniell abgelegt. Es folgt ein antarktisches Fußball-Endspiel, für das sich Chile und Uruguay qualifiziert haben. Dabei geht es so heiß her, daß selbst ich, obwohl ich mich für Fußball kaum erwärmen kann, die kalten Füße vergesse. Wegen übler Fouls bricht der Schiedsrichter das Match kurz vor einer Massenkeilerei ab. Es wird als unentschieden gewertet.

Hectór ist's zufrieden. Kein Sieger und kein Besiegter, das ist eine Garantie für gute Stimmung und Verständigung. Die Gäste wechseln zum Hauptgebäude über. Bei Pisco sauer, einem typisch chilenischen Apéritif aus Traubenschnaps, Zucker, Eierschnee und Zitronensaft, unterhalten sich etwa fünfzig Personen in einem fröhlichen, kunterbunten Sprachgemisch, denn King George beherbergt eine wahre Vielvölkergemeinschaft. Eine Menge Nationen haben hier ihre Stationen errichtet. Unter den Gästen befinden sich auch die Chefs der (noch) sowjetischen, chinesischen, uruguayischen, argentinischen, polnischen, koreanischen und brasilianischen Stationen. Wir erhalten viele ernstgemeinte, freundliche Einladungen.

Mit dem Stationsarzt von Marsh besuche ich später das Containerhospital. Bereitwillig zeigt er mir seine kleine, aber zweckmäßig eingerichtete Arbeitsstätte. Im EKG-Gerät steckt noch eine Kurve, die Herzflimmern zeigt. Von einem Touristen, erklärt er mir, der hier plötzlich einen Herzinfarkt erlitt. Zum Glück konnte er sofort behandelt werden. Auch Kinder sind in diesem Hospitälchen schon zur Welt gekommen. Es gibt Leute, die der Ansicht sind, daß die Antarktis kein Ort für Entbindungen sei und daß Geburten hier nur einem politischen Zweck dienen sollen. Aber wie die Leute von Marsh bin auch ich anderer Meinung. Der Kommandant: „Ach was, Geburten sind etwas Natürliches. Daß der Sohn eines chilenischen Paares hier geboren wurde, ist Schicksal und nicht Politik."

Mit den Greenpeace-Leuten schließen wir rasch Freundschaft. Zwei von ihnen, John und Anne, begleiten uns zur chinesischen Station Great Wall. Die Chinesen sind äußerst gastfreundlich. John hat es gut, er kann sich mit ihnen in ihrer Muttersprache unterhalten. Zu unserem Erstaunen spricht der Leiter der Station weder englisch noch spanisch, aber er hat in seinem Stationsarzt einen guten Dolmetscher. Dr. Lin Ying ist Chirurg und versteht sich auch auf die Kunst der Akupunktur. Beim Abschied bekomme ich von ihm ein Sortiment langer, dünner Nadeln. „Falls euch auf Deception irgend etwas Kopfschmerzen bereitet", scherzt Dr. Lin Ying.

Nach dem köstlich exotischen Abendessen merken wir, daß der Wind stark aufgefrischt hat. Sorge um die FREYDIS treibt uns zurück, und in einem Geländewagen werden wir über den Hügel gebracht. In unserer Bucht schimmern weiße Schaumkronen durch die Dunkelheit. Beim Versuch, vor dem Wind zur FREYDIS überzusetzen, kentert unser Dingi nahe am Ufer. Pudelnaß nehmen wir jetzt Hectórs Angebot an, im Hotel der Armee zu übernachten. Der Sturm rüttelt wild am Gebäude, heult durch die Fenster. Die Wärme des überheizten Zimmers sind wir nicht mehr gewohnt. Wir schlafen schlecht, wälzen uns hin und her, denken an die FREYDIS und unsere Katze. Sie wird zwar eine Nacht allein sein, aber sie hat's ja warm, denn den Dieselofen haben wir brennen lassen.

Der Wind bläst auflandig mit mindestens sechzig Knoten. Hoffentlich scheuern die Leinen nicht durch, mit denen wir die FREYDIS vertäut haben! Im Morgengrauen eilt Erich auf einen Hügel, von wo aus er die Bucht überblicken kann. Die FREYDIS schaukelt brav an ihrer alten Stelle. Weil auch der Sturm abflaut, lassen wir uns einigermaßen beruhigt das Frühstück schmecken.

Erst nachmittags können wir an Bord gehen. Das Ufer ist voll kleiner gestrandeter Eisberge, die der Sturm vom gegenüberliegenden Gletscher über die Bucht gepustet hat. Einige sind an unseren Festmachern hängengeblieben, die über die halbe Bucht gespannt sind. Doch an Bord ist alles okay. Adélie begrüßt uns zärtlich und bekommt eine Extraportion Frischfleisch. Der Barograph zeigt eine tiefe Delle. Als sich der Wind am Abend fast ganz legt, befreien wir unsere Leinen von den Eisbergen und knoten scheuersichere Drahtvorläufer an ihnen fest. Langsam aber sicher müssen wir uns mehr und mehr auf Eis einstellen.

Am Nachmittag darauf besucht uns Hectór mit seiner Familie. Auf der FREYDIS geht es im trauten Schein einer Petroleumlampe mal richtig gemütlich zu. Der Ofen bullert, ein würziger Duft nach

Glühwein, heißer Schokolade und frischgebackenem Kuchen zieht durch den Salon, und aus dem Radio tönt leise Shantymusik. Weihnachtsstimmung liegt in der Luft, und das fast zu Ostern. Hectórs Frau war noch nie auf einem Segelboot und ist überrascht, wie geräumig und wohnlich es hier ausschaut. Für die beiden Söhne und die kleine Tochter bedeutet Adélie eine Riesenattraktion. Daheim in Santiago haben sie einen Hund, erzählt mir die Kleine, aber den durften sie nicht mitbringen, weil Haustiere hier Krankheiten einschleppen könnten oder anfangen, Pinguine zu jagen. Früher war das anders, berichtet Hectór, da hielt sich fast jede Station Schweine und Hühner als Frischfleisch- und Eierspender oder Schlittenhunde für Expeditionen. Heute wird Gefrierfleisch eingeflogen, und lebende Tiere bedürfen einer ausdrücklichen Genehmigung. Adélie ist als Bordkatze durch die Maschen der Gesetze geschlüpft.

Hectór fragt uns, ob wir am nächsten Tag nach Bernardo O'Higgins mitfliegen wollen, einer chilenischen Station auf der antarktischen Halbinsel, hundert Meilen Luftlinie entfernt. Die Katze können wir derweil bei seinen Kindern lassen. Wir sind begeistert von der Aussicht, über die Antarktis zu fliegen. Aber erst nach drei Tagen ist die Wetterlage günstig genug dafür. Am Morgen starten wir mit der Twinotter Richtung Süden. Wir überfliegen die Kette der perlweißen, gletscherbedeckten Südshetland-Inseln, die chilenische Station Arturo Prat auf Greenwich, die spanische Station Juan Carlos auf Livingston und dann das mit Eisbergen gespickte, blaugrüne, offene Meer. Auf O'Higgins können wir leider nicht landen, denn weiße, watteartige Wolken kriechen über die Insel und verhindern die Sicht. Über Deception fliegen wir zurück. Pilot Carlos lenkt unsere Aufmerksamkeit auf ein weißes Boot in der Telephonbucht und zieht eine Schleife, damit wir es besser sehen können. Erich erkennt die Flagge, es ist eine norwegische Yacht. Eine Yacht, so kurz vor dem Winter noch hier? Will etwa auch sie auf Deception überwintern? Diese Vorstellung behagt uns ganz und gar nicht. Wir sind ans Ende der Welt gesegelt, um einen Winter in der Einsamkeit zu verbringen.

Leider hat Carlos kein UKW-Gerät an Bord, wir können die Norweger also nicht fragen, was sie auf „unserer“ Insel zu suchen haben. Später erfahren wir von Hectór, daß diese Yacht mit dem Namen SORGENFRY während eines schweren Sturms in der Nähe der Kap-Hoorn-Insel strandete und von einem chilenischen Patrouillenboot nach Puerto Williams eingeschleppt werden mußte.

Die restlichen Tage in Marsh verbringen wir mit schon lange fälligen Bordarbeiten. Wir installieren endlich unseren Windgenerator, eine feine Sache in diesen Breiten – aber natürlich nur dann, wenn er nicht gleich vom Sturm weggeblasen wird. Unseren frisch gereinigten Ofen stellen wir erst am nächsten Morgen wieder an. In der Nacht wird es deshalb lausig kalt, und ich bin froh, daß Adélie an Land gut und warm aufgehoben ist. Die Kinder bringen sie am Morgen wohlbehalten zurück. Sie haben sie gestern mit in die Schule genommen, wo der ganze Unterricht dann offenbar für die Katz' war.

Erich rudert mich und den Wäschesack zurück an Bord. Währenddessen übt ein Pinguin-Schwimmverein gerade wieder für die Winterfestspiele. Auf einmal landet eins dieser Sportskanönchen bäuchlings mitten in unserem Dingi, das es wohl im Eifer bei seinen Luftsprüngen übersehen hat. Verdutzt schauen wir drei uns an. Der selbstbewußte Kerl findet seine Fassung als erster wieder und untersucht eingehend Wäschesack und Fototasche. Erst als wir an der FREYDIS anlegen, besinnt er sich auf seine Kameraden, die schon weit entfernt dahinjagen. Nichts wie hinterher, denkt er sich wohl und verläßt, ein „Kapitän im Frack“, als erster das Boot mit einem sauberen Kopfsprung.

Die trainierenden Pinguine werden von Tag zu Tag weniger in der Bucht. Einem unwiderstehlichen Wanderdrang folgend, sind die meisten bereits nach Norden aufgebrochen. Abends zieht ein Schneesturm auf, einer von der üblen Sorte. Obwohl wir glauben, alles Erforderliche für das Schiff getan zu haben, sind wir unruhig und lassen jeden einzelnen Knoten an den Leinen noch einmal vor unserem geistigen Auge Revue passieren. Außerdem kommen neue Unwägbarkeiten hinzu: Sicherlich läßt die Elastizität der Leinen bei dieser Kälte nach, das Material wird spröde.

Wer weiß, ob es die Belastung noch aushält? Falls die Leinen reißen, würden wir von den Böen in Sekunden ans Ufer geschleudert. Wir wagen es kaum, uns in der Nacht hinzulegen, an Schlaf ist nicht zu denken. Adélie ist seekrank und kotzt auf den Boden. Auch mir könnte es besser gehen.

Als ob ein Sturm nicht schon genug wäre, rücken auch noch eine Unzahl kleiner Eisberge in breiter Front auf uns zu, unaufhaltsam und bedrohlich. Dann geht das Gepolter los, sie stoßen, rempeln, scheuern und schleifen. Bei Sturm ist mit diesen „Halbstarken" nicht zu spaßen, ich habe Angst, daß sie uns die Fenster einschlagen. Eine ganze Stunde lang muß die arme FREYDIS als Prellbock herhalten. Dann aber wird es schlagartig ruhiger um uns. Das Eis dämpft den Seegang, nur der Wind singt noch sein Sturmlied in der Takelage. Der Barograph hat den Sturm nicht angezeigt. Wieder ein Beweis dafür, daß man sich hier auf ihn nicht verlassen darf. Beunruhigend...

Erst am nächsten Nachmittag flaut es ab. Sechsundfünfzig Knoten sind in der Nacht von der chilenischen meteorologischen Station gemessen worden, erfahre ich über UKW. Alle Fenster sind vereist, und ich muß kratzen, um hindurchschauen zu können. Draußen ist alles weiß und gefroren, in Kälte erstarrt. Die Leinen sind bretthart, das Deck spiegelglatt. Die kleinen Eisberge, die in der Nacht soviel Randale gemacht haben, liegen jetzt unschuldig über die Bucht verstreut. Allein durch ihr Dasein verändern sie völlig das Bild ihrer Umgebung, gerade so, als hätte auf einer Theaterbühne ein neuer Akt mit neuer Dekoration begonnen, für ein Stück namens „Eisiger Winter".

Ostern mal anders: keine Osterglockenblumen, keine Osterlämmer, keine buntbemalten Eier, keine Verwandtenbesuche – statt Osterhasen hüpfen Pinguine durch die Gegend!

Selbst unser faustischer Osterspaziergang hat ein ungewöhnliches Ziel: einen Eistunnel am Fuß eines Gletschers. Da können wir kaum „Vom Eise befreit..." deklamieren, der würde sich ja totlachen. Das Naturbauwerk liegt ganz in der Nähe der uruguayischen Station Artigas, nur einige Buchten von der unsrigen entfernt, aber eine gute Stunde Fußmarsch. Mario, der leitende

Offizier von Artigas, begleitet uns durch das hundert Meter lange und zehn Meter hohe, düstere Eisgewölbe, auf dessen Boden sich ein Schmelzwasserfluß dem Meer zuwälzt. Auf der anderen Seite dringen ein paar Strahlen der tiefstehenden Nachmittagssonne ein. Ihr Licht reflektiert in wechselnden Spektralfarben von den Höhlenwänden. Andächtig stehen wir da und staunen. Mein Name für dieses Wunderwerk steht sofort fest: „Osterkathedrale".

Im Moränengeröll funkeln grüner und roter Jaspis, weiße und gelbe Bergkristalle bunt wie Ostereier. Dazwischen liegt versteinertes Holz. Mario ist leidenschaftlicher Sammler. Auf einem Hügel der Insel hat er ein wunderschönes, versteinertes Blatt gefunden, ein Beweis dafür, daß die Südshetlands einst bewaldet waren.

Das rote Greenpeaceschiff GONDWANA ist in der Bucht eingetroffen. Unsere Greenpeace-Leute bauen ihre Station nun vollends ab. Wir kaufen die Reste ihres Proviants und das übriggebliebene Dieselöl. Am Abend sind wir Gäste der GONDWANA. Wir lernen das Schiff mit seiner relativ jungen, international zusammengesetzten Mannschaft kennen, zu der auch ein deutscher Schiffsingenieur gehört. Von Andy und dem Argentinier Ricardo, der die Einsätze koordiniert, erhalten wir die Aufgabe, während unserer Überwinterung unseren Müll zu sortieren, zu wiegen und zu notieren, welche Maßnahmen wir zu seiner Beseitigung ergreifen. Sie wollen wissen, wieviel Abfall zwei Yachtleute produzieren und wie sie in der Antarktis damit fertig werden.

Auf den Stationen begegnet man der selbsternannten Kontrollinstanz Greenpeace mit gemischten Gefühlen. Die Einstellung ist mehr oder weniger folgende: „Wie kommen diese hergelaufenen – selbstbewußten oder idealistischen – Leute dazu, sich als Kontrolleure aufzuspielen? Uns in unserer Arbeit zu kritisieren und in unsere nationalen Belange einzugreifen? Dieses Recht hat noch nicht einmal eine internationale Organisation wie die UNO! Eine Kontrollfunktion bedarf zumindest eines international festgelegten Vertrages."

Mit letzterem haben sie natürlich recht, aber nur im formaljuristischen Sinn. Die Zerstörung der Umwelt geht uns nämlich alle an. Ich sehe in Greenpeace eine Art Weltbürgerinitiative, die aus der Einsicht geboren wurde, daß gegen Umweltsünden nicht nur plädiert, sondern gehandelt werden muß, ehe es zu spät ist. Was nützen Stippvisiten internationaler Kommissionen in der Antarktis mit leeren Floskeln auf der einen und Beschönigungen auf der anderen Seite? Sie können doch in der kurzen Zeit ihres Aufenthalts keinen wirklichen Einblick in Funktionen und Aufgaben, in die Machenschaften der einzelnen Stationen erhalten. Da sprengen die Franzosen ohne Rücksicht auf Landschaft und Tiere eine neue Rollbahn ins Eis, da werden von den Russen noch immer Wale gefangen und neuerdings Krillmassen abgefischt, bloß weil ein paar übereifrige Forscher sich hymnisch über diese „unerschöpfliche" Eiweißquelle geäußert haben. Dabei ist Krill die Grundlage der gesamten antarktischen Nahrungskette. Nur Greenpeace ist es zu verdanken, daß diese gewissenlosen, von Macht- und/oder Profitgier angestachelten Umweltsünder, die zudem eklatant gegen den Geist des Antarktisvertrags verstoßen, öffentlich angeprangert werden.

Für uns drückt sich das mangelnde Verantwortungsgefühl am sichtbarsten darin aus, daß Länder, die Stationen aufgeben, diese einfach in der Landschaft verrotten lassen, samt Öl- und Chemikalienfässern. Von einem Tag auf den anderen verdrücken sie sich und lassen alles liegen und stehen. Allein auf unserem Törn haben wir vier solcher Schrott- und Ruinenfelder vorgefunden, wo tatsächlich aller Dreck einfach liegen blieb. Wenn jahrelang Öl und Abfälle in den Boden gekippt werden, ist es heutzutage nicht mehr damit getan, daß man die Spuren mal eben schnell mit Hilfe eines Bulldozers mit Schlamm und Sand bedeckt. Das ist Augenwischerei und in meinen Augen sogar Zynismus. Wir können und dürfen nicht mehr den Kategorien frühkapitalistischen Profitdenkens verfallen. Das Prinzip „Nach uns die Sintflut" bringt nicht nur die Natur um, sondern auch die Menschen!

Die Greenpeace-Leute lassen sich da nicht so leicht etwas vormachen. Auf manchen Stationen mit einem Sündenregister empfindet man ihre Gründlichkeit deshalb geradezu als feindseligen Akt. Sie sind unabhängig, politisch neutral, gewissenhaft, ohne besserwisserisch nur zu moralisieren. Sie haben ihre Augen überall, oder versuchen es wenigstens. Sie entnehmen Proben, analysieren sie, stellen unangenehme Fragen, dokumentieren zweifelhafte Vorgänge mit Film- und Fotoaufnahmen. Massiven Ärger gibt es zum Beispiel, als ein sowjetischer Tanker sein Öl in die großen Tanks der Nachbarbucht pumpt, wobei das Öl nicht nur in die Tanks fließt. Dem sowjetischen Stationsleiter paßt es gar nicht, daß das Greenpeacequartett den unsauberen Ablauf in Wort und Bild festhält. Es sucht sogar den Meeresboden in den Buchten nach Verunreinigungen ab, natürlich auch um die FREYDIS herum, dort allerdings ohne Beanstandungen. Denn wir tragen unseren Abfall – nach Dosen, Plastik, Glas und Brennbarem geordnet – zur chilenischen Station, von der wir die Erlaubnis dazu erhalten haben. Eine Kontrolle der Stationen untereinander läßt sich bisher nicht einrichten. Zum einen sind sie mit Ausnahme von King George räumlich viel zu weit voneinander entfernt. Zum anderen: Selbst wenn bekannt würde, daß da und dort unsaubere Dinge laufen, ginge das die anderen Stationen offiziell nichts an; Kritik wäre sozusagen eine Einmischung in innere (politische) Angelegenheiten.

Eines Tages, möglichst bald, muß es in der Antarktis eine internationale Kontrollorganisation geben, die ohne viel Bürokratie als eine Art Feuerwehr für allgemein gültige Ordnung sorgt. Die Greenpeacepraxis könnte da wegen ihrer Effektivität bei bester Nutzung der finanziellen Ressourcen durchaus als Beispiel dienen.

Wir werden weiter herumgereicht. Am nächsten Abend sind wir auf der sowjetischen Station Bellingshausen zu Gast. Gemütlich sitzen wir mit ihrem Leiter Vladimir Stepanov, mit Juri, dem zweiten Mann der Station, und mit Alexander, dem Meteorologen, in Stepanovs Büro. Die Atmosphäre ist ungezwungen und freundlich. Alexander spricht ein bißchen deutsch, mit Vladimir und Juri unterhalten wir uns auf englisch. Wodka, Tee, eingelegte Pilze und Räucherfischbrötchen werden aufgetischt. Alle drei Russen stammen aus Leningrad (jetzt wieder Sankt Petersburg) und schenken uns Ansichtskarten von dieser schönen Stadt, dazu Gedenkplaketten und frankierte, gestempelte Briefumschläge zur

Erinnerung an frühere russische Arktis- und Antarktisexpeditionen. Auch unser Bordstempel steht bei ihnen hoch im Kurs.

Trotz Geldmangels arbeiten auf Bellingshausen über achtzig Menschen, und die wenigsten von ihnen sind Wissenschaftler. Wir fragen uns auch bei einigen anderen Stationen, weshalb sie so viele Leute beherbergen. Um Präsenz zu zeigen, würden ein, höchstens zwei Dutzend völlig genügen. Ich kann es mir nur so erklären, daß der Wettlauf zum Pol nach dem Motto fortgesetzt wird: je mehr Leute in der Antarktis, desto mehr Ansprüche bei internationalen Regelungen.

Ein paar Tage später besuchen uns die drei Russen auf der FREYDIS. Mit einem einfachen: „Für dich" überreicht mir Alexander als Präsent einen handgestrickten Pullover. Gerührt versuche ich, mich mit ein paar Päckchen Kaffee zu revanchieren. Auch dieser Besuch ist nicht der letzte, wir kommen noch öfter zusammen. Wenn wir mit Alexander und seinen Kollegen in der Meteorologiehütte sitzen, sprechen wir in dieser Zeit unglaublicher Umbrüche natürlich auch über Politik. Sie sind alle niedergeschlagen über die Probleme und die Not in ihrer Heimat. Zur Aufheiterung versprechen wir Alexander, daß wir ihn mit der FREYDIS in Sankt Petersburg besuchen werden. Er macht schon Pläne, was er uns alles in seiner geliebten Stadt zeigen wird.

Auf dieser wie auf allen anderen Stationen, zu denen wir ohne besonderes Zutun (worauf wir ein bißchen stolz sind) weitergereicht werden, machen wir immer wieder dieselbe Erfahrung: Der Umgang miteinander wird nicht so sehr durch Trennendes – unterschiedliche Religion, Politik, Sprache, kultureller Hintergrund – bestimmt, sondern durch Verbindendes.

Die Praktiker vor Ort gehen angesichts der majestätischen Natur und der Verpflichtung, sie zu erhalten, menschlich miteinander um. Hier bleiben Vorurteile und Ideologien meist draußen, werden sogar belächelt.

Eigenschaften wie Freundlichkeit, Anteilnahme, Toleranz, Humor und Hilfsbereitschaft zählen in der Antarktis offensichtlich mehr als anderswo, die Ehrfurcht vor der Natur schweißt die Menschen zusammen.

„No problemas en Antartida", das meint nicht nur Hectór. Auf meine Frage, warum es in diesem Teil der Erde denn zum Beispiel keine politischen Probleme gäbe, sondern eine Art echter internationaler Solidarität, antwortet er mir fast philosophisch: „In der Antarktis gibt es zwangsläufig eine große Solidarität zwischen den Nationen. Alle helfen einander, denn wir leben in einer anderen Realität, fern vom üblichen nervenzehrenden Lebenskampf in der Zivilisation. Hier machen uns zwar Kälte, Schnee, Eis und Stürme zu schaffen, aber das sind Gegner, die wir kennen, gegen die wir gemeinsam angehen und vor denen wir uns erfolgreich schützen können, denen wir aber auch Respekt zollen." Und auf meine Frage, wie er über den Tourismus in der Antarktis, speziell mit Yachten, denkt, antwortet er überraschend positiv: „Wenn die Regeln des Antarktisvertrags respektiert werden, sollte Tourismus auch hier willkommen sein. Was Yachten betrifft, so müssen sie für diese Region speziell ausgerüstet sein, also mit allen zur Verfügung stehenden Sicherheitsvorkehrungen."

Gegen Morgen fängt es an, ablandig aus West zu blasen. Die Eisgestalten um uns erwachen zu neuem Leben. Wippend und schaukelnd drängeln sie sich nun in umgekehrter Richtung an uns vorbei und reiben wieder ihre harte Gletscherhaut an der FREYDIS. Adélie schaut sehnsüchtig zum Land hinüber, aber an eine Überfahrt ist heute nicht zu denken. Lesend und schreibend verbringen wir den Tag. Denn seit uns Hectór gesagt hat, daß er uns in Deception mit dem Helikopter besuchen und Post bringen oder sie von einer Twinotter abwerfen lassen wird, sind wir schwer beschäftigt. Noch einmal schreiben wir Familienangehörigen, Freunden und Mitseglern und teilen ihnen die Anschrift mit. Auch uns hat das antarktische Stempelfieber erfaßt, deshalb verzieren wir die Umschläge mit allen möglichen Stationsstempeln.

Während eines ruhigeren Wetterintervalls kommen am nächsten Tag Mariano, der Leiter der argentinischen Station Jubany, mit dem Biologen Alberto und dem Taucher Victor zu einer Tasse Kaffee an Bord. Aber wegen des wechselhaften Wetters können sie nicht lange bleiben. Sie erwarten uns auf ihrer Station in der Potter Cove, die sie als sturmsicherste Bucht von ganz King

George preisen. Das klingt so verlockend, daß wir beschließen, so bald wie möglich dorthin aufzubrechen. Am nächsten Morgen machen wir Abschiedsbesuche auf Marsh und Bellingshausen. Viele gute Wünsche und Ratschläge begleiten uns aus der Maxwellbucht, wo wir volle drei Wochen vor Anker lagen und viele neue Freunde gefunden haben.

Katzensprünge

Argentinische Gastfreundschaft auf Jubany – Eine Antarktistaufe – Szegediner Gulasch und Palmenherzen – Im chilenischen Schmuckkästchen Prat – Die erste geschlossene Eisdecke

Kaum stecken wir die Nase nach draußen, frischt es auch schon wieder auf. Wind aus Ost genau von vorn, aber es ist ja nur ein Katzensprung. Allerdings ein recht langer, wie sich bald herausstellt, denn der Wind bläst immer kräftiger. Unser Motor schafft es nur mühsam gegenan. Etwa auf halber Strecke verselbständigt sich dann auch noch unser geschlepptes Dingi. Eine Viertelmeile entfernt sehe ich es plötzlich auf dem Wasser Purzelbäume schlagen. Kein Wunder, heute ist der Dreizehnte und noch dazu April. Wir wenden sofort und können das Beiboot zum Glück wieder einfangen. Fluchtsicher wird es an Deck festgezurrt.

Gegen Sonnenuntergang (etwa um siebzehn Uhr) ankern wir in der Potter Cove, einer von hohen Gletscherabbrüchen umgebenen Bucht. Am einzig unvergletscherten Uferabschnitt liegt die argentinische Station Jubany, die auch im Winter bewohnt wird. Der Ostwind hat so stark zugelegt, daß an ein Anlanden im Dingi nicht zu denken ist. Die ganze Nacht werden wir vom Sturm gebeutelt, der uns auch noch den nächsten Tag an Bord gefangenhält. Erst in der zweiten Nacht wird es ruhiger, so daß wir am Morgen zur Station übersetzen können, um endlich der über UKW ergangenen Einladung zum argentinischen Fleischasado nachzukommen.

Adélie, unsere Argentinierin, sollen wir unbedingt mitbringen, aber das ist gar nicht so einfach. Sie stellt sich furchtbar an. Ihre Kräfte wachsen, bis sie denen eines kleinen Puma gleichen, ihre Krallen leider auch. Adélie liebt zwar das Land und die Stationen, aber nicht den Weg dorthin. Sie mag auch Fische, aber nicht das Element, in dem sie schwimmen. Sie ist keine „Meer"-Katze. Ich wickle sie trotzdem in meinen besten Faserpelzanzug, damit sie bei der Überfahrt nicht auskühlt. Aber darin sieht sie nur eine Art Zwangsjacke, von der sie sich unbedingt befreien muß. Als ich sie von Bord zu Erich hinunterreiche, der schon startklar im Dingi sitzt, sträubt sie sich so rabiat, daß der Faserpelz ins Wasser fällt und Erich bei dem Versuch, ihn herauszufischen, beinahe hinterher. Damit ist Erichs Geduld zu Ende, doch Adélies Widerstand noch lange nicht. Tagelang läuft Erich mit Kratzspuren auf der Wange herum, während Adélie auf der Station die sanfte Heilige spielt. Aus der diskreten Art, wie manche Leute über Erichs zerkratztes Gesicht hinwegsehen, läßt sich sogar vermuten, daß sie *mich* für die Übeltäterin halten.

Mit argentinischer Selbstverständlichkeit werden wir von den fünfzehn Überwinterern in ihre rein männliche Stationsfamilie aufgenommen. Zwei Tage und zwei Nächte überlassen wir die FREYDIS allein dem Anker, dem Wind und den Wellen und fühlen uns bei ihnen so behaglich wie zu Hause. Stationsluxus, das heißt: Dusche, ein warmes Bett, eine Waschmaschine. Adélie genießt ihre Rolle als Stationsmaskottchen und wird von allen verhätschelt.

Als der Wind aber wieder zulegt, ziehen wir uns aus Sicherheitsgründen an Bord zurück. Zum Glück, denn in der Nacht kommt erneut Sturm aus Ost auf, diesmal mit Schneetreiben. Ich liege stundenlang wach in der Koje. Der Wind heult, Eis schlägt gegen die Bordwand, die FREYDIS zerrt an der Kette. Auch Erich findet keine Ruhe. Jeder neue Sturm ist brutaler als der vorangegangene, bringt neue Gefahren und mehr Kälte. Haben wir uns übernommen? Meine Befürchtung ist, daß wir Deception vielleicht gar nicht mehr erreichen werden, daß es bereits zu spät im Jahr ist.

Uns scheint es, als ob die FREYDIS sich ungewöhnlich stark und abrupt nach beiden Seiten überlege. Das vermittelt ein Gefühl, als würde man seiltanzen. Werden wir topplastig? Sind wir drauf und dran zu kentern, oder spielen uns nur die schon etwas angekratzten Nerven einen Streich? Wir stehen auf, schauen nach. Durch den dichten Graupelschleier sind nicht einmal die hellen Nachtlichter von Jubany zu sehen. Im Cockpit liegt der Schnee einen halben Meter hoch. Ringsum ist die FREYDIS mit einem dicken Eispanzer besetzt, das Deck ist vereist, auch der untere Teil des Mastes mit den Winschen. In der kalten Luft erstarrt der Gischt sofort zu Eis. Das Thermometer im Cockpit zeigt minus zehn Grad Celsius. Drinnen im Schiff sind es immerhin plus zehn Grad, denn der Dieselofen brennt rund um die Uhr, aber richtig warm werde ich nur noch in meinem Daunenschlafsack. Wir warten auf die Helligkeit, als könnte sie die Erlösung bringen. Und tatsächlich, gegen Morgen beruhigt sich der Wind, das wütende Heulen wird zum Jaulen, zum Wimmern und verzieht sich dann lautlos hinter den Gletscher. Übernächtigt und ausgekühlt, klopfen wir das Eis, so gut es geht, vom Schiff ab und schaufeln den Schnee aus dem Cockpit. Zuletzt sieht alles wieder recht manierlich aus, das Gefühl tiefen Unbehagens werde ich aber nicht so schnell los. Die Bucht ist fast ganz mit Eis bedeckt, das Land tief verschneit. Und dabei haben wir erst Winteranfang.

Erich steigt mit unseren argentinischen Freunden auf den Gletscher hinter der Station, wo die Twinotter, deren Flug wegen des schlechten Wetters schon mehrmals verschoben wurde, endlich landen kann. Jetzt bringt sie Ersatzteile, Frischobst, Gemüse und die heißersehnte Post für die Station. Sie setzt nur ganz kurz auf, da es bei längeren Aufenthalten schon vorgekommen ist, daß die Kufen auf dem Gletschereis festfroren. Ich bleibe auf der FREYDIS, um meinen „Tennis-Ellenbogen" zu schonen. Diese schmerzhafte Sehnenentzündung habe ich mir beim Schleppen schwerer Wasserkanister zugezogen. Wir müssen sie immer wieder auf den Stationen füllen, weil die Tankzuleitungen unglücklicherweise eingefroren sind, obwohl wir ständig heizen.

Herrlicher Sonnenschein am nächsten Morgen! Während der letzten vier Wochen war er wahrlich selten. Wir nutzen das Wetter zu ausgiebiger Geländeerkundung. Obwohl hier schon fast Winter herrscht, gibt es noch immer eine ganze Menge Tiere zu beobachten: die Eselspinguine, die geschäftig durchs Stationsgelände marschieren, als gehörten sie zum wissenschaftlichen Team, oder die Elefantenrobben, deren massige Leiber vereinzelt zwischen den Eisbrocken am Ufer liegen. Diese Kolosse kümmert es wenig, wenn wir sie fotografieren, sie schlafen einfach weiter oder öffnen allenfalls ein Auge, das sie aber nach einem kurzen taxierenden Blick sofort wieder schließen. Selbst wenn dreiste Pinguine auf ihrem Bauch oder Rücken landen, läßt sie das kalt. Die Pelzrobben sind da schon etwas heißblütiger. Wenn wir ihnen aus Versehen zu nahe kommen, schimpfen sie empört und laufen uns drohend entgegen. Mariano zeigt uns in der Station ein Video, das er im Oktober hier gedreht hat. Damals lagen überall die fast schwarzen Elefantenrobbenbabys am Strand herum. Erbarmungswürdig mager sind sie, wenn sie zur Welt kommen. Aber die Robbenmilch ist so nahrhaft, daß es nicht lange dauert, bis sie fast unbewegliche kleine Fettsäcke geworden sind.

Hoch oben auf einem Felssims liegt der Nistplatz einiger Dutzend Riesensturmvögel. Wahrhaftige Riesenvögel sind das, mit Fußabdrücken fast so groß wie meine eigenen. Trotz der fortgeschrittenen Jahreszeit sind viele der Jungen noch nicht flügge und sitzen in den kleinen Stein- und Schneenestern. Eisiger Wind fegt durch ihr Mauserkleid aus Daunen und Federn und bringt sie immer wieder aus dem Gleichgewicht, wenn sie ihre Riesenschwingen zur Übung ausbreiten.

Es ist der 20. April, Erichs Geburtstag. Mit den argentinischen Freunden und den zufällig anwesenden Gästen aus Bellingshausen, Vladimir und Alexander, wird der Tag mit Wodka und argentinischem Wein ausgelassen gefeiert. Das Geburtstagskind wird schließlich unter lautem Gejohle hinausgezerrt und im antarktischen Schnee herumgerollt: eine Art Antarktistaufe.

Mit Mariano und zwei weiteren Argentiniern segeln wir am Tag darauf zur fünfundzwanzig Meilen entfernten Admiralitybucht. Wir wollen gemeinsam die polnische Station Arctowsky besuchen und, wenn möglich, auch die brasilianische Station Comandante Ferraz, die auf der anderen Seite dieser Bucht liegt. Beide Stationen sind auch im Winter besetzt. Das Wetter spielt mit. Bei hervorragender Sicht eröffnen sich uns während der Fahrt immer wieder neue phantastische Ausblicke auf diese wilde, landschaftlich überaus abwechslungsreiche Insel.

Vorbei geht es an unzähligen kleinen Buchten, Einschnitten, vorgelagerten Felsinselchen, aber auch an blinden Klippen, die sich nur durch schäumenden Gischt verraten. Fast die gesamte Insel ist von einem riesigen Gletscher überzogen, ähnlich einer Torte mit dickem Zuckerguß. Nur ein paar Fleckchen an den Rändern und einige Felskrümel im Wasser sind eisfrei. Im letzten Tageslicht kommt ein malerischer Felsen mit einem kleinen Leuchtturm in Sicht, dahinter einige Stationsgebäude. Auf dem größten lesen wir: *Henryk Arctowski – Polish Antarctic Station.*

Wir werden bereits erwartet, der Jubany-Funk hat uns angekündigt. Dr. Gonera, Leiter der Station und Geomorphologe, empfängt uns wie alte Freunde. Schulenglisch, ein paar Brocken Deutsch und Spanisch genügen, damit wir uns schon nach wenigen Minuten auch mit den übrigen Stationsbewohnern bestens verstehen. Gemütliche Hüttenatmosphäre mit polnischer Liebenswürdigkeit, Szegediner Gulasch und sogar polnischer Volksmusik, die uns der gute Geist der Station, der siebzigjährige Mechaniker Leon auf seinem Harmonium vorspielt, lassen uns fast vergessen, wo wir sind und daß draußen schon wieder der Wind heult.

Die polnische Station, für mich die anheimelndste, bietet Platz für fünfundzwanzig Mann im Sommer und fünfzehn im Winter. Die Wissenschaftler arbeiten an Forschungsprojekten der Meteorologie, Meeresbiologie, Geologie, Humanbiologie und Geophysik. Im Sommer sind häufig auch Frauen unter den Wisschenschaftlern, meist Biologinnen. Im Winter gibt es hier allerdings wenig für sie zu tun, weil die Tiere in den Norden gezogen sind. „Und außerdem“, meint der Leiter, „sobald Frauen hier sind, gibt es Ärger und Eifersüchteleien unter den Männern, bis hin zu offenen Feindschaften. Im Winter könnte das gefährliche Ausmaße annehmen.“ Ich kann nicht glauben, daß dies den Tatsachen entspricht, und widerspreche ihm, wobei ich bedauernd feststelle, daß ich bisher auf keiner Station Frauen unter den überwinternden Wissenschaftlern fand. Aber mein Diskussionspartner lenkt diplomatisch von diesem Thema ab.

Zurück an Bord. Es bläst schon wieder mit sechs bis sieben Beaufort, und der Ankergrund ist schlecht. Gegen Morgen legt sich der Wind zum Glück wieder, sogar die Sonne blinzelt ab und zu durch die Wolkendecke. Also setzen wir unsere Goodwill-Segeltour in Richtung brasilianische Station fort, die keine fünf Meilen entfernt liegt. Hier leben und arbeiten im Sommer rund fünfzig Menschen, im Winter dagegen nur ein Dutzend. Gegenstand der Forschungen sind Stratosphäre, kosmische Strahlungen, Geomagnetismus und natürlich auch das Wetter, das hier auf King George wohl in jeder Bucht Neues hergibt.

Zu unserem Erstaunen laufen die wärmeverwöhnten Brasilianer alle in kurzärmeligen T-Shirts herum. Sie haben ihre Station so stark geheizt, daß wir uns eher in ein Tropeninstitut als in eine Antarktisstation versetzt glauben. Auch der Mittagstisch erinnert an Brasilien: Es gibt Palmenherzen, Guaven, Feigen, Kokosnußtorte – eine Tropeninsel im Eis! Es berührt mich ganz seltsam, daß wir hier nur ein paar Meilen zu segeln brauchen und jedesmal andere Menschen mit anderen Sitten, anderen Sprachen und anderen Kulturen finden. „In 40 Tagen um die Welt", nenne ich deshalb insgeheim unsere Segeltour zu den Stationen, die uns von Chile über Rußland, China und Uruguay nach Argentinien, Polen und Brasilien führte. Wo sonst ist das möglich als auf Antarktika, dem einzigen Kontinent, wo man keinen Paß braucht, kein Visum, keine Schiffspapiere, keine Aus- und Einklarierung und keine Rechtfertigung? Ich fühle mich wohl und freue mich über die friedliche, freundliche Atmosphäre unter den verschiedenen Völkern dieser kleinen Insel. Das Leben der Menschen auf King George kommt mir vor wie ein Experiment im kleinen, mit dem bewiesen werden soll, daß es auch in der großen Welt möglich sein müßte, ohne Grenzen zusammenzuleben, als friedliche Nachbarn mit gemeinsamen Zielen und gemeinsamer Verantwortung.

Adélie haben wir wieder mit auf die Station genommen, weil wir dicht am Ufer ankern konnten. Zuerst verschwindet sie unter einem Durcheinander streichelnder Hände und dann in den langen Gängen und Zimmerfluchten des Stationsgebäudes. Erst nach langem Suchen, an dem sich sämtliche Stationsmitglieder mit detektivischem Eifer beteiligen, wird sie in einer Ecke des Fitneßraums aufgestöbert, wo sie Katz und Maus mit den Pingpongbällen spielt.

Die Brasilianer zeigen sich unserer FREYDIS gegenüber besonders aufgeschlossen. Eine Yacht hier, noch dazu in dieser Jahreszeit, sagen sie, komme ihnen vor wie eine Fata Morgana. Wir bitten sie an Bord und richten eine Art Pendelverkehr ein, da sie nicht alle auf einmal Platz finden würden. Daraus entsteht ein richtiger Fährbetrieb vom Ufer zur FREYDIS.

Mich ziehen die verlassenen Holzbauten in der Nähe der Station an. Die älteren und halb verfallenen Baracken stammen noch aus der Walfängerzeit, ebenso die gigantischen Skeletteile, auf die wir überall am Strand stoßen. Andere Hütten sind dagegen jüngeren Datums und noch recht gut erhalten. Sie wurden erst in den fünfziger Jahren für englische Wissenschaftler erbaut und bereits Anfang der Sechziger nach mehreren Unfällen wieder verlassen. Im Badezimmer dort finde ich ein Juwel: eine große, weiß emaillierte Badewanne. Könnte ich die doch bloß mit nach Deception nehmen! Ich würde sie mitten in die Fumarolen stellen und jeden Tag nackt in heißem Wasser baden – die Robben würden ganz schön gucken!

Wieder an Bord in meiner Koje, hoffe ich, daß uns der Wind in dieser Nacht zufrieden läßt. Er tut's. Erst am Morgen legt er wieder zu und kommt bösartigerweise auch noch aus vorlicher Richtung. Das üppige Frühstück liegt uns wie ein Stein im Magen, als wir zurück nach Jubany segeln. Unsere argentinischen Freunde hängen schon bald gemeinsam über der kleinen Katzentoilette (eigentlich wollte Adélie sie ja benutzen, aber Gäste haben schließlich Vortritt).

Der Jubany-Meteorologe gibt uns am frühen Morgen den Wetterbericht durch: nördliche Winde um fünf Knoten, langsam zunehmend, leichter Schneefall, Temperatur um minus fünf bis minus zehn Grad. Das hört sich gut an für unsere geplante Tour nach Arturo Prat, der ältesten der drei chilenischen Stationen in der

Antarktis, die auf der Insel Greenwich liegt, direkt an unserem Weg nach Deception. Läppische dreißig Meilen ist sie nur von Jubany entfernt, aber in dieser Region will auch ein Katzensprung wohlüberlegt und vorbereitet sein. Noch ist es uns möglich, von Bucht zu Bucht, von Insel zu Insel zu schippern, Stationen zu besuchen und Kontakte zu Menschen zu knüpfen. Der Winter wird noch lang genug werden. Das Meer wird zufrieren und uns von der übrigen Welt abschneiden. Vielleicht spricht auch ein wenig Angst vor der selbstgewählten Einsiedelei mit, die uns den Endspurt immer wieder aufschieben läßt. Der Hauptgrund aber ist, daß uns niemand sagen kann, ob nach dem Winter, im Oktober oder November, wenn wir mit der FREYDIS wieder aufbrechen wollen, die Küsten frei oder noch so dichtgefroren sind, daß wir niemanden mehr besuchen können. Deshalb wollen wir uns jetzt noch so lange wie möglich in diesem einzigartigen Revier umsehen. Die Sonne läßt sich blicken und macht uns Mut. Also los, Anker auf mit der üblichen Rückenbrecherprozedur! Das große Stationsboot von Jubany fährt vollbesetzt einige Abschiedsrunden um die FREYDIS. Tschau, tschau und suerte, viel Glück, rufen sie immer wieder. Ja, Glück können wir brauchen. Wir verlassen King George.

Wieder werden wir belohnt durch diese dramatisch schöne, stille Welt, die uns bald umringt. Wir segeln an kilometerlangen weißen Gletscherwänden entlang, aus denen kegelförmig die Spitzen dunkler Felsen ragen, die Nunataks. Das sieht so aus, als streckten Riesen ihre Köpfe aus gigantischen weißen Höhlen. Wie Milchopale funkeln die Gletscherabbrüche, über sich Galerien von Spalten, im Wasser davor Hunderte kleiner und großer Eisberge: eine Märchenwelt aus dem Schnee von gestern. Aus der See steigen düstere Felsen auf, die an Burgen, Wehrtürme und Schlösser erinnern. Meiner Phantasie sind keine Grenzen gesetzt, ein Zauber scheint über allem zu liegen.

Nur die FREYDIS ist nicht verzaubert. Mit ihren an Deck zusammengepferchten diesel- und benzingefüllten Kanistern, mit zwei großen, leeren, blauen Kunststoffässern und zwanzig schneegefüllten Sperrholzkisten sieht sie wenig romantisch aus, sondern eher wie ein überladener Frachter auf der falschen Route. Die

Fässer und Kisten haben wir von den Stationen mitgenommen, um auf Deception Kohle von der Walfängerbucht zur Fumarolbucht zu transportieren. Unbeeindruckt von dem ganzen Gerümpel, landet ein Kormoran wie ein kleiner Bordhelikopter auf dem Vorschiff und schaut sich dort um. Einige Kaptauben interessieren sich mehr für den orangeroten Sack an der Saling, unseren Auftriebskörper für den Fall einer Kenterung: So etwas Komisches haben sie ihr Lebtag noch nie gesehen.

Wir biegen in die English Strait ein, die mit Eisbergen gespickte Wasserstraße zwischen der Robert- und der Greenwich-Insel. Dann folgt die große Discoverybucht, die gemeinsam mit der Bucht auf der anderen Seite der Insel Greenwich eine Wespentaille verpaßt, und schon sind wir am Ziel. Zwischen zwei Eisberg-Giganten kommen die roten Stationsgebäude von Prat in Sicht, niedlich wie Spielzeughäuschen sehen sie aus im weißen Schnee. Hectór hat uns über Funk angekündigt.

Die schmale Einfahrt zur kleinen, geschützten Lagune – einer Art Gletschersee mit Öffnung zum Meer – ist mit scharfkantigen Unterwasserklippen bewehrt. Das Echolot ist uns hier keine große Hilfe. Bevor wir abdrehen können, rumpelt es schon fürchterlich, ein Geräusch, das mir stets unter die Haut fährt und kalte Schauer über den Rücken jagt. Erich scheint ein dickeres Fell zu haben, das heißt, er verläßt sich auf das dicke Fell der FREYDIS aus zwanzig Millimeter Stahl. Adélie gerät eher nach mir. In heller Panik rast sie von einem Ende des Schiffes zum anderen und versteckt sich schließlich unter meinem Schlafsack. Wenn ich das bloß auch könnte! Zum Glück ist der Seegang nur schwach. Die Kollisionen bringen das Schiff nicht in ernsthafte Gefahr, beruhigt mich Erich.

Über Funk lotst man uns schließlich das letzte Stück bis in die Lagune hinein. „Leichter Schneefall, Wind langsam zunehmend“, hieß es am Morgen. Von fünfzig Knoten Wind und wüstem Schneetreiben hat keiner was gesagt. Als der Anker gerade unten ist, geht es richtig los. Nur gut, daß wir in weiser Voraussicht schon sechzig Meter Kette gesteckt haben.

An Landgang ist mal wieder nicht zu denken. Wie in Jubany bleibt unser erster Kontakt auch mit Prat auf Funk beschränkt. Wie wäre das jetzt gemütlich, warm und sicher auf der Station zu sitzen! Irgendwie bin ich es leid, ständig auf der Lauer zu liegen, ob der Wind zunimmt, ob er dreht, ob der Anker slippt, ob die an Land ausgebrachten Leinen reißen, ob, ob, ob... Ätzend! Aber bei wem soll ich mich beklagen? Wir wollen doch den antarktischen Winter erleben, und nun steht er vor der Tür. Immer häufiger werden die Stürme und die damit verbundene Anspannung, immer seltener die Stunden der Erholung. Eigentlich sind wir ständig in Alarmbereitschaft.

Vierundzwanzig Stunden später ist die Welt wieder in Ordnung. Auch auf Prat erwartet uns ein warmherziger Empfang in eiskalter Umgebung. Carlos, der Kommandant, führt uns durch die ganze Station. Obwohl einige Gebäudetrakte noch von 1947 stammen, sind alle bestens in Schuß. Carlos ist stolz auf sein antarktisches Schmuckkästchen. Die Stationsmitglieder löchern uns mit Fragen, auch weshalb wir im Winter ausgerechnet nach Deception wollen. Wie den meisten anderen, die wir auf den Stationen kennenlernten, bereitet es auch ihnen offensichtlich keine Schwierigkeiten, uns nachzuempfinden, warum wir einen Winter lang allein hier leben wollen. Schließlich sind wir alle Überwinterer.

Es tut mir unheimlich gut, als zwei Stationsmitglieder sagen, daß sie es als wohltuend empfinden, eine Frau zu Gast auf der Station zu haben. Das sei wie ein Gruß von zu Hause.

Der Elektroniker José und der Mechaniker Zedric sind uns eine große Hilfe beim Installieren einer zweiten GPS-Antenne am Heck. Die erste auf der Mastspitze hat offensichtlich durch den Brand Schaden gelitten. Auch eine Funkantenne basteln sie für uns, damit wir auf Deception auch an Land mit unserem Reservegerät eine Funkstation in Betrieb nehmen können. Wenn wir sowohl vom Schiff als auch von Land aus Kontakt mit der Außenwelt aufnehmen können, ist das für uns nicht nur bequemer, sondern im Notfall vielleicht sogar lebensrettend. Auf Prat finde ich zum erstenmal detaillierte Aufzeichnungen über die letzten Vulkaneruptionen auf Deception, unter anderem auch über den wagemutigen Einsatz chilenischer Hubschrauberpiloten bei der Rettung ihrer eigenen wie auch englischer Stationsmitglieder.

Carlos ist mir bei der Suche nach Berichten in den Stationstagebüchern jener Jahre behilflich. Er bringt mir außerdem Unterlagen über die chilenischen und norwegischen Walfanggesellschaften, die Anfang des Jahrhunderts ihren Sitz auf Deception hatten. Dort wird eine Norwegerin erwähnt, die Frau eines Walfangkapitäns, die als erste Frau überhaupt in der Antarktis, und zwar auf Deception, überwinterte. Für all die Freundlichkeiten können wir uns ein wenig dadurch revanchieren, daß wir mit unseren neuen Freunden Tagesausflüge auf der FREYDIS unternehmen.

Manchmal habe ich Angstträume, zum Beispiel nach unserer Gletscherwanderung zu einem Holzkreuz hoch über Prat. Man hat es zur Erinnerung an einen jungen Leutnant aufgestellt, der von einer Gletschertour nicht mehr zurückkam. In der Nacht träume ich, daß ich in eine tiefe Gletscherspalte falle. Unter Donnergrollen schieben sich die Eiswände zusammen und drohen mich zu zerquetschen. Angstgepeinigt wache ich auf. Aber nur Adélie hockt als Alpdruck schwer auf meiner Brust und schnurrt bedrohlich laut in meine Ohren.

Der Wind treibt das Gletschereis in der Lagune von einer Seite zur anderen, je nachdem, aus welcher Richtung er gerade weht. Wenn das Eis uns erreicht, poltert es so lautstark an die Bordwand, daß man meinen könnte, eine Herde Schafe trampele über die FREYDIS hinweg.

Nach ungefähr einer Stunde wird es dann wieder still: Die Eisklötze haben sich lückenlos aneinandergedrängt und uns fest zwischen sich eingekeilt. Binnen weniger Stunden frieren sie zu einer fast begehbaren Eisdecke zusammen, nur eine kleine Stromrinne bleibt auf der anderen Seite der Lagune noch offen. Als wir eines Morgens aufwachen und die Bescherung sehen, wird uns himmelangst. Eilig setze ich mich mit Carlos in Verbindung. „Was hat das zu bedeuten? Habt ihr so was schon mal gesehen? Friert die Lagune endgültig zu?" Beruhigend meint Carlos, das sehe schlimmer aus, als es sei. Sobald der Wind umschlüge, würde der Eisschrott mit dem Tidenstrom wieder hinausgetrieben. Und tatsächlich, schon nach einigen Stunden ist die ganze Eisfläche verschwunden.

Und dann erst die Sache mit dem Dieselofen... Bisher hat dieses Goldstück immer zuverlässig gearbeitet, jedenfalls wenn die FREYDIS frei am Anker schwojte. Als wir nun aber nachts im Eis festsitzen und der Wind plötzlich umspringt, bläst er den Qualm statt aus dem Schornstein durch die lose aufliegende Ofenklappe ins Schiff. Adélie versucht, sich aus dieser brenzligen Situation durch einen kühnen Sprung auf meinen Bauch zu retten, der mich schlagartig weckt. Daß wir einer Rauchvergiftung entgehen, verdanken wir ausschließlich unserer Katze. Von Stund' an wird auf den Dieselofen im Eis verzichtet, wenn der Wind nicht von vorn kommt. Dann werfen wir statt dessen die elektrische Warmluftheizung an, bei der dieses Problem nicht auftritt. Sie erfüllt ihren Zweck genausogut, allerdings verbraucht ihr Gebläse Batteriestrom, so daß wir damit nicht unbegrenzt heizen können.

Anfang Mai, zwei Tage vor unserer Abreise, sacken die Temperaturen bei anhaltend leichten Westwinden drastisch ab. Von Stunde zu Stunde wächst das Eis in der Lagune und verfestigt sich zu einer zwanzig Zentimeter dicken, soliden Decke. Nun ist die Gefahr groß, daß wir eingeschlossen und vielleicht den ganzen Winter hier festgehalten werden. Aber die FREYDIS ist schon startklar. Wir wollen die Fahrt nach Deception nun wirklich nicht länger aufschieben.

Nach bewährter Eisbrechermethode lassen wir uns nach achtern sacken, um dann mit Anlauf und voller Kraft nach vorn zu stoßen. Eine Stunde dauert diese Prozedur, bis wir die Stromrinne erreichen, die zu einem schmalen Bach geschrumpft ist. Durch ein Gewirr von Schneeflocken, das uns fast die Sicht nimmt, sehen wir nur schemenhaft die vielen Hände, die uns zum Abschied nachwinken. Dann sind wir allein und ein bißchen traurig, denn es war ein Abschied auf lange Zeit. Jetzt haben wir nur noch uns selbst.

Vieles ist anders gekommen als erwartet. Wir haben befürchtet, daß uns in der Antarktis ein scharfer Wind, auch von den Stationen, entgegenwehen würde – denn die Zeiten haben sich geändert, seit wir zum erstenmal mit der FREYDIS hier aufkreuzten. Der Massentourismus hat inzwischen alle Länder und Kontinente erreicht, und selbst zur Antarktis kann man bequeme Schiffspassagen buchen. Auch die Zahl der Segler insgesamt hat gewaltig zugenommen, obwohl sie im Vergleich zum übrigen Tourismus immer noch verschwindend gering ist. Aber der Reiz der großen weiten Welt, den die Segler damals noch für die in der Antarktis stationierten Menschen mitbrachten, ist heute nichts Besonderes mehr. Vor zehn bis zwanzig Jahren waren die Menschen an entlegenen Plätzen noch dankbar für jede Anregung durch weitgereiste Segler und honorierten deren Extremleistungen mit Hilfe und großzügiger Gastfreundschaft. Aber der Antarktistourismus und die Massenmedien haben den Boden für die Segler inzwischen eher aufgerauht.

Das wußten wir und hatten deshalb zu Anfang größte Bedenken, die Stationen überhaupt anzulaufen. Auf keinen Fall wollten wir die Wissenschaftler von ihrer Arbeit abhalten, auch lag es uns fern, Versorgungsgüter oder überhaupt irgendeine Art der Hilfe zu erwarten. Wir sind nicht als Wissenschaftler, sondern als Privatleute hier, ohne staatliche oder sonstige Unterstützung – Touristen eben, wenn auch betraut mit ein paar wenigen anspruchsvollen Aufgaben des deutschen Polarinstituts und nun auch von Greenpeace. Aber wir wurden angenehm überrascht und fanden alles so vor, wie wir es insgeheim zwar erhofft, aber eigentlich nicht mehr erwartet hatten. Nie hatten wir das Gefühl, als Touristen abgetan zu werden, eher wurden wir als Partner behandelt. Station auf Station lud uns ein und reichte uns weiter, und diese Einladungen, sogar zum Wohnen, waren ehrlich und ernst gemeint. Überall bot man uns spontan jede Unterstützung an. Woran lag das? An unserem Verhalten? An meinen Spanischkenntnissen? Oder daran, daß wir vor zehn Jahren bereits Erfahrungen in dieser Region gesammelt und uns deshalb besonders gut auf diese Reise vorbereitet hatten? Sicher spielten all diese Komponenten zusammen eine Rolle. Nicht alle Stationen, auf denen wir zu Gast waren, befaßten sich mit wissenschaftlichen Arbeiten – zumindest nicht im Winter. Wo dies aber der Fall war, achteten wir peinlich darauf, nicht zu stören. Unsere Wißbegier konnten wir trotzdem stillen, denn nach Feierabend gab es ausgiebig Gelegenheit zu Gesprächen. Das Wichtigste aber waren für uns immer die menschlichen Kontakte, und die waren in dieser Umgebung besonders ausgeprägt. Vielleicht weil die Menschen, die wir trafen, zur Natur eine ganz ähnliche Einstellung hatten wie wir?

Kurs auf Deception

Wracks warnen vor Strandung – Die Tiefs kommen per Eilboten – Stützpunkt profitgieriger Tierschlächter – Eine Insel zwischen Feuer und Eis

Wir laufen in die McFarlane-Straße zwischen den Inseln Greenwich und Livingston ein und suchen am ersten Abend vor dem auffrischenden Westwind Schutz in der großen Yankeebucht auf der anderen Seite von Greenwich. Die chilenische Schutzhütte dort – oder was von ihr übriggeblieben ist – sieht aus, als sei sie nach ihrer Errichtung 1952 gleich ganz der Natur und ihren Gewalten überlassen worden. An Bord verbringen wir eine ruhige, eisfreie Nacht. Als der zweite Tag der Fahrt zu unserem Überwinterungsort heraufdämmert, laufen wir weiter, vorbei an der Halbmond- und Livingston-Insel. Letztere ist die größte der Südshetland-Inseln und mit ihren hohen, vergletscherten Bergen weithin sichtbar. Ihre Gipfel konnten wir sogar schon von King George aus sehen, also über eine Entfernung von mehr als sechzig Meilen. Deshalb waren es gerade diese Berge, die ihrem Entdecker William Smith, Kapitän der englischen Brigantine WILLIAMS, im Februar 1819 die Existenz von Land verrieten. Auf einer erneuten Reise nach Valparaiso im Oktober desselben Jahres gelang es ihm schließlich, auf der geheimnisvollen Insel zu landen und den südlichsten Zipfel der damals bekannten Welt zu betreten.

Aber er und seine Leute waren offensichtlich nicht die ersten, die es hierher verschlagen hatte. Am Strand lagen die Reste eines großen gestrandeten Schiffes. Sie fanden Stücke von Masten, an denen noch Segelreste hingen, Rumpf- und Decksplanken und den Stock eines Ankers, der ein spanisches Fabrikationszeichen trug. Mit Hilfe dieses Stockankers und einiger weiterer Fundstücke, die Smith an Bord nahm, konnte das Unglücksschiff bald identifiziert werden. Es war die SAN TELMO, die, zu einer spanischen Kriegsflotte gehörend, von Cadiz nach Lima unterwegs gewesen war, um dort gegen die Patriotas (Separatisten) zu kämpfen. In einem schweren Sturm bei Kap Hoorn war sie von ihrem Verband getrennt und nach Süden abgetrieben worden. Seit 1818 galt sie samt ihrer Besatzung und den Soldaten an Bord (nicht weniger als sechshundertvierundsechzig Mann) als vermißt. Beide Schiffe, sowohl die WILLIAMS als auch die SAN TELMO, waren die schier unglaubliche Entfernung von fünfhundert Meilen nach Süden versetzt worden. Das entspricht einer Strecke von Hamburg quer über die Nordsee bis nach Edinburgh. Selbst wenn man die schlechten Segeleigenschaften der damaligen Schiffe berücksichtigt, so verdeutlicht dies doch eindrucksvoll die Schwierigkeiten einer Kap-Hoorn-Umrundung von Ost nach West gegen die vorherrschende Windrichtung.

Nach allem, was wir bei den Kap-Hoorn-Umrundungen, in der Drakestraße, auf den Südshetlands und in den Gewässern der antarktischen Halbinsel erlebt haben, kann ich mir diese Tragödie in der Antarktis lebhaft vorstellen. Für mich ist sie keineswegs eine Geschichte aus grauer Vorzeit, ohne Beziehung zu unserem Seglerleben, sondern eine realistische Warnung vor antarktischen Gefahren, die uns heute noch genauso bedrohen wie die Segler vor hundertsiebzig Jahren. Zwar blieben der antarktischen Halbinsel und den Südshetlands die riesigen Schiffsfriedhöfe erspart, wie wir sie um die Falklands, die Staateninsel und im Süden Englands finden. Aber das liegt nur daran, daß sie seit jeher weitab von den üblichen Schiffahrtswegen lagen. Von den wenigen Schiffen aber, die bis in die Antarktis gelangten, forderte das Revier einen um so höheren Tribut. Strandungen waren auch noch nach der Zeit der großen Rahsegler keine Seltenheit. Selbst unser Kratersee auf Deception kann so manche Geschichte davon erzählen.

Gleich an seinem Eingang liegt das Wrack des englischen Walfängers SOUTHERN HUNTER, der am 31. Dezember 1957 hier gestrandet ist. Er soll damals, von der Walfängerbucht auslaufend, in Neptuns Blasebalg auf ein entgegenkommendes argentinisches Schiff getroffen sein. Um eine Kollision zu vermeiden, änderte er den Kurs nach Steuerbord und war dann nicht mehr in der Lage, den Riffen auszuweichen, die fast bis in die Mitte des Nadelöhrs reichen. Trotz der Alarmsirenen und des Versuchs der englischen Besatzung, durch lautes Rufen und Schwenken der Arme die Aufmerksamkeit der Argentinier zu erregen, glaubten diese wohl, ihnen würden lediglich freundliche Neujahrsgrüße übermittelt. Jedenfalls setzten sie ihre Fahrt unter fröhlichem Johlen und Winken fort. Zum Glück traf bald darauf ein norwegisches Walfangschiff ein, das die Besatzung des Havaristen abbarg.

Als wir im März zum Baden in der Pendelumbucht gewesen waren, hatten wir dort das schon fast zum Gerippe zerstörte Wrack eines großen Stahlschiffes nahe dem Südufer gesehen. Vor vielen Jahren gestrandet und gesunken, war es durch die Vulkaneruption 1969 wieder an die Oberfläche gedrückt worden. Sicherlich liegen auf Deception noch weitere Wracks unter Asche und Lava oder auf dem Grund des hundert Meter tiefen Sees. Aber dieses Geheimnis behält der Krater für sich – vielleicht nur bis zur nächsten Eruption, vielleicht aber auch für immer.

Daß selbst modernste Elektronik nicht hundertprozentig vor Strandung schützt, ist bekannt. In der Antarktis hat es in jüngster Zeit den argentinischen Versorger VALPARAISO erwischt und einige Jahre zuvor den Passagierdampfer LINDBLAD EXPLORER, der sogar zweimal vor der antarktischen Halbinsel strandete, wobei zum Glück alle Passagiere abgeborgen werden konnten.

Nicht von ungefähr läßt sich im Winterhalbjahr auch heutzutage noch kein Schiff in dieser Gegend blicken, nicht nur wegen des Eises, sondern auch wegen der langen Nächte und der fast ununterbrochen tobenden See. Nur wir sind noch hier, noch immer unterwegs, noch immer nicht am Ziel. Ständig müssen wir auf der Hut sein und selbst kleine Tagestouren von nur dreißig bis vierzig Meilen mit äußerster Vorsicht in Angriff nehmen. Tiefs kommen hier per Eilboten, immer muß mit raschen Wetterverschlechterungen gerechnet und schon vor Antritt der Reise auf der Karte nach Unterschlupfmöglichkeiten Ausschau gehalten werden.

Pünktlich am Nachmittag kommt Deception voraus in Sicht. Als wir uns schließlich mit Radar und Echolot durch Neptuns Blasebalg tasten, ist die Nacht schon hereingebrochen. Durch die Wolken geistert der Vollmond und läßt die Kratersilhouette noch gespenstischer erscheinen als am Tage. In der Walfängerbucht werfen wir Anker. Angekommen!

Schon in der ersten Nacht werden wir unsanft durch Grundberührungen geweckt. Die FREYDIS zieht ihre Kette über Sand und Lava. Mit einem Satz sind wir aus der Koje und in den Kleidern. Draußen pfeift der Wind schon wieder sein Lied in der Takelage. Er hat bösartigerweise auf Ost gedreht und bläst durch Neptuns Fenster, eine schmale Lücke zwischen zwei Felspfeilern an der Nordwestseite, direkt in die Bucht hinein. Nun sitzen wir dicht am Ufer fest, aber zum Glück sind die Wellen in der geschützten Bucht nicht hoch. Unter voller Motorkraft laufen wir gegen den Wind an. Langsam rückt die FREYDIS vom Ufer ab in tiefes Wasser. In dieser rundherum steil abfallenden, ankerfeindlichen Bucht dauert es lange, bis wir einen neuen Liegeplatz finden.

„Was bin ich froh, daß diese nächtlichen Störungen bald ein Ende haben“, stöhne ich, als ich ausgekühlt und müde wieder in die Koje klettere. Auf der leerstehenden argentinischen Station werden uns wenigstens keine Grundberührungen, keine schlierenden Anker und keine an- oder abrückenden Eisfelder aufschrecken. Herrlich diese Aussicht, die ganze Nacht durchschlafen zu können. Ich hab's satt, jederzeit abrufbereit zu sein, ständig von einem Schrecken in einen anderen zu fallen.

„Freu dich mal nicht zu früh“, unkt Erich. „Schließlich schläfst du dort auf einem Pulverfaß. Auch Erdbeben und anrollende Lava können ganz schön erschrecken.“

Der nächste Tag beschert uns einen Bilderbuchempfang: leichter Wind aus Ost, Sonnenschein, blauer Himmel. Wer hätte das gedacht? Die Insel selbst bietet mit ihrem tiefblauen, spiegelglatten Kratersee und den weiß glitzernden Bergen mit dem pechschwarzen Lava-Faltenwurf eine großartige Vulkanszenerie. Auf der beheizten Uferpromenade machen Pinguine ihren Morgenspaziergang. Wir sparen unseren Spaziergang noch auf, bringen erst einmal die leeren Kisten in die Hütte mit dem Kohlenlager. Die Kohle ist dort sogar zum Teil noch in Säcken gestapelt, das erleichtert die Arbeit. Dieses Kohlenlager hatten wir bereits vor zehn Jahren bei unserem ersten Landfall auf Deception entdeckt, aber natürlich keinen Gedanken daran verschwendet, daß wir es einmal benötigen könnten. Erst als unsere Überwinterungspläne Gestalt annahmen, fiel es uns wieder ein. Damals hätte ich mir nie träumen lassen, daß wir eines Tages auf dieser Insel, die mir wie ein versteinerter Alptraum vorkam, freiwillig überwintern würden. Mit dem Brustton der Überzeugung hatte ich in mein Tagebuch geschrieben: „Die Insel Deception ist nicht gerade das Fleckchen Erde, von dem man träumt und auf dem man sich längere Zeit aufhalten möchte."

Die zehn Kisten sind ziemlich rasch mit Kohle gefüllt, und der arme Erich muß sie ganz allein zum Ufer schleppen, denn mein Ellenbogen plagt mich immer noch. Diese Kohle reicht erst mal, bis wir uns auf der Station eingerichtet haben. Danach wollen wir noch ein- oder zweimal zurückkommen und Kohle für den ganzen Winter hamstern. Aber damit können wir uns ja noch Zeit lassen. Diese Fahrten, so stellen wir uns das vor, werden später eine willkommene Abwechslung sein.

Nachdem wir die erste Kohlenladung „nach Hause" geschafft haben, mache ich mir während einiger Mußestunden mal wieder Gedanken darüber, womit sich diese Insel wohl ihren seltsamen Namen verdient hat. Denn der Name Deception (englisch) oder Decepción (spanisch) verheißt nichts Gutes und klingt eher wie eine Art Warnung. Im englischen Sprachgebrauch bedeutet er soviel wie „Betrug" und „Täuschung", im spanischen auch „Enttäuschung". Fühlte sich der unbekannte Seemann, der die Insel so taufte, von ihr getäuscht oder enttäuscht? Vielleicht getäuscht von dem Stückchen Land, das ihm beim Annähern eine Insel von sieben Seemeilen Durchmesser vorgaukelte, in Wirklichkeit aber nur die Begrenzung dieses Kraters war, der allein schon vier Meilen

Durchmesser hatte? Oder war er hier durch etwas anderes enttäuscht worden, das mit der Insel selbst nicht das Geringste zu tun hatte?

Wer es auch war, der die Insel entdeckt und benannt hat, für die danach in Scharen anrückenden Robbenschläger war sie als einer der wichtigsten Schutzhäfen zunächst keine Enttäuschung, sondern geradezu goldener fester Boden für ihre Fangzüge. Allein zwischen 1820 und 1823 wurden hier mehr als 320 000 Pelzrobben getötet und daraus tausend Tonnen Öl hergestellt.

Als zu Anfang des zwanzigsten Jahrhunderts die Walfanggründe im Nordmeer wegen der intensiven Bejagung weitgehend erschöpft waren, wurde das südliche Eismeer für den Walfang entdeckt. Der Reichtum an großen Walen, insbesondere an Buckelwalen, Finnwalen und Blauwalen, versprach wieder fette Beute. Eine der ersten Landstationen in der Antarktis wurde hier auf Deception von einer norwegischen und einer chilenischen Walfanggesellschaft errichtet. Dreißig Jahre lang qualmten in jedem Sommer die Schornsteine der Trankochereien am Ufer der Walfängerbucht. Als die Wale immer weniger wurden und sich immer weiter zurückzogen, änderte sich die Fangtechnik. In den zwanziger Jahren begannen schwimmende Trankochereien, die antarktischen Gewässer zu erobern. Aus Versorgungsgründen blieben sie aber noch lange landgebunden. Zeitweise sollen nicht weniger als acht solcher Fabrikschiffe in der Walfängerbucht gelegen haben. Erst der Rückgang der Walbestände und der Zweite Weltkrieg beendeten schließlich das Schlachten auf Deception. Englische Kriegsschiffe zerstörten die Kraftstofftanks und andere Stationseinrichtungen, damit sie vom deutschen Feind nicht genutzt werden konnten. So brachte der Krieg wenigstens dem Krater von Deception seinen Frieden wieder.

An der exzessiven Jagd auf Pinguine, Robben und Wale beteiligten sich natürlich viele Nationen. Aus Profitgier wetteiferten sie geradezu im Totschlagen, ohne daran zu denken, daß sie sich dadurch selbst schadeten. Niemand war offensichtlich klug geworden aus den bösen Erfahrungen, die man mit diesem Raubbau im Nordmeer gemacht hatte. Ganze Tierarten wurden gnadenlos ausgerottet oder so drastisch dezimiert, daß sich nicht nur der Fang nicht mehr lohnte, sondern daß es bis heute fraglich ist, ob sich die Populationen jemals wieder erholen werden.

Ebenso wie im Nordmeer wurde auch in der Antarktis wieder rücksichtslos drauflos geschlachtet, verantwortungslos in jeder Beziehung: ein unglaublich sinnloser Raubbau an der Natur. Von den getöteten Tieren wurde nur das verwertet, was auf dem Weltmarkt gerade einen hohen Preis erzielte: von den Robben nur der Pelz, von Seelöwen und Pinguinen nur das Fett. Auf den schwimmenden Trankochereien wurden nur die dicken Speckseiten der Wale verwendet und die riesigen Fleischkadaver einfach dem Meer überlassen. Brutalität und Rohheit beim Fang waren nicht die Ausnahme, sondern die Regel. Mir dreht sich der Magen um, wenn ich in alten Berichten lese, wie man damals mit den erbarmungslos gejagten Tieren umgesprungen ist. Einige Details sind so grausig, daß sie mir wohl für immer im Gedächtnis bleiben werden.

So wurde in der Saison 1937/38 eine Rekordausbeute von 55000 getöteten Walen erzielt. Aber Walweibchen bringen nur jedes zweite bis dritte Jahr ein Kalb zur Welt, die Fortpflanzungsrate ist also gering. Eine Walkuh hat, selbst wenn sie nach etwa vierzig Jahren den Alterstod sterben darf, selten mehr als zwölf Kälber zur Welt gebracht. Schongesetze für trächtige oder säugende Tiere gibt es seit den dreißiger Jahren. Aber wer sollte die Einhaltung der Beschränkungen in der herren- und gesetzlosen Antarktis überprüfen? Die Walfänger selbst hatten kein Interesse an Schutzbestimmungen, und die Menschen haben seither nicht viel dazugelernt. Obwohl der Fortbestand der meisten großen Walarten gefährdet ist, haben zum Beispiel die Sowjets und die Japaner den Fang noch immer nicht aufgegeben. Es gibt heute nur noch elftausend Blauwale und vierhundert Nordkapper... Aber die kriegen sie bestimmt auch noch weg. Man könnte zum Zyniker werden!

Wenn ich die riesigen Fabrikschiffe sehe, die überall auf der Welt die Meere leerfischen, wenn ich lese, in welch atemberaubendem Tempo die letzten Urwälder der Erde vernichtet werden, dann scheint mir, daß wir wirklich noch nichts begriffen haben.

Wir führen uns weiterhin so auf, als ob die Erde nur uns ganz allein gehöre. Hauptsache, die Kasse stimmt.

Nach dem Zweiten Weltkrieg war die wilde Zeit vorbei, in der sich nur die Robben- und Walfänger um die ergiebigsten Buchten und Strände auf der antarktischen Halbinsel und den Südshetlands prügelten. Dafür wurde dieses Gebiet nun zum Zankapfel zwischen ganzen Nationen. Großbritannien, Argentinien und Chile erhoben gleichermaßen territoriale Ansprüche auf die Antarktis und begannen diese durch die Errichtung von Stationen zu untermauern. Deception mit dem besten Naturhafen der ganzen Zone mußte da zwangsläufig in den Brennpunkt politisch-strategischer Interessen geraten. Und so ließen sich denn alle drei Nationen häuslich auf der kleinen Kraterinsel nieder, als wäre dies das Selbstverständlichste der Welt. Die Hauptbeschäftigung jeder Station bestand mehr oder weniger darin, Protestnoten gegen die Anwesenheit der beiden anderen zu überbringen. Allerdings sahen die Mannschaften vor Ort die Lage nicht ganz so verbissen wie die Administrationen der Mutterländer. Sie fanden sogar „spielend" Lösungen: Unter den drei Rivalen wurde es üblich, Meisterschaften in Fußball und Bogenschießen auszutragen. Dem Sieger wurde dann intern und natürlich inoffiziell das Hoheitsrecht über die Insel zugestanden – bis zur nächsten Saison.

Ende der sechziger Jahre meldete sich plötzlich eine vierte Partei, mit der man überhaupt nicht gerechnet hatte. Sie äußerte einen so glühenden und ernstgemeinten Protest, daß sie gleich alle drei in die Flucht schlug und der ganzen Posse ein Ende bereitete: Der Vulkan sprach ein Machtwort. Seine Gefährlichkeit war offenbar unterschätzt worden, obwohl er in den ersten Jahrzehnten dieses Jahrhunderts bereits zweimal auf sich aufmerksam gemacht hatte. Das erste Mal 1921, als das Ufer nahe der Walfangstation plötzlich absank und sich die ganze Bucht in einen brodelnden Heißwasserkessel verwandelte. Das zweite Mal 1930 durch ein starkes Erdbeben, das die ganze Insel erschütterte. Auf einen Schlag sackte der Grund der Walfängerbucht um vier bis sechs Meter ab und riß das Ende der Pier mit hinunter.

Die Brutalität, mit der Mensch und Natur in der Walfängerbucht gleichermaßen blindlings und wie um die Wette gewütet haben, schockiert mich immer wieder. In den zehn Jahren seit unserem ersten Besuch hat sich hier kaum etwas gebessert. Noch immer liegen ausgeblichene Walknochen am Strand; noch immer stehen die Reste alter Quartiere, die halbverfallenen Holz- und Blechhäuser der englischen Station und die verrosteten Kraftstofftanks schief und krumm auf dem unsicheren Grund; noch immer ragt das schlichte Holzkreuz aus der schwarzen Asche, das einzige, das übrigblieb vom Walfängerfriedhof, als dieser bei den letzten Eruptionen in den kochenden Fluten des Kraters versank. Und hinter dem längst verlassenen Hangar finde ich sogar noch das Flugzeugwrack mit der zwar anspruchsvollen, aber nun auch schon rostzerfressenen Aufschrift: *British Antarctic Survey*. In den sechziger Jahren hatten die Briten von Deception aus Überwachungs- und Erkundungsflüge in südlicher Richtung durchgeführt.

Zurück zur vulkanischen Entstehungsgeschichte von Deception: Vor unvorstellbar langer Zeit (sechzig Millionen Jahre, sagt die Wissenschaft), als sich die Erde wegen ständiger Reibereien an allen Ecken und Kanten ihrer Plattenoberfläche wieder einmal Luft verschaffte, schleuderte sie eine solche Menge an flüssigem Urgestein heraus, daß gleich eine ganze Kette von Inseln entstand. Das war die Geburtsstunde der Südshetlands mit ihren drei großen Inseln Livingston, King George und Elefant, mit elf kleineren Inseln und zahllosen Felsenriffen. Das Weltklima kühlte ab, die Antarktis trennte sich von Australien, und die ersten walartigen Säuger, Pinguine und Möwen betraten die Bühne. Es folgten Robben, Seelöwen und Albatrosse. Zu dieser Zeit lagen die Inseln aber noch viel weiter nördlich, etwa auf dreißig Grad Süd, wo heute Buenos Aires liegt.

Als die Inseln endlich ihren Platz im extremen Süden gefunden hatten und das Feuer ihrer Jugend schon lange erkaltet war, bekamen sie plötzlich noch einmal Zuwachs. Südöstlich von ihnen wuchs aus glühenden Massen ein riesiger Berg aus dem Meer, höher und schöner als sie alle zusammen. Aber wie so oft war auch diese Schönheit nicht von langer Dauer. Dieselben Erdkräfte, die den Berg hatten wachsen lassen, zerstörten ihn auch wieder, sprengten ihn kurzerhand in die Luft. Von dem geplatzten Vulkan blieb nur ein aus dem Wasser ragender, ausgefranster Rand übrig, stinkend und qualmend wie die Reste einer am Boden gebliebenen Feuerwerksrakete gigantischen Ausmaßes.

Damit war also die letzte der Südshetland-Inseln, unser Deception, mit einem lauten Explosionsknall geboren. Sie ist bis heute die größte und beeindruckendste Kraterinsel der Erde. Aber wie eine Rakete, die unvollständig gezündet hat, Gefahr birgt, weil in ihrer Hülle noch Pulver steckt, ist auch die Ruhe auf Deception trügerisch. Daß den Feuerteufeln in den Magmakammern unten nicht zu trauen ist, haben die jüngsten Eruptionen gezeigt.

Bis dahin aber war ihr Vulkanismus nicht auffällig, abgesehen von ständig vor sich hin dampfenden Fumarolen, dauerbeheizten Ufern und gelegentlichen Erdstößen mit kochender See als Begleitung. Der erste neuere Hinweis auf einen Ausbruch stammt von einem Robbenschläger, der berichtete, er habe im Februar 1842 dreizehn feuerspeiende Schlote im Süden der Insel gesichtet.

Für die letzten Eruptionen gibt es genügend Augenzeugen. Alle drei Stationen waren besetzt, als am 4. Dezember 1967 nach einer Ouvertüre von mehreren heftigen Erdstößen die Natur mit ihrer dramatischen Inszenierung begann: Aus dem See-Eis der Telephonbucht stiegen schwarze Wolken und Dampf auf, die sich in Richtung auf die Nachbarbucht bewegten, wo die chilenische Station lag. Das Meer fing an zu kochen, und der Wasserspiegel hob und senkte sich im Zwei- bis Drei-Minuten-Rhythmus. Kurze Zeit später regnete es Asche auf die Station, Dampf und fast totale Finsternis hüllte sie ein. Es hagelte Steine jeder Größe und roch intensiv nach Schwefel. Das Höllenspektakel wurde von lautem unterirdischem Grollen und elektrischen Entladungen begleitet. Eine Spalte öffnete sich in bedrohlicher Nähe der chilenischen Station, die Wände des Kellers, in dem die Mannschaft Zuflucht gesucht hatte, barsten auseinander. Sie flohen zur englischen Station in die Walfängerbucht. In der Telephonbucht entdeckte man am nächsten Morgen eine neue Insel, auf der drei kleine Krater qualmten. Ein gigantischer Rauchpilz stand wie nach einer Atomexplosion am Himmel, viele tausend Meter hoch und weithin sichtbar. Einem chilenischen Eisbrecher, der sich in der Nähe aufhielt, und einem argentinischen Versorgungsschiff gelang es noch am selben Tag, alle Menschen von den Stationen abzubergen.

Schon vierzehn Monate später demonstrierte die Insel erneut ihre Unberechenbarkeit, diesmal noch drastischer. Die Gewalt der Eruptionen war stärker und zerstörerischer. Es tat sich eine fünf Kilometer lange, zweihundert Meter tiefe Spalte auf, die sich nach Norden bis zur neuen Insel in der Telephonbucht und nach Süden bis in die Nähe der Walfängerbucht ausdehnte. Lawinen aus Gletschereis, heißem Schlamm, Lava und Felsen begruben die verlassene chilenische Basis endgültig unter sich, bis nur noch ein paar geknickte Eisenträger hervorragten. Auch in der Walfängerbucht sah es wüst aus. Das Schmelzwasser hatte große Mengen Schlamm, Asche und Eisblöcke abgelagert, nicht nur die Flugpiste zerstört und Traktoren weggespült, sondern auch die alte Walfängerpier und sogar den Walfängerfriedhof mit ins Meer gerissen. Das Ufer war bis zu fünfundvierzig Meter zur See vorgeschoben worden, und der kleine Kratersee dort hatte eine Verbindung zum Hauptkrater erhalten.

Die erst kurz zuvor renovierte englische Station glich einem Trümmerfeld. Sie war von den Engländern in der optimistischen Annahme erneut besetzt worden, daß es sich bei der letzten Eruption um einen einmaligen „Ausrutscher" des im übrigen friedlichen Vulkans gehandelt habe. Aber auch sie hatten sich in Deception getäuscht. Wieder konnte die Besatzung der Station nur durch den wagemutigen Einsatz desselben chilenischen Eisbrechers, der hier schon einmal zur Rettung von Menschen eingesetzt gewesen war, herausgeholt werden.

Nachdem die Eruptionen fürs erste aufgehört hatten, untersuchten zwei britische Vulkanologen die Insel und kamen zu dem Schluß, daß man sie am besten sich selber überlassen sollte. Sie hatte sich wirklich als eine Insel der Enttäuschung erwiesen und wurde als Aufenthaltsort für Menschen abgeschrieben. Für die Ausbrüche im August 1970 gibt es deshalb keine Augenzeugen. Aber auf Prat und Bellingshausen wurde von Ascheregen berichtet, und der Seismograph der englischen Station auf den Argentine Islands zeichnete Erdbeben auf, die zweifellos von Deception ausgingen. Eine Expedition, die sich im folgenden Sommer für kurze Zeit auf der Insel aufhielt, stellte erhebliche Veränderungen fest. Die Telephonbucht war weitgehend mit Asche aufgefüllt und die 1967 dort entstandene Insel bis auf einen kleinen Rest wieder verschwunden. Es gab jede Menge neue Krater und Kraterseen. Ein großes Areal südwestlich der Bucht war mit vulkanischen Bomben übersät. Sie mußten aus einem submarinen Spalt im Hauptkrater hochgeschleudert worden sein, keine drei Meilen von der argentinischen Station entfernt.

Ein Jahr vor dem Ausbruch von 1967 hatte als erster Sportsegler der Engländer H. W. Tilman Deception mit seiner Yacht MISCHIEF (Unfug) angelaufen, einem robusten, ehemaligen Lotsenkutter aus Holz. Trotz unerfreulicher Begleitumstände vollbrachte Tilman mit seiner Antarktisreise zu dieser Zeit eine großartige navigatorische und seemännische Leistung, vergleichbar derjenigen Joshua Slocums, der um die Jahrhundertwende als erster Sportsegler einhand um die Erde segelte. Seit Mitte der achtziger Jahre nimmt die Zahl der Yachten, die in die Antarktis segeln, langsam aber stetig zu. Inzwischen sind es über ein Dutzend pro Jahr. Die Nachfolger profitieren von den Erfahrungen ihrer Vorgänger und von den modernen elektronischen Navigationshilfen, insbesondere Satnav, GPS und Radar. Wir können diese Veränderungen auch an uns selbst feststellen. Auf unserer jetzigen Reise sind wir mit GPS und Radar ausgerüstet, vor zehn Jahren basierte unsere Navigation lediglich auf Kompaß und Sextant. Im Prinzip haben wir damals wie zu Cooks Zeiten navigiert. Wie wichtig die moderne Elektronik für das Navigieren geworden ist, merken die Segler heute spätestens dann, wenn diese ausfällt und sie wieder „zu Fuß" auf die Suche nach dem wahren Ort gehen müssen.

Zurück zu unserem wahren Ort: Am frühen Nachmittag motoren wir über den Kratersee Richtung argentinische Station in der Fumarolbucht. Seit sie vor zwei Monaten von ihren Bewohnern verlassen wurde, sind schon viele Stürme über sie hinweggefegt. Ich bin deshalb gespannt, wie wir sie vorfinden.

Beginn der Überwinterung

Eine leerstehende Station wird unser zweites Zuhause – Etwas Bequemlichkeit braucht der Mensch – Wir richten uns für sechs Monate ein – Heizung: no problema – Erster Vorgeschmack auf die Sturm- und Eiszeit

Leichter Wind aus West kommt auf, genau von vorn. Damit die kabbelige See nicht in unser Dingi mit der Kohle einsteigt, verlangsamen wir die Fahrt. Nachdem wir den Kratersee überquert und die Fumarolbucht erreicht haben, fängt es auch noch an zu schneien. Links kommt die spanische Station in Sicht, ein rotes Häuschen auf schneebedecktem Hügel. Sie ist wie die argentinische Station nur im Sommer besetzt, also seit Monaten schon verwaist.

Einige Aschenbuckel weiter nördlich liegt die Ebene mit der argentinischen Station. Nahe am Ufer steht die kleine Casita (Häuschen), wo wir bereits im März einige Dinge untergestellt haben, die wir für die Überwinterung brauchen. Etwa hundertfünfzig Meter landeinwärts erhebt sich der zweistöckige Stationsbau, in dem wir wohnen wollen, und noch einmal hundertfünfzig Meter weiter, am Rand der Ebene, steht die alte Station, die bis zu den letzten Eruptionen bewohnt war. Die knallroten Gebäude heben sich in schönem Kontrast von dem schwarzen Aschenboden, dem weißen Schnee und der grünlich schimmernden Lagune ab. Wie die Lagune an der Walfängerbucht ist sie nichts anderes als ein meerwassergefülltes Kraterloch. Eine Landzunge, auf der die Casita steht, trennt sie vom Hauptkrater. An ihrem Ende ermöglicht ein schmaler Durchlaß von etwa zehn Metern einen Wasseraustausch entsprechend den Gezeiten. Hinter der Lagune und der alten Station bieten die fast senkrecht bis auf fünfhundert Meter ansteigenden Kraterwände ein imposantes Bild.

Der Anblick unseres „Winterpalastes“ macht uns glücklich. Herrlich der Gedanke, bald wieder Platz in Hülle und Fülle zu haben, sich nach Herzenslust bewegen zu können, sich behaglich zu fühlen. Ich sehne mich auch nach einem gelegentlichen heißen Bad, vielleicht läßt sich das auf der Station verwirklichen. Eiswasserduschen habe ich jedenfalls gründlich satt. Immerhin leben wir jetzt seit über einem Jahr als Seenomaden an Bord. Die Nächte, die wir an Land verbrachten, lassen sich leicht an zwei Händen abzählen.

Sechs Wintermonate liegen vor uns, die auch an Land bestimmt noch hart genug werden. Aber mit der Station als Stützpunkt sieht unsere Umgebung nicht mehr gar so menschenfeindlich aus. Schließlich hatten wir nie vor, bei dieser Überwinterung unsere „Grenzen auszuloten“, um einmal diesen modernen Mega-Ausdruck zu gebrauchen. Oder anders gesagt: Wir wollen in unserem Wunsch nach einfachem, hautnahem Leben in antarktischer Einsamkeit nicht sinnlos übertreiben. Es liegt uns fern, Material zu sammeln für ein Survival-Handbuch, etwa unter dem Motto „Überwinterung in der Antarktis mit Feuerstein, Pfeil und Bogen“.

Tatsächlich wünschen wir uns nur, hier ein halbes Jahr zu zweit zu verbringen, und das möglichst ohne zu hungern, zu frieren oder dahinzuvegetieren. Allzu große Entbehrungen suchen wir gar nicht, sie würden uns das Unternehmen sicherlich auch verleiden. Lebenswert – oder besser: erlebenswert – ist es für uns erst, wenn wir nicht auf ein Mindestmaß an Bequemlichkeit verzichten müssen, wenn die Möglichkeit besteht, schöpferisch tätig zu sein, wenn wir genügend Zeit haben für uns selbst und füreinander. Wir haben die FREYDIS deshalb nicht nur mit Proviant und Kleidung ausgerüstet, sondern auch mit Musikkassetten, drei großen Alukisten voller Bücher und einem großen Vorrat an Papier, Bleistiften und Kugelschreibern. Unser „Winterpalast“ gewährt uns ein solides

Dach über dem Kopf und stabile Wände, die vor Kälte und Stürmen schützen – ein kostbarer Besitz in diesen Breiten. Und so fühlen wir uns denn auch wie Fürsten in einer uneinnehmbaren Burg, die einer feindlichen Umwelt trotzen.

Gleich nachdem wir geankert und die Kohle an Land geschafft haben, machen wir uns auf den Weg zur Station. Sie scheint in einem Dornröschenschlaf zu liegen. Alle Fenster sind mit Dachpappe und Kistenholz vernagelt, auch der Vordereingang durch die Lagerhalle ist so verrammelt. Der hintere Eingang, der direkt in den Wohntrakt führt, ist zwar verschlossen, aber der Schlüssel hängt – wie verabredet – am Türrahmen. Drinnen, wo es bei unserem letzten Besuch so gemütlich warm und voller Leben war, empfängt uns diesmal nichts als Eiseskälte, Grabesstille und totale Finsternis. Als erstes nehmen wir deshalb die Fensterverkleidungen ab.

Das Stationsgebäude besteht aus einem etwa hundertfünfzig Quadratmeter großen Wellblechschuppen mit einem zweigeschossigen Wohntrakt im hinteren Abschnitt. Der Wohntrakt ist vorwiegend aus Holz und Preßplatten gezimmert und wie eine kleinere Schachtel in den Schuppen hineingesetzt. Dadurch entstehen Doppelwände und Doppelfenster, die gute Isolierung garantieren. Andererseits sorgen viele zersplitterte Fenster und die fingerbreiten Ritzen um die Rahmen für ständige unerwünschte Frischluftzufuhr.

Das obere Stockwerk des Wohntrakts beherbergt acht Schlafkammern mit jeweils zwei Stockbetten, außerdem einen großen Abstellraum mit übereinander gestapelten Bettgestellen, Matratzen und Wolldecken. Der schönste und wohnlichste Raum im Erdgeschoß ist der „Salon“, in dem ein kleines Sofa, zwei bequeme Sessel, ein Schreibtisch, zwei lange Eßtische und viele Stühle stehen. Zur Küche neben dem Salon gibt es eine Durchreiche. Wir haben vor, beide Räume mit dem großen gußeisernen Herd in der Küche zu beheizen. Von dem zusammengebastelten Gasofen mit dem im Raum endenden Abzug lassen wir vorsichtshalber die Finger, auch von den verrosteten Resten einer ehemaligen Zentralheizung ist nichts mehr zu erwarten. Unser

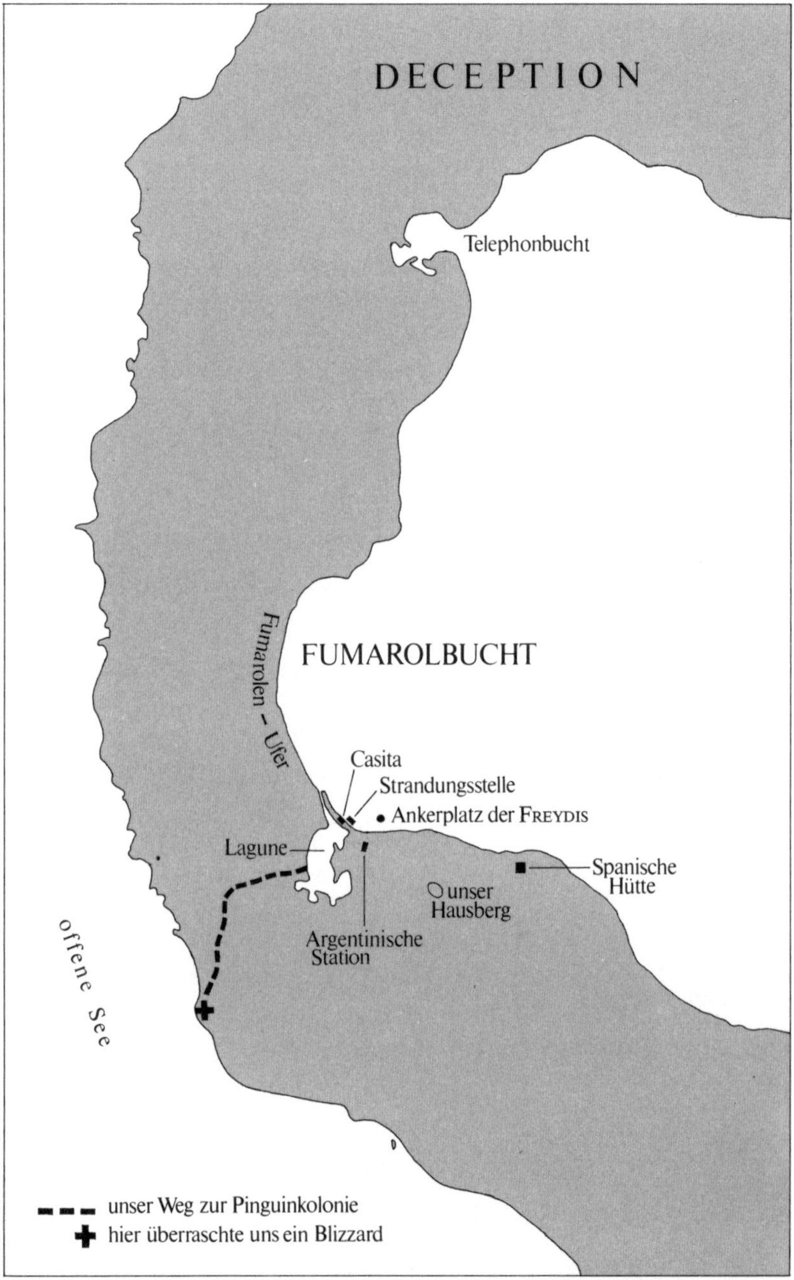

Karte der Fumarolbucht mit Stationsgebäuden

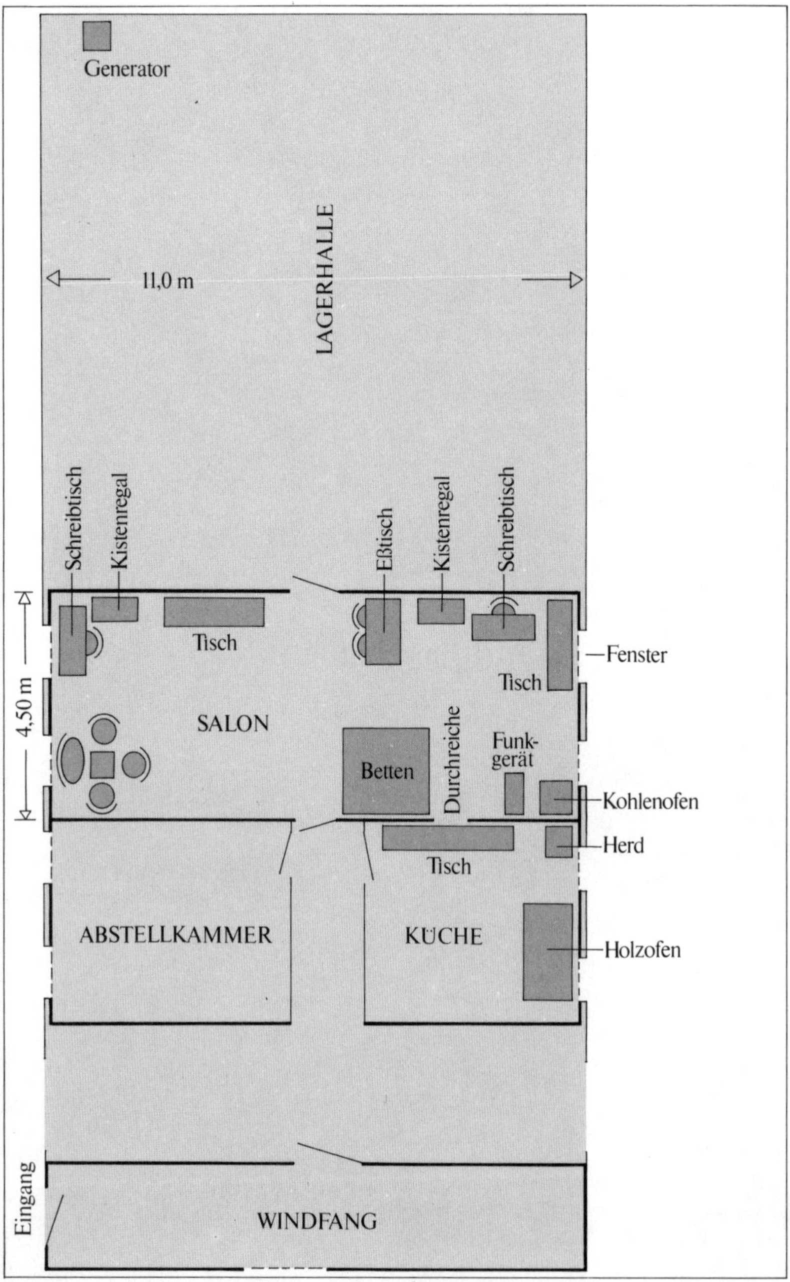

Lageplan der Wohnräume

Leben wird sich deshalb vorwiegend in Küche und Salon abspielen, was auch völlig ausreicht. Im kleineren Zimmer, wo im Sommer der Seismograph steht, und in der Abstellkammer daneben wollen wir unseren Proviant und einige Ausrüstungsgegenstände lagern. Die Toiletten sind alle zugefroren, die Duschen und Wasserhähne ebenfalls nicht benutzbar, weil das Wasser aus der Rohrleitung zum Brunnen natürlich abgelassen wurde, damit sie nicht einfriert. Vorn, in der großen Lagerhalle, von der eine Tür in den Salon führt, liegen ganze Stapel Rohre, Wellblechstücke und alle möglichen Ersatzteile; viele leere Fässer stehen herum. Im Sommer brummt hier der große Generator, der die Station mit Strom versorgt. Er wurde wie alle übrigen noch funktionierenden Maschinen, Werkzeuge und Ausrüstungsgegenstände sowie die Kücheneinrichtung am Ende des Sommers mit zurückgenommen; aber was soll's, wir haben ja alles Notwendige dabei.

Vor den Vulkanausbrüchen war diese Station lediglich eine gut ausgestattete Zufluchtshütte für den Fall, daß die Hauptstation nicht mehr bewohnbar wurde. Alle antarktischen Stationen, die wir kennengelernt haben, verfügen über derartige Ausweichhütten, die auch als Lager dienen. Die ehemalige argentinische Hauptstation liegt ein paar hundert Meter weiter zum Berg hin. Sie wurde zwar bei den Eruptionen nicht stark beschädigt, blieb aber doch viele Jahre unbewohnt und verrottete deshalb. Als die Argentinier schließlich später zurückkamen, mußte sie aufgegeben werden. Nur die kleinere Zufluchtstation konnte ohne großen Aufwand wieder hergerichtet werden, allerdings nur noch als Sommerunterkunft.

Natürlich bespreche ich auch mit Adélie unseren Umzug aufs Land. Sie sieht mich mit großen grünen Augen an und läßt durchblicken, daß es ihr an Bord zu kalt ist. Im übrigen gehört sie zu denen, die erst mal die Dinge an sich herankommen lassen, bevor sie sich äußern. Sie hat ja auch noch Zeit, denn die nächsten beiden Nächte wollen wir auf jeden Fall an Bord schlafen und Adélie erst mitnehmen, wenn wir die Station beheizen können.

Auf die Hauseinrichtung freue ich mich, brenne geradezu darauf und betrachte sie als Herausforderung. Ich bin gespannt, ob es uns gelingt, mit dem Mitgebrachten aus der einfachen Stationshütte ein behagliches Zuhause zu schaffen. Schon seit einigen Jahren haben wir uns Gedanken über diesen Abschnitt der Überwinterung gemacht, uns immer wieder ausgemalt, wie wir ein möglichst angenehmes Leben in dieser menschenfeindlichen Umgebung führen können. So einfach war es, darüber zu reden und Pläne zu schmieden. Sie aber jetzt in die Tat umzusetzen, ist doch eine recht mühsame Angelegenheit.

Was wir wollen, ist also klar: Hell und warm wollen wir es haben, wir wollen Kassettenmusik hören und Funkkontakt aufnehmen zu den umliegenden Stationen und zu unseren Segelkameraden von der Funkerrunde. Vielleicht bekommen wir sogar Verbindung mit Norddeich Radio. Noch nicht klar allerdings ist, wie wir das alles bewerkstelligen sollen.

Am nächsten Morgen stehen wir mit dem ersten Pinguinschrei auf – zum Glück sind Pinguine Langschläfer und krähen nicht. Das Wetter – etwas Sonne, Flaute und ruhige See – bringt die ideale Mischung für unseren Umzug. Alles nur eine Frage der Kondition: Die Kisten, Kästen, Kartons, Taschen und Seesäcke, vollgestopft mit Proviant, Kleidung, Bettwäsche, Büchern, Tellern, Tassen, Töpfen, Pfannen und Musikkassetten müssen erst mal ins Dingi geladen, an Land übergesetzt und einschließlich der dort deponierten Kohlekisten zur Station geschleppt werden. Mit jedem Gang werden unsere Rücken krummer, die Arme länger, die Beine schwerer – und der Tatendrang ist am Ende auf einem Tiefpunkt angelangt. Aber das Einrichten in der Station muntert uns dann wieder auf, und gegen die beißende Kälte hilft ohnehin nur Bewegung. Die meisten Stühle aus dem Salon stellen wir in den Gang. Die langen Eßtische rücken wir an die Wände und stapeln zunächst unsere Sachen darauf. Anschließend holen wir die Betten und Matratzen vom Lager und stellen sie an die noch freie Wand zur Küche. Und zu guter Letzt zimmert sich jeder ein persönliches Eckchen mit Schreibtisch und zwei übereinandergestellten Kisten als Bücherregal.

Die Lösung des Heizungsproblems wollen wir auf den nächsten Tag verschieben.

Die Sonne ist längst untergegangen, als wir wieder zur FREYDIS zurückrudern. An Bord ist es herrlich warm. Der Dieselofen erweist sich wieder mal als ideal, jedenfalls für die Beheizung kleiner Räume. Notfalls könnte er sogar auf der Station unsere Rettung sein. Adélie ist froh, daß wir wieder bei ihr sind. Als Belohnung fürs Wachegehen bekommt sie eine Extraportion Frischfleisch und zum Nachtisch die so heißgeliebten Katzenplätzchen. Ich möchte bloß wissen, welche Katzendroge da drin eingebacken ist. Aber weder das noch das wirre Durcheinander an Bord stört mich heute abend. Wie ein Maulwurf vergrabe ich mich in der Koje. Auf schöpferische Einrichtungsfragen, die Erich noch erörtern will, bekommt er an diesem Abend nur eine letzte erschöpfende Antwort: „Gute Nacht!"

Am nächsten Tag wird das Heizen für uns tatsächlich zum Problem. Das vorsintflutliche Ungetüm Herd in der Stationsküche ist mit seinem schlitzförmigen Abzug ein Holzfresser größten Kalibers. Mit Kohle verqualmt er die Küche und nimmt uns den Atem, bloß heizen will er sie nicht. Im Lager finden wir nur noch einen kleinen Stapel Holz, als Winterfutter viel zu wenig für diesen Vielfraß. Zum Glück haben wir unseren norwegischen Allesbrenner samt Ofenrohren über den weiten Ozean geschippert. Wir wollen ihn in den Salon stellen und einen Anschluß zum Kamin bauen, aber das ist leichter gesagt als getan. Ein ganzer Tag vergeht mit Bastelei. Erst am Abend holen wir das zentnerschwere Öfchen mit einem Schlitten aus der Casita. Und erst nach einem weiteren Tag glühen dann tatsächlich unsere Walfängerkohlen darin. Langsam, sehr langsam steigt das Thermometer im Salon. Abends zeigt es noch minus fünf Grad Celsius, nur in der Nähe des Ofens ist es angenehm warm.

Wir entschließen uns, hier zu schlafen und durchzuheizen. Es ist die erste Nacht, die wir im neuen Heim verbringen. Adélie ist von dieser Absicht nicht begeistert und schon gar nicht von der gepolsterten Tasche mit Reißverschluß, in die wir sie diesmal zum Übersetzen stecken. Sie stellt sich so widerspenstig an, daß man meinen könnte, der Leibhaftige persönlich sei in die Tasche gefahren. Durch nichts ist sie zu beruhigen. Aber wer ist schon Argumenten zugänglich, wenn er panische Angst hat? Später dann, auf der Station, ist sie aber mit allem einverstanden und kuschelt sich wohlig auf ihr Lager am Ofen, nachdem sie Salon und Küche gründlich in Augenschein und unter die Barthaare genommen hat. Als die Temperatur in der Nacht wieder sinkt, kriecht sie wie immer unter meine Bettdecke.

Damit es im Salon schneller warm wird, haben wir die Durchreiche zur Küche geschlossen. Es dauert aber trotzdem noch eine ganze Weile, bis endlich ein gemäßigtes Klima mit Plustemperaturen um zehn Grad herrscht. Das reicht uns schon, denn subtropische Temperaturen wollen wir dem kleinen Ofen, der jetzt tagaus, tagein fleißig vor sich hin bullert und dabei noch große Töpfe voll Wasser erhitzt, gar nicht abverlangen.

Das Wasser holen wir aus einem zwanzig Meter tiefen Brunnenschacht in einem Minihaus, nicht weit von der Station enfernt. Von den Argentiniern wissen wir, daß er auch im Winter nicht zufriert. So ein Brunnen ist wahrhaft antarktischer Luxus! Wann immer das Wetter es zuläßt, können wir Wasser mit dem Eimer über eine Talje hochholen, in Kanister füllen und nach Hause schleppen. Schneesammeln und Auftauen wäre da schon erheblich zeitraubender, unbequemer und würde unseren mitgebrachten Brennstoffvorrat gewaltig strapazieren. Auch mit dem Einrichten der Küche bin ich schon ein gutes Stück vorangekommen. Ich habe sogar aufwendige Mehrgänge-Menüs auf dem alten zweiflammigen Gasherd gekocht, der hier herumstand und sogar einen Backofen hat. Wir haben ausreichend Gas für die Überwinterung mitgebracht, so daß ich nach Herzenslust kochen und backen kann.

Weniger erfreulich ist, daß der Wind durch alle Ritzen und Rohrdurchlässe pfeift und dabei eine Unmenge Schnee in die Küche drückt. Gestern war die Hälfte des Bodens verschneit. Gerade als ich versuche, alles mit Klebeband abzudichten, höre ich ganz deutlich Schafe blöken. Ich traue meinen Ohren nicht. Schafe auf Deception? Im Salon freut sich Erich über seinen gelungenen Aprilscherz im Mai. Er hat den Recorder angeschlossen und mich mit der Kassette „Morgenspaziergang in einem fränkischen Dorf" überrascht. Auch das Miauen einer Katze – oder eines Katers? – ist zu hören. Adélie jedenfalls ist wie vom Donner gerührt und fängt an zu suchen. Um sie abzulenken, bastle ich aus einem alten Waschlappen eine Spielmaus, die wir dann an einem langen Faden hin und her ziehen oder von einem Ende des Salons zum anderen werfen. Adélie ist begeistert.

Von den vier Batterien zu je zweihundert Ampere auf der FREYDIS hat Erich eine ausgebaut und zur Station gebracht. Die drei an Bord verbliebenen werden mit dem Windgenerator geladen, die auf der Station halten wir mit dem kleinen Benzingenerator und einem Ladegerät betriebsbereit. Den Batteriestrom benötigen wir für unsere Funkanlage, einige Zwölf-Volt-Lampen – die wir installieren, damit wir nicht ständig den Generator für die 220-Volt-Beleuchtung laufen lassen müssen –, den Kassettenrecorder und zum Wiederaufladen der Batterien für Taschenlampen und Fotoapparate. Außerdem helfen uns noch als Licht- und Wärmespender mehrere Petroleumlampen, ein Petroleumkocher und -herd sowie dreihundert Liter Petroleum (alles mitgebracht). Damit sind wir weitgehend strom- und gasunabhängig, wenn's nicht gerade ums Funken geht.

Zwei Tage verbringen wir damit, die Funkanlage zu installieren. Wir verlängern die mitgebrachte Antenne und spannen sie zwischen Schornstein und Brunnenhäuschen, an dem wir eine hohe Leiter als „Sendemast" befestigen. Um das Funkgerät zu erden, rücken wir dem hartgefrorenen Boden sogar mit der Bohrmaschine zu Leibe.

Aber bei dem eiskalten Nordwind halte ich es im Freien nicht lange aus. Zehen und Fingerspitzen werden rasch pelzig, obwohl ich Schuhe mit Innenschuh und Handschuhe wie ein Boxer trage. Immer wieder flüchte ich mich in den Salon, um mich aufzuwärmen. Ich wundere mich über Erich, der es selbst mit nassen Handschuhen eine ganze Weile länger draußen aushält. Er muß Pinguinblut in den Adern haben. Wir haben schon den 12. Mai, und die Kälte hat alles in Windeseile im Griff. Im Gegensatz dazu dauert bei uns alles viel länger, als wir es sonst gewohnt sind. Die Dinge des täglichen Lebens sind wie erstarrt und leisten passiven Widerstand: Leinen lassen sich nicht mehr knoten, Fenster und Luken nicht öffnen, Rohre und Schläuche frieren dicht, Dosen platzen, Mayonnaise gerinnt, Käse zerbröselt, Öl fließt nicht mehr aus der Flasche, Batterien liefern keinen Strom, und auch der Generator streikt, weil sein Luftfilter zufriert. Und zu guter Letzt läßt sich nicht einmal mehr unsere chemische Toilette leeren. Um uns herum scheint die übrige Welt in tiefen, erholsamen Winterschlaf gefallen zu sein, mit Eisblumen und Eisdornen, wohin man schaut und greift. Nur wir rackern uns ab in diesem seltsamen Dornröschenschloß.

Am Abend soll die Einweihung der Funkanlage steigen. Und es klappt tatsächlich auf Anhieb! Elektrische Wellen scheinen nicht einzufrieren. Nacheinander bekommen wir Kontakt mit den Stationen Marsh, Jubany und Prat. Unsere Freunde wollen wissen, wie es uns geht, wo die Freydis liegt, wie wir uns einrichten, wie es auf Deception aussieht, was der Vulkan macht, welche Tiere wir noch sehen und vieles mehr. Hectór kündigt seinen Besuch mit dem Helikopter an, sobald das Wetter wieder besser ist. Der angeregten Unterhaltung setzt nur der immer schwächer werdende Batteriestrom ein Ende. Adélie hat es sich auf dem warmgelaufenen Funkgerät bequem gemacht, Funken ist auch für sie eine „heiße Sache".

Der Nordost wächst sich aus zum Sturm und hält uns fast die ganze Nacht lang wach. Immer wieder versucht er, die Station auseinanderzunehmen; mit wütenden Angriffen rüttelt er an ihrem Blechkleid und Fundament. Zweimal gelingt es ihm, sich Eintritt zu verschaffen, indem er brutal die Eingangstür und auch noch die Tür zum Gang aufschlägt und einen solchen Wirbel veranstaltet, daß uns Hören und Sehen vergeht. Nur mit viel Mühe kriegen wir die Türen wieder dicht. Anschließend verbarrikadieren wir uns regelrecht. Die Station hat schon viele solcher Stürme abgewettert, sie wird auch diesen heil überstehen.

Wirkliche Sorgen machen wir uns nur um die Freydis, die jetzt allein und ungeschützt da draußen auf dem Kratersee Sturm und Brechern ausgeliefert ist. Wir beten, daß ihr Anker hält. Sechzig Meter Kette haben wir gesteckt, das müßte reichen – theoretisch jedenfalls. Aber haben wir dabei auch alle Faktoren berücksichtigt? Ist der Ankergrund wirklich so gut, wie wir annehmen? Gibt es in der langen Kette auch tatsächlich kein schwaches Glied? Ist der Drahtvorläufer zwischen dem Poller auf dem Vorschiff und der

Ankerkette selbst auch stark genug dimensioniert, oder kann er bei diesen abrupten Bewegungen knicken oder reißen? Glücklicherweise ist unser 35-Kilo-Bügelanker aus einem Guß, denn wir haben schon zwei 30 Kilo schwere Original-CQR-Anker durch Bruch des Gelenks verloren.

Seit wir auf Deception wohnen, fegten schon mehrmals stürmische Winde über die Insel und peitschten die FREYDIS durch gischtende Seen. Immer hat der Anker gehalten, aber nun bekommen wir doch Zweifel... Wir nehmen uns vor, sofort nach dem Sturm die Kette auf neunzig Meter zu verlängern. Sicher ist sicher. Im ersten Dämmerlicht wagen wir uns vor die Tür und werfen einen Blick hinaus. Ein grausiges Bild. Auf weißen Schaumkronen tanzt eine völlig vereiste, gespenstisch weiße FREYDIS einen wilden Tanz. Aber zu unserer Erleichterung tanzt sie ihn wenigstens am richtigen Ort. Als der Wind gegen Mittag abnimmt, setzen wir mit dem Dingi durch die immer noch wilde Brandung zur FREYDIS über. Wir haben gelernt, nichts zu verschieben. Wer weiß denn, was noch kommt, und wie schnell? Wir verlängern die Kette und loten dann bei auflandigem Wind eine Wassertiefe von fünf Metern. Das ist optimal. Jetzt haben wir ein gutes Gefühl, beim nächsten Sturm müssen wir nicht mehr so zittern.

Mit Vorschlaghammer, Eispickel, Schaufel und Besen machen wir uns daran, die FREYDIS aus ihrem Eispanzer zu schälen. Das Deck ist durch den überkommenden Gischt gleichmäßig mit einer fünf bis zehn Zentimeter dicken Eisschicht bedeckt. Der Bugkorb hat sich in einen massiven Eisklotz verwandelt. Jedesmal wenn ein Klumpen abbricht und ins Wasser fällt, wippt und nickt unser Schiffchen, als sei es dankbar, daß wir es von seiner schweren Last befreien. Mit dem Eisklopfen machen wir erst Schluß, als wir die Hand nicht mehr vor Augen sehen. Bevor wir von Bord gehen, schauen wir nach, ob alle Seeventile geschlossen sind, kippen noch einmal Frostschutzmittel in sämtliche Auslässe und in die beiden Toiletten. Zuletzt stellen wir den Dieselofen ab, den wir täglich ein paar Stunden brennen lassen, um alles an Bord trocken und funktionsbereit zu halten. Am nächsten Tag macht Erich die FREYDIS winterfest.

Ich bleibe auf der Station, weil ich eines der großen Fleischpakete, die wir in Jubany bekommen haben, zu Wintervorrat verarbeiten will. Den ganzen Tag über bin ich damit beschäftigt, das gefrorene Fleisch zu schneiden, schnetzeln, salzen, würzen, panieren und in Wein, Essig oder Öl einzulegen. Erst sieht es in der Küche aus wie in einer Metzgerei, dann wie in einer Großkantine. Ich koche, brutzele, portioniere und fülle alles in Plastikdosen und -tüten ab. Dann verstaue ich die Portionen sorgfältig in einer Holzkiste, die ich einfach vor die Tür stelle, in unseren riesigen Gefrierschrank Natur. Räuber müssen wir nicht fürchten, es gibt hier keine Füchse und auch keine Eisbären, die uns den Braten klauen könnten. Selbst Adélie zeigt kein Interesse mehr. Satt und zufrieden liegt sie am Ofen und träumt vom Schlaraffenland.

Gegen Mittag haben wir zum ersten Mal Besuch aus der Luft. Eine chilenische Twinotter fliegt mehrfach über uns hinweg. Die Piloten winken uns zu, werfen aber leider keine Post ab. Wir freuen uns trotzdem. Über Funk erfahren wir von Hectór, daß die Herkules aus Punta Arenas, die jeden Monat einmal nach Marsh fliegt, erst in der kommenden Woche erwartet wird. „Also, beim nächsten Mal gibt's Post, ganz sicher!" tröstet uns Hector.

„Hauptsache, ihr werft sie nicht ins Wasser", warne ich ihn. „Bei dem Wind hier scheint mir das leicht möglich."

Ich erinnere mich an eine hübsche Postgeschichte, die ich auf der schottischen Insel St. Kilda hörte. 1985 waren wir mit der FREYDIS zu dieser einsamen Vogelinsel gesegelt, auf der nur ein paar Armeeangehörige lebten. Die kleine Garnison erhielt ihre Post ebenfalls aus der Luft. Als wir eines Abends mit dem Captain und seinen Leuten beim Guinness zusammensaßen, erzählte er uns die Geschichte des wohl tapfersten Teddybären Großbritanniens.

Weil die abgeworfenen Postsäcke wegen der starken und böigen Winde gelegentlich ins Wasser statt auf die Insel fielen, hatte ein Pilot die gute Idee, vor dem Sack einen etwa gleichschweren Teddybären als Testobjekt abzuwerfen. Landete er auf der Insel, so flog der Postsack hinterher. Der kleine Stuntman wurde bald zum Maskottchen der Station, und die Frauen der Armeeangehörigen strickten für ihn liebevoll warme, weiche Kleidung. Fünfundzwanzig Einsätze klappten vorzüglich, aber beim sechsundzwanzigsten prallte das Bärchen auf einen so harten Felsen, daß seine Freunde nur noch Überreste einsammeln konnten. Der Teddy – posthum zum Sergeanten befördert, weil er sich im Dienst der Armee „verschlissen“ hatte – wurde mit allen militärischen Ehren beigesetzt.

Die Neugier treibt uns zur alten Station. Auch dort sind sämtliche Fenster vernagelt, die Petroleumlampe leistet uns deshalb gute Dienste. Obwohl der Zahn der Zeit überall kräftig genagt hat, ist den Räumlichkeiten noch immer anzusehen, daß sie einst großzügig ausgestattet, bequem und wohnlich waren. Ansonsten sieht sie so aus, wie verlassene Stationen in der Antarktis eben ausschauen. Das Dach ist zwar an vielen Stellen undicht, aber einige Räume könnte man durchaus wieder herrichten. Möbel stehen noch da, im Keller lagern große Mengen Proviant mit Verfallsdatum 1970. Apotheke und Krankenzimmer sind noch vollständig eingerichtet (in den Schränken stapeln sich Arzneimittel), ebenso die Werkstatt und einige Schlafzimmer. Im Waschraum liegen noch Berge von Seife, Klopapier und Reinigungsmittel. In der Küche steht ein ganzer Haufen Geschirr. Der Salon muß ein heller, gemütlicher Raum gewesen sein, mit großen, in schönem Holz gefaßten Fenstern, die den Blick auf den Kratersee freigaben. Im Gang steht eine Tischtennisplatte, im Arbeitsraum des Meteorologen liegen noch alte Wetterkarten und Barographenkurven, im Zimmer daneben finde ich ein Album mit Schellackplatten, obenauf „A Little Bit of Happiness“. Im alten Heizungskeller entdecken wir zu unserer Freude noch einige Säcke voll Holz. Gut zu wissen, daß wir hier notfalls eine Reserve haben. Als wir wieder zurückkommen, steht eine schneeweiße Antarktistaube (Scheidenschnäbler) auf meiner Bratenkiste, und was sie im Schnabel hält, ist kein Ölzweig. Es gibt also doch Räuber hier!

„Das bedeutet nichts Gutes.“ Erich runzelt die Stirn, als er am Morgen auf die Barokurve blickt, die beinahe lotrecht abfällt. „Ich muß mich beeilen, wenn ich noch an Bord will, sonst schaff' ich's nicht mehr zurück, bevor es losgeht.“

Auch ich habe Bedenken. Erich verspricht, auf der FREYDIS nur einen Ölwechsel an der Hauptmaschine zu machen, den Windgenerator zu sichern und bald wieder zurückzukommen.

Draußen erwartet uns eine Szenerie wie aus dem Traum eines Fieberkranken. Die Sicht ist extrem gut, alles überdeutlich scharf gezeichnet und so blaugrau wie durch einen Filter gesehen. Der Himmel, die Berge, der Schnee, das Eis, die Lagune, der Kratersee – alles blaugrau in verschiedenen Abstufungen; das Wasser ist ölig glatt und schwer wie Quecksilber. Aber es ist etwas anderes, das ich als so beunruhigend empfinde. Ich spüre eine Leere, weiß aber nicht, weshalb. Ich sehe mich um und lausche angestrengt. Plötzlich weiß ich es: Wir haben Flaute! Es ist der Wind, der fehlt, das Heulen seiner Meute, die sonst immerzu ums Haus jagt. Mit dieser Bedrohung haben wir inzwischen leben gelernt. Die Stille aber ist beängstigend wie das Atemholen eines Ungeheuers.

Kurz nach Mittag zerreißt das Blaugrau. Böen donnern wie Warnschüsse von den Bergen herab, peitschen den Schnee hoch in die Luft und reißen die See aus ihrem bleiernen Schlaf. Das Dingi, das Erich achtern an der FREYDIS festgebunden hat, bäumt sich auf und legt sich auf den Bauch. Nur gut, daß wir uns angewöhnt haben, den Außenborder an der Bordreling zu befestigen, wenn das Dingi leer ist, sonst wäre er sicher auf Tiefe gegangen. Der Wind kommt aus Ost, die Böen sind schräg auflandig. Sie blasen Erich mit dem Dingi rasch wieder an Land, und als Beute behalten sie nur seine Mütze. Ich bin froh, als er heil zurück ist.

Gegen Nachmittag geht der Tanz aber erst richtig los, und deshalb nimmt auch wieder unsere Sorge um die FREYDIS zu, trotz der Neunzig-Meter-Kette. Der Sturm heult in den höchsten Tönen, und die Station zittert wie bei einem mittleren Erdbeben. Immer diese Oststürme! Nur sie führen zu gefährlicher Vereisung. Die Weststürme sind ablandig, dabei kann sich kein Gischt bilden, der gefrieren würde.

In der Nacht schlafen wir wieder wenig. Unsere Furcht davor, daß die Verankerung nicht hält und die Vereisung das Schiff kopflastig werden oder vielleicht sogar kentern läßt, ist zu groß. Wieder rotieren die gleichen Fragen in unseren Köpfen wie beim ersten

Sturm: Haben wir wirklich keinen Schwachpunkt übersehen? Nein – die Verankerung ist optimal, sie wird halten. Und doch überlegt Erich, daß wir noch einen zweiten Anker ausbringen sollten, und sei es nur, um sorgenfreier schlafen zu können: „Immerhin sind zwei Anker besser als einer." Womit er zweifelsohne recht hat.

Von Hectór wissen wir, daß der Kratersee im Winter vollständig zufriert. Wir können uns das eigentlich nicht so recht vorstellen, weil das Wasser durch die Stürme ständig umgewälzt wird. Bei Flaute konnten wir zwar beobachten, wie sich schon innerhalb eines Tages auf der Oberfläche Pfannkucheneis bildete, aber nach dem nächsten Sturm war es wieder verschwunden. Es muß wohl so sein, daß zunächst Meereis-Schollen, die weiter südlich in ruhigerem Wasser entstanden sind, vom Wind durch Neptuns Blasebalg gedrückt werden. Sie glätten das Wasser im Kratersee, das dann mit den Schollen zu einer stabilen Eisdecke zusammenfrieren kann.

Wir fragen uns, wie lange es wohl noch dauert, bis das Eis kommt, das uns einschließt und gleichzeitig schützt. Dann liegt FREYDIS wie in Prat auch beim schlimmsten Sturm hier ruhig und friedlich. Dann gibt es kein Zerren mehr an der Kette, keine Wellen, kein Spritzwasser, das zu Decksvereisungen führt, nur noch Schnee, und der kann dem Schiff nichts anhaben, weil er immer wieder weggepustet wird.

Zunächst beschließen wir, einen zweiten Anker auszubringen, sobald der Sturm sich gelegt hat. Endgültig können wir die FREYDIS erst verankern, wenn wir die restliche Kohle von der Walfängerbucht geholt haben. Dann wollen wir zusätzlich Festmacher zum Land hin ausbringen, die uns gegen ablandige Stürme aus West schützen; dreihundert Meter eines starken Drahtseils haben wir dafür schon bereitgelegt. Natürlich überlegen wir auch, ob wir das Schiff für den Winter nicht besser in die Telephonbucht legen sollten. In diesem tiefen Mini-Kratersee mit der schmalen Einfahrt wäre es zweifellos am besten geschützt. Aber die Telephonbucht ist fünf Kilometer von der Fumarolbucht entfernt. Das wäre ein langer Weg für das Dingi und ein noch längerer zu Fuß am Ufer entlang, wenn der See zufriert. Außerdem gehört die Telephonbucht als vulkanisch jüngstes Gebiet zu den von Wissenschaftlern besonders geschützten Gebieten auf Deception, und obwohl wir dort keinen Schaden anrichten würden, „liegt“ uns dieser Ankerplatz einfach nicht.

Zu Mittag kein Sturm mehr. Sofort sind wir als bewährte Zwei-Mann-Brigade der Eispanzerknacker mit unseren Werkzeugen wieder auf der FREYDIS. Den ganzen lieben kurzen Tag, immerhin von zehn bis siebzehn Uhr, klopfen, schaufeln und kratzen wir, bis es knackt, nicht nur im Eis, sondern auch im Kreuz und in den Armen. Eine Schaufel rutscht mir aus der Hand und fällt über Bord. Eine von unseren beiden so überaus kostbaren Schaufeln! Es ist nicht das erste Mal, daß wir es bedauern, aus Platzmangel und wegen der Kosten einen Trockentauchanzug von unserer Ausrüstungsliste gestrichen zu haben.

Und es stürmt schon wieder! Was haben wir uns da für eine windige Ecke ausgesucht! Ich kann nur hoffen, daß es nicht den ganzen Winter hindurch so weitergeht. Erst als der Wind wieder abflaut, können wir den zweiten Anker mit dreißig Meter Kette und ebenso langer Trosse werfen. Aber er bringt uns keine Ruhe, im Gegenteil! Schon am nächsten Tag merken wir, welchen Mist wir da gebaut haben. Weil FREYDIS bei dem häufig umspringenden Wind stark schwojt, haben sich Tau und Kette des zweiten Ankers mit der Kette des ersten zu einer heillosen Wuhling vertörnt, die jetzt tonnenschwer unter dem Bug hängt. Wir hoffen inbrünstig, daß bloß kein Sturm kommt, bevor wir das Kuddelmuddel entwirren können. Von früh bis spät schuften wir wieder an Bord. Meter für Meter holen wir die Ankertrosse über die große Winsch ein. Langsam kommt auch das ganze übrige Durcheinander ans Tageslicht und wird in mühseliger und zeitraubender Puzzlearbeit klariert. Dabei müssen wir höllisch aufpassen, daß die Trosse nicht reißt und wir mitsamt dem Kettenknäuel über Bord gehen. „Das war das längste Anker-auf-Manöver, das wir je hatten“, stöhnt Erich, als wir am Abend endlich den zweiten Anker an Deck hieven und die FREYDIS wieder an dem einen klarierten Anker schwojt.

Die Tage verfliegen, und im Nu sind fast drei Wochen vergangen – ausgefüllt mit den allereinfachsten Notwendigkeiten, um unser Überleben zu sichern. Tagein, tagaus sind wir gefordert und denken an nichts anderes als an das Nächstliegende: welche Arbeiten wo und wie zu erledigen sind, ob und wann es Sturm gibt, ob ein Flugzeug kommt, ob es Post abwirft... Unsere Probleme sind alle greifbar nahe, ganz praxisverbunden. Sie beschäftigen sich mit dem Anker, der Antenne, mit dem Wind und dem Ofen. Andere Sorgen haben wir nicht. Wir leben für den Augenblick, denken wenig an die Zukunft und noch weniger an die Vergangenheit. Wir leben einfach und vergessen uns dabei selbst.

Nie aber möchte ich diese Tage missen, sie als klang- und farblos bezeichnen – im Gegenteil. Sie sind voll kleiner Erfolgs- und Glückserlebnisse. Was ist das doch am Abend für ein stolzes und zufriedenes Gefühl, wenn wir nach einem harten Tag wieder ein Stück vorwärts gekommen sind! Welches Wohlbehagen macht sich breit, wenn wir im Schein der eben installierten Zwölf-Volt-Lampen zu Abend essen, gemütlich warm am selbsteingebauten Ofen ausruhen, während es draußen Stein und Bein friert, oder wenn wir das ungechlorte Wasser trinken, das wir selbst aus dem Brunnen geholt haben, wenn wir Kontakt zu Freunden über eine selbstverlegte Antenne herstellen, ohne daß ein Telefon klingelt... Und – last not least – welche Erleichterung ist es, die Stürme nicht mehr seekrank auf der FREYDIS abwettern zu müssen!

Die Station ist jetzt soweit eingerichtet, daß wir darin leben können, ohne etwas Wesentliches zu entbehren. Wir sind gerüstet. Nun müssen wir nur noch unseren Kohlenvorrat aufstocken und den restlichen Teil an Ausrüstung und Proviant an Land schaffen, dann kann der Winter kommen.

Und er kommt schon bald – schlimmer, als wir uns das je hätten träumen lassen.

Unser schwarzer Freitag

Der Tag beginnt so harmlos – Kohle holen für den Winter – Die Pinguine wissen Bescheid – Strandung im Orkan – Panische Angst – Sekunden entscheiden – Ist die FREYDIS verloren?

„Es gibt Strandungen und Strandungen, aber ich kann ruhig sagen, daß ein Seemann in neunzig von hundert Fällen am liebsten auf der Stelle tot wäre.“ (Joseph Conrad)

Wenn das Wetter es zuläßt, haben wir für den nächsten Tag mit der FREYDIS einen Abstecher zur Walfängerbucht geplant, um dort noch einmal Kohle zu holen. Es soll die letzte Pflichtübung vor unserer eigentlichen Überwinterung werden. Jetzt gilt es nur noch, ausreichend Heizmaterial heranzuschaffen für den Winter.

Er fängt so harmlos, dieser Freitag im Mai. Der allmorgendliche Blick aufs Barometer läßt keinen Wetterumschlag erkennen. Die Feder zieht eine nichtssagende, horizontale Linie über die Trommel. Auf dem Thermometer vor der Haustür lese ich minus fünf Grad ab: eine überraschend milde Temperatur im Vergleich zu den vorausgegangenen Tagen.

Um neun Uhr wird es langsam heller, aber der Himmel bleibt grau. Leichter Westwind wirbelt ein paar Schneeflöckchen spielerisch durch die klare Luft. Nichts spricht gegen unser Vorhaben, also machen wir uns gleich an die Arbeit, um den kurzen Tag auszunutzen, denn um sechzehn Uhr dreißig wird es bereits wieder dunkel.

In mehreren Fahrten setzen wir die leeren Holzkisten, die wir schon am Vorabend bereitgestellt haben, zur FREYDIS über. Es sind die Kisten aus Jubany und gleiche Kisten, die wir hier auf der Station gefunden haben, insgesamt sechsundzwanzig Stück. Weitere zehn davon haben wir bereits bei unserem letzten Besuch in der Walfängerbucht zurückgelassen. Auf der FREYDIS stapeln wir die Kisten zweilagig vorn und achtern. Anschließend befreien wir unser Containerschiffchen von seinem schweren Ankergeschirr, wobei wir die Kette an einem leuchtend roten Ballonfender vertäuen, einer weithin sichtbaren Boje.

Die Sonne blinzelt matt durch die Wolken und gibt dem düsteren Kratersee ein fast freundliches Aussehen. Die vier Meilen bis zur Walfängerbucht werden eine angenehme Vormittags-Spazierfahrt, und am Ziel hält diesmal der Anker sofort, trotz des steil abfallenden Ufers. Bei leichtem, ablandigem Wind können wir sogar dicht am Ufer ankern.

In der Bucht bietet sich uns ein für diese Jahreszeit seltenes Schauspiel. Das Strandleben ist hier noch in vollem Gange, als hätten wir nicht Mai, sondern Januar. Hunderte von Eselspinguinen tummeln sich an Land und im Wasser, wo wir vor drei Wochen kaum noch eine Handvoll von ihnen angetroffen haben. Das ist um so erstaunlicher, als in der Fumarolbucht morgens kein einziger zu sehen war. Wir können uns die Versammlung nicht erklären, freuen uns aber über die unerwartete Gesellschaft dieser lustigen Wichte. „Sie scheinen hier so etwas wie ein Vereinstreffen abzuhalten“, sage ich vergnügt, während wir uns einen Weg durch die feierlich befrackten Zuschauer zur Kohlenhütte bahnen.

Dort sieht es schlimm aus. Seit unserem letzten Kohlebunkern ist viel Schnee durch die offenen Fenster und Türen sowie die Löcher im Dach gedrungen und hat die Kohle zugedeckt. Außerdem ist sie durch Eis fest zusammengebacken. Wir hacken, schaufeln, schleppen und sehen nach kurzer Zeit wie zwei Bergleute aus. Volle fünf Stunden schuften wir ohne Pause, und der Schweiß fließt in Strömen. Dummerweise haben wir den Schlitten vergessen. Die gefüllten Kisten zuletzt noch zweihundert Meter weit vom Kohlenlager zum Ufer zu tragen, ist aber eine solche Schinderei, daß ich mich auf die Suche nach einem Schlittenersatz mache. Im ehemaligen Flugzeughangar finde ich ein Stück Wellblech und ein langes, dickes Kabel, das ich durch eines seiner vielen Rostlöcher ziehe. Erichs Bandscheiben danken es mir.

Vier Kisten packen wir auf die FREYDIS, sechs ins Dingi, das wir wie schon beim letzten Mal hinter uns herziehen wollen. Die übrigen sechzehn Kisten lassen wir im Kohlenlager zurück, um sie am nächsten Tag abzuholen, falls das Wetter wieder mitspielt. Mit unserem Tagewerk sind wir vollauf zufrieden. Die fünfundzwanzig Zentner erstklassiger Waliser Kohle in unseren Kisten würden ausreichen, um unsere Zwei-Zimmer-Station achtzehn bis fünfundzwanzig Wochen zu beheizen. Alles ist wieder einmal genau berechnet, zeitlich festgelegt und bis zum i-Tüpfelchen durchorganisiert. Erich ist in seinem Element. „Mal ein Tag, an dem alles so richtig flutscht“, lacht er vergnügt und verschwitzt.

Die Pinguine, deren Zahl während unseres Aufenthalts noch zugenommen hat, planschen und tauchen um die FREYDIS herum, als gäbe es hier etwas gratis. „Ark, ark!“ kommentieren sie unser Anker-auf-Manöver. Richtig schön ausgearbeitet und wohlig müde fahren wir los und freuen uns auf einen gemütlichen Feierabend in unserer Station. Dann aber frischt der Wind auf. Seit Mittag hat er über Nord weiter nach rechts gedreht. Eigenartig diesig wird es. Wir können bereits die spanische Station am Eingang der Fumarolbucht erkennen, als urplötzlich Böen aus Ost über die FREYDIS herfallen und rasch bis auf Sturmstärke zunehmen. Wie Bösewichte, die sich auf die Lauer gelegt haben, überraschen sie uns nun mit tückischen Angriffen am ungünstigsten Ort der Insel: mitten auf dem Kratersee. Wo sollen wir uns hier verstecken? Schroffe Vulkanwände erheben sich auf allen Seiten steil aus dem Wasser und gewähren nirgends Unterschlupf, gerade so, als paktierten sie mit dem Sturm.

„Muß es uns denn gerade heute so schlimm erwischen, wo wir unser Arbeitspensum schon übererfüllt haben?“ mosere ich, während ich eilig Ferngläser und andere gefährdete Gegenstände kentersicher unter Deck verstaue. Noch vor zehn Minuten wäre uns der Gedanke an einen Sturm völlig abwegig erschienen – und jetzt ist er voll im Gange, peitscht das Wasser mit solcher Gewalt auf, daß sich innerhalb von Minuten eine steile, kurze See aufbaut. Zu meinem Entsetzen steigt sie auch in unser Dingi mit den Kohlenkisten ein.

Die Temperatur sinkt wieder auf antarktische Tiefen, und zusammen mit dem Wind wird es bestialisch kalt. Gischt treibt waagrecht über See und Schiff. Das wilde Klagelied des Sturms in den Ohren, jagen wir wie gehetzt zu unserer Bucht. Die Sicht wird immer schlechter, die See gröber. Aber wir wissen genau, wo unser Muringfender liegt, und können ihn dann auch nicht weit voraus hin und her hüpfend zwischen den Schaumkronen erkennen. In dem Sturm ist er unsere einzige Hoffnung. An ihm hängt die schwere Ankerkette, die Sicherheit für das Schiff und auch für uns verspricht. Aber wie sollen wir ihn bloß zu fassen bekommen? Die FREYDIS hackt wild durch die Seen, ihr Bug fliegt hoch in die Luft und fällt dann wieder krachend in die Wellentäler. Es scheint fast unmöglich, den Fender zu erwischen, aber wir müssen es versuchen und nehmen Anlauf.

Als wir den Fender dicht an der FREYDIS haben, drehen wir sie in den Wind, aber sie wird immer wieder von den Böen erfaßt und abgetrieben. Erich angelt am Bug verzweifelt mit dem Pickhaken nach der Fenderleine. Endlich, beim dritten Anlauf, bekommt er sie zu fassen. Ich will schon aufatmen, da bäumt sich die FREYDIS auf und reißt sie ihm wieder vom Haken. Damit beginnt das Unheil erst richtig. Der Fender rutscht an der Bordwand entlang nach achtern. Auf keinen Fall darf die Fenderleine jetzt in den Propeller geraten! Also volle Kraft zurück! Zu spät... Der Fender sitzt achtern schon fest. Kurz darauf sehen wir ihn davontreiben. Der Propeller hat die Leine durchschnitten. Neunzig Meter Kette liegen nun samt Anker auf dem Grund, läppische fünf Meter tief, aber unerreichbar für uns. Auch das Dingi mit der Kohle ist nicht mehr zu sehen, es hat sich wohl losgerissen. Doch schon kommen viel schlimmere Sorgen auf uns zu.

Durch die Rückwärtsmanöver sind wir zu nahe ans Ufer geraten, und die Orkanböen drücken uns nun unaufhaltsam weiter nach Steuerbord, geradewegs in die Brandung. Die Gefahr läßt uns alle Strapazen des Tages vergessen, macht uns hellwach, mobilisiert alle Kraftreserven. Die Zeit, einen zweiten Anker zu werfen, bleibt uns nicht mehr. Verzweifelt versuchen wir Raum zu gewinnen, aber der Motor ist zu schwach, um gegen diesen Sturm von achtzig bis neunzig Knoten anzukommen. Der Bug will einfach nicht nach Backbord drehen! Statt dessen driftet die FREYDIS immer weiter nach Lee, in die brodelnde Brandung hinein. Rums – der erste Aufsetzer! Gleich darauf der zweite, der dritte. Wie wild kurbelt Erich das Schwert hoch.

„Gib Gas!“ brüllt er. „Jetzt geht's um alles!“

Aber der Gashebel war schon lange auf Anschlag. Der Motor läuft heiß, die Alarmsirene heult auf. Alles vergebens. Die FREYDIS wird weiter auf den Sand geknallt, durchgeschüttelt, über Steine geschoben. Brecher rollen über sie hinweg, überschwemmen das Cockpit. Eine solche Sintflut stürzt über uns herein, daß ich schon glaube, wir würden kentern und untergehen.

Wir flüchten uns in die Messe und verrammeln den Niedergang. Ich zittere vor Kälte und Angst. Erich versucht, mich zu beruhigen: Die FREYDIS ist stark gebaut, sie hat gute Chancen, diese Strandung heil zu überstehen. Wir haben Niedrigwasser und müssen hoffen, daß uns die Brandung mit der Flut höher aufs Ufer setzen wird. Vielleicht können wir dann sogar bei ablaufendem Wasser trokkenen Fußes an Land kommen. Der Mond war gestern fast rund, also ist eine hohe Tide zu erwarten.

Wir legen uns auf die Messekojen, nachdem wir trockene Kleidung angezogen haben, und kriechen in unsere Schlafsäcke. Obwohl die Schiffsvereisung durch die ständig überkommenden Seen beunruhigend rasch zunimmt, ist die Situation noch nicht kritisch. Aber die beißende Kälte, die ständigen Stöße auf Grund und das Heulen des Sturms lassen uns keine Ruhe finden. Als die Flut kommt, wird auch die Gewalt der Brecher stärker. Wie schwere Rammböcke prallen sie gegen die Bordwand, heben das fünfundzwanzig Tonnen schwere Schiff einen halben Meter in die Höhe und lassen es ruckartig wieder auf Sand und Steine fallen. Was für eine Zerreißprobe für die FREYDIS! Mit jedem neuen Stoß wächst auch meine Angst, daß ihr Rumpf zerschlagen, ihr Mast brechen könnte. Wenn die Brecher eine kurze Pause einlegen, um neue Kraft zu sammeln, hören wir den Wind um so lauter heulen, unheimlich und drohend. Noch nie habe ich mich Naturgewalten so hilflos ausgeliefert gefühlt, noch nie Natur so sehr als Feind empfunden. Die Pinguine in der Walfängerbucht haben gewußt, daß es einen bösen Sturm aus Ost geben würde, sie kennen die hiesigen Gesetze. Deshalb sind sie instinktiv in die geschützteste Bucht des Kraters geflüchtet. Hätten wir doch ihre Versammlung richtig gedeutet, als Warnung verstanden!

Stunde um Stunde vergeht – entsetzlich lange, bange Stunden. Die wütenden Angriffe der Brecher, die Finsternis und die Ungewißheit über das, was in der nächsten Minute geschehen wird, zermürben unsere Nerven. Ich hoffe und bete, daß dieser fürchterliche Sturm sich endlich legt, aber statt dessen verstärkt er sein Wüten noch. Um Mitternacht hören wir einen dumpfen Schlag an Deck, wie vom Fallen eines schweren Gegenstandes. Das war wohl der Windgenerator, der durch die fortwährenden Stöße aus seiner Halterung gebrochen ist.

Von achtern dringt nun zunehmend Wasser ins Schiff. Erich sucht nach dem Leck. Es sind überbrechende Seen, die ungehindert durch unsere sonst wasserdichten Luftschächte in Maschinenraum, Ölzeugschapp und Achterkammer laufen. Diese Doradelüfter sind bei der Überquerung der Drakestraße für den Fall einer Kenterung vorsorglich abgedichtet worden. Erst vor kurzem haben wir sie wieder geöffnet, damit die Luft zirkulieren kann. Nun zirkuliert das Wasser.

Die elektrische Bilgepumpe arbeitet ununterbrochen, wird aber nicht fertig mit dem Wassereinbruch. Wir wechseln uns deshalb an den Handlenzpumpen ab.

Erich bekommt mehrfach schmerzhafte Muskelkrämpfe am ganzen Körper. Bei der Schwerarbeit in der Walfängerbucht hatte er stark geschwitzt, aber seit dem Frühstück nichts gegessen und getrunken. Nun würgt er salzige Brühwürfel hinunter und trinkt literweise Wasser mit Trockenmilch. Glücklicherweise treten danach keine Krämpfe mehr auf.

Zwei Uhr morgens. Das Wasser im Schiff steigt langsam. Fast ununterbrochen stehen wir jetzt an den Pumpen. Die FREYDIS legt sich immer stärker nach Backbord über. Wir befürchten, daß sie durch die extreme Vereisung plötzlich ganz kentern könnte. Aber nach draußen gehen und das Eis wegklopfen wäre bei dem Orkan und den überbrechenden Seen lebensgefährlich und völlig unsinnig, denn das Eis wächst viel schneller, als wir es je abschlagen könnten.

„Noch sind wir hier sicher“, beruhigt mich Erich, als er meine Angst sieht. „Aber wir sollten vorbereitet sein, falls etwas Unvorhergesehenes geschieht und wir schnell von Bord müssen.“

Ich bin überzeugt, daß wir dann kaum eine Chance haben. Trotzdem ziehe ich hastig und mit klammen Händen den alten Naßbiber, den Erich herauskramt, unter Wolle und Ölzeug. Erich hüllt sich in mehrere Lagen Segelkleidung. Die Rettungswesten legen wir griffbereit und auch ein langes Tau, mit dem wir uns im Ernstfall untereinander verbinden wollen.

Plötzlich höre ich ein Sprudeln, stetig und kräftig. „Was ist das?“ Ich ahne Unheil.

Erich reißt die Bodenbretter hoch. Eine Fontäne schießt vor der Navigation in die Höhe wie ein böser Geist, dessen Flasche entkorkt wurde.

„Einen Lappen“, ruft Erich, „irgend etwas zum Stopfen, schnell!“

Ich gebe ihm, was ich in der Eile raffen kann: Küchentücher, Socken, Schwämme – aber nichts hält. Der Blindstopfen vom Sumlog ist zertrümmert und hat ein Loch von fünf Zentimetern Durchmesser hinterlassen. Normalerweise ist dieser Auslaß auf der Steuerbordseite gut geschützt, weil er einen halben Meter hoch liegt. Beim Trockenfallen sind deshalb noch nie Probleme aufgetreten. Aber nun hat sich die schwere FREYDIS unter dem Keulenhagel der Brecher eine so tiefe Wanne gegraben, daß der Blindstopfen seitlich auf Grund schlug. Während unserer Dichtungsversuche dringt sehr viel Wasser ein. Auf der Backbordseite schwimmen die Bodenbretter auf, und die untersten Schapps werden überschwemmt. Erich stellt sich auf das Loch. „Einen Gummi- oder Holzpflock brauchen wir“, fordert er.

Fieberhaft suche ich zusammen, was ich in dieser Art finden kann. Besenstiele, Werkzeuggriffe – sie sind alle zu klein, auch mit Tüchern umwickelt werden sie wieder herausgedrückt. Mir fällt der Holzkreisel ein, den Raimondo in Prat gedrechselt und uns geschenkt hat. Er paßt! Wir klopfen ihn mit dem Hammer hinein, bis er festsitzt. Einen Moment atmen wir auf, schöpfen neuen Mut, pumpen wie verrückt. Aber die See macht unsere Hoffnung schon bald zunichte. Von einem der nächsten Brecher wird die FREYDIS wieder auf Grund geworfen, der Stopfen zersplittert. Alles scheint sich gegen uns verschworen zu haben.

Solange die Stöße in der Brandung andauern, würde kein Stopfen der Welt halten, das wird uns jetzt klar. Auch unsere guten Lecksegel sind in diesem Fall natürlich nicht zu gebrauchen. Erich preßt eine Gummiplatte mit dem Fuß gegen das Loch – stundenlang verharrt er so. Gleichzeitig pumpt er, denn das Loch liegt in der Nähe der Pumpe am Niedergang. Wir wollen nicht aufgeben, pumpen beide, bis wir schweißnaß sind und danach auskühlen. Erschöpfung macht sich bemerkbar.

Und das Wasser im Schiff steigt unaufhaltsam weiter. Eiskalt läuft es in Erichs Stiefel, klettert hinauf bis zu seinen Knien. „Ich kann nicht mehr!“ ruft er verzweifelt. „Meine Füße sterben ab!“ Es ist ein entsetzlich bitterer Entschluß, den Fuß vom Loch zu nehmen, dem Feind das Feld endgültig zu überlassen.

Wie gelähmt sitzen wir auf der oberen Messekoje, in voller Montur und verbunden mit einem langen Tau. Schweigend sehen wir zu, wie das Wasser schlürfend und gurgelnd von unserem Zuhause Besitz ergreift. Obwohl es hier nichts mehr zu retten gibt, wollen wir nicht von Bord gehen. In der Sturmnacht durch die tosende Brandung – der Gedanke schreckt uns beide. Wenn irgend möglich, wollen wir aufs Tageslicht warten, damit wir uns orientieren können. Andererseits besteht aber die Gefahr, daß das Schiff durch die Vereisung kentert oder in der Brandung auseinanderbricht und wir dann gar nicht mehr herauskommen. Zwischen

Scylla und Charybdis können wir uns nicht entscheiden. Kälte, Hunger und Erschöpfung machen uns benommen, fast apathisch.

In der Messe wölben sich die Polster nach oben, als würden sie von Geisterhand bewegt, und beginnen zu schwimmen. Spülmittelflaschen, Handschuhe, Wollsocken, Päckchen mit Trockenhefe, eine angebrochene Trockenmilchdose, die Pumpe aus dem Dingi, Plastiktaschen, eingeschweißte Notraketen, Wasserkanister, Thermoskannen, Taschenlampe, das abgerissene Echolot, Suppentüten, Federkissen, Bodenbretter – alles schwappt hin und her wie ein großer Eintopf und zieht an mir vorbei: ein böser Traum, aus dem es kein Erwachen gibt. Ohnmächtig müssen wir das Chaos mitansehen, die Zerstörung unserer Habe dulden.

Das Achterschiff, das sich besonders tief in den Sand gegraben hat, ist voll geflutet. In der Messe stehen Küche und Backbordkojen unter Wasser. An Steuerbord schwappt es bereits in das große Navigationsschapp, in dem wir Seekarten, Ersatzteile, Ferngläser, Sextanten und andere Heiligtümer aufbewahren. Etwas höher liegt die Elektronikecke. Das Funkgerät ist noch trocken, ebenso die beiden tragbaren Notrufgeräte, aber was würde es nützen, um Hilfe zu rufen? Selbst wenn wir gehört würden, könnte uns doch niemand helfen – im Sturm auf dieser einsamen Insel. Außerdem wird wohl auch das Radio nicht mehr lange funktionieren. Die Batterien im Motorraum stehen tief unter Wasser.

„Wir müssen jetzt runter, wenn wir nicht erfrieren wollen“, entscheidet Erich.

Nun, da es ernst wird, erfaßt mich geradezu panische Angst. Mir kommen die allergrößten Zweifel, ob wir uns tatsächlich auf diese Weise retten können. Das Wasser ist eiskalt, niemand kann darin länger als ein paar Sekunden überleben, noch dazu in der mörderischen Brandung! Nicht nur ich, auch Erich wird es wahrscheinlich nicht schaffen, ans Ufer zu kommen. Und selbst wenn, bleiben immer noch zweihundert Meter bis zur Station, durch tiefen Schnee und Sturm, und das mit nasser Kleidung. Am liebsten würde ich mich irgendwo verkriechen. Aber Erich hat recht, uns bleibt keine Wahl. Diese böse Nacht muß ein Ende haben, und zwar ein rasches: so oder so, es ist unsere einzige Chance.

Es ist sieben Uhr morgens und noch stockdunkel. Ich schalte das Deckslicht ein. Wunderbarerweise funktioniert die Elektrik immer noch. Wir haben vereinbart, daß Erich als erster versuchen soll, das Ufer zu erreichen. Wenn er dort ist, will er mich an dem Tau, das wir an unseren Rettungswesten befestigt haben, zu sich heranziehen. Etwa zwanzig bis dreißig Meter sind es bis zum Ufer, zwanzig bis dreißig Meter durch eine eiskalte Hölle.

Mein Herz klopft bis zum Hals, als wir über die Schottbretter ins Cockpit steigen. Mir ist, als würde ich am Strick zum Schafott geführt. Tonnen von Eis überziehen die FREYDIS. Das gesamte Heck mit der Rettungsinsel ist – einschließlich Steuersäule und -ruder – unter einem hohen Eiswall begraben. Im Cockpit haben sich der Tisch und die Backskisten in Eishügel verwandelt. Vom Dach des Deckshauses hängen armdicke Eiszapfen herab, durch die das Deckslicht gespenstisch schimmert. Durch eine schmale Öffnung kriechen wir aus dem Deckshaus wie durch eine Tropfsteinhöhle. Draußen gibt es statt Reling nur eine Eismauer. Wanten und Stagen sind mit stachligem Eis ummantelt und sehen aus wie Bäume eines Gespensterwaldes. Was ist nur aus unserem Schiff geworden!

In dem grauenhaften Durcheinander aus Eis, Sturm und Gischt finde ich mich kaum zurecht. Über das Eis klettern wir aufs Vorschiff. Es liegt am höchsten und am weitesten dem rettenden Ufer zugewandt. Der Wind wirft mich fast über Bord. Brecher umspülen uns, Schaum leuchtet grellweiß unter uns im Schein des Deckslichts. In dieser Weltuntergangsstimmung sehen wir uns einige Sekunden lang stumm an. Ich weiß, daß auch Erich Angst hat.

„Bis gleich!“ brüllt er dann, springt hinunter und verschwindet in den Fluten.

Diese Sekunden des Wartens werden die schlimmsten der ganzen Nacht für mich. Etwas später aber höre ich ihn das Getöse überbrüllen: „Ich kann stehen, komm!“

Das gibt mir Mut. Startbereit wie ich bin, lasse ich mich einfach hinunterfallen. Die eiskalten Brecher schlagen über mir zusammen. Während ich nach Luft ringe, spüre ich einen Ruck am Tau, das mich mit Erich verbindet. Ich strample um mein Leben durch die brodelnden Seen, bis ich Grund unter den Füßen finde.

Dann ist Erich schon da: „Schnell zur Station! Wir haben es gleich geschafft!“ Er zieht mich an Land.

Wie eine Marionette stapfe ich mit kältetauben Beinen so schnell ich noch kann durch den tiefen Schnee. Es scheint mir endlos weit. Als wir endlich ankommen, ist der Eingang zugeweht. Auch das noch! Wir müssen uns durch einen ganzen Schneeberg hocharbeiten, um von oben den Türgriff freizuwühlen. Es gelingt – die Tür öffnet sich nach innen. Wir lassen uns von oben ins Haus gleiten und sind gerettet.

Den ganzen Tag stürmt es weiter. Wir gehen nicht hinaus, sondern versuchen, am Tag zu schlafen – es geht nicht. Wir nehmen beide eine Schlaftablette. Aber wir schlafen nur drei Stunden, dann sind wir wieder hellwach. Die Gedanken kreisen um die vergangene Nacht. Alles wäre so einfach gewesen: den Ballonfender am Ende der neunzig Meter langen Kette mit dem Pickhaken aufnehmen, zehn Meter Leine und dann den Vorläufer aus Draht um den Poller legen, fertig! An der langen, schweren Kette und dem 35-kg-Bügelanker hätte die FREYDIS auf fünf Meter Wassertiefe den Orkan sicher überstanden. Decksvereisung durch überkommenden Gischt – ein Tag Eisklopfen, und alles wäre okay gewesen. Warum nur mußte dieses Manöver, das wir Dutzende Male auf unseren Reisen gefahren hatten und das immer, auch bei schwerem Wetter, problemlos gelungen war, ausgerechnet diesmal schiefgehen? Hatten wir versagt? Oder war es die extreme Herausforderung, die uns scheitern, die FREYDIS stranden ließ?

Meine eigentliche Angst auf Deception hatte einer möglichen Vulkaneruption gegolten. Der Gedanke an eine Strandung war mir hier nicht gekommen. Natürlich mußte man in diesen Breiten immer mit Unfällen rechnen, aber auf Deception hatten wir uns relativ sicher gefühlt. Und das, obwohl wir doch wußten, daß in dem angeblich so geschützten Vulkankrater Winde wüten konnten wie in einem Hexenkessel. Daß sich allerdings auf diesem Kratersee von nur sechs Meilen Durchmesser ein Seegang aufbauen würde, der an den flachen Ufern unserer Fumarolbucht zu einer so verheerenden Brandung führen konnte, hatte ich nicht für möglich gehalten. Waren wir doch zu spät nach Deception gekommen?

25

Eisberge: Majestäten auf Zeit

Wal auf Annäherungskurs

26

27 Kleiner Kapitän im Frack

28 „Und was halten Sie vom Antarktis-Tourismus?“

29 Die mobile Greenpeace-Station

30 Kommandant Hectór mit Familie an Bord der Freydis

27

28

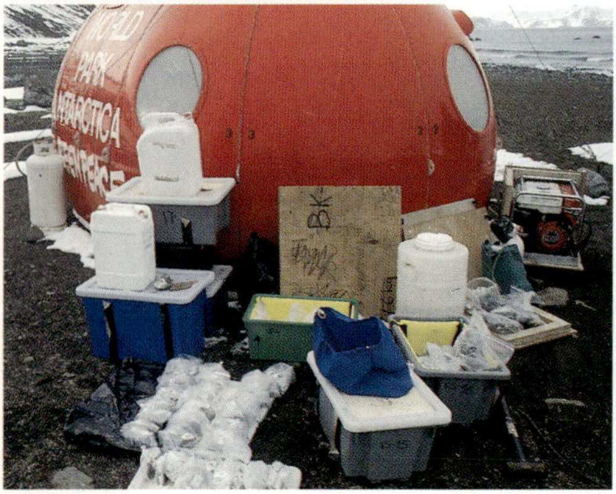

29

30

1 Segeln entlang eisiger Wände

32

33

34

32 Im Gletschertunnel auf King George Island

33 Kommandant Carlos hilft beim Recherchieren.

34 Bevor das Eis undurchdringlich wird, müssen wir auslaufen.

35

36

5 Am Tag nach der Strandung: Die FREYDIS ist noch voll Seewasser und Eis.

6 Einen Winter lang heulen Stürme über das Wrack.

37

38

39

37 Wir finden die Unglücksboje, an der Kette und Anker hingen.

38 Noch wissen wir nicht, ob die FREYDIS zu retten ist.

39 Nur ein böser Traum – oder grausame Wirklichkeit?

40

41

42

40 Hectór bringt uns eine Lenzpumpe, weil unsere nicht mehr funktionieren.

41 Es kostet Überwindung, auf das Wrack zu steigen, das einmal unser Schiff war.

42 Immer tiefer wird die Freydis unter Eis und Schnee begraben.

43

44

45

43 Reparaturarbeiten rund um die Uhr . . .

44 Sturm, Wasser und Eis haben im Schiff Chaos hinterlassen.

45 Wie Maulwürfe graben wir uns nach jedem Sturm durch die Schneemassen vor dem Eingang.

Schon vor zwei Monaten hätten wir hier sein können... Aber dann wäre uns vielleicht das gleiche passiert, eben nur früher, wer weiß? Stürme gibt es hier immer. Diese gemeinen Oststürme hatten die FREYDIS endlich doch zu Fall gebracht, uns aus unseren Träumen gerissen. Gerade hatten wir angefangen, uns über die Zeit nach der Überwinterung Gedanken zu machen, über die Fortsetzung unserer Reise über Südafrika nach Neuseeland. Wir hatten sogar bereits an unserer Traumroute durch die Südsee gebastelt. Ade, ihr schönen Pläne...

Die FREYDIS ist gestrandet, von Wasser und Eis zerstört und schon halb im Vulkansand begraben. Können wir noch irgend etwas tun, um sie zu retten? Ist sie überhaupt noch zu retten? Der Rumpf ist vielleicht abzudichten, die Elektronik möglicherweise oberhalb des Wasserspiegels intakt geblieben. Der Motor wird vielleicht das Salzwasserbad nicht übelnehmen, aber der Generator, die gesamte Elektrik, all unsere Ausrüstung, die zum großen Teil noch an Bord geblieben ist – alles Dinge, die wir überlegt ausgesucht, gekauft, verwendet oder gebastelt haben, die uns ans Herz gewachsen sind, die wir nach dem Brand gerettet, repariert oder neu angeschafft haben – was ist aus ihnen geworden?

„Materielle Dinge lassen sich ersetzen, und die Versicherung wird sogar einen Teil des Schadens übernehmen“, tröste ich Erich, als ich sehe, wie er leidet. „Schließlich ist niemand gestorben, und so ein Schiff ist doch bloß ein Stahlkasten, der fährt oder nicht, genau wie ein Auto. Und jetzt fährt er eben nicht mehr.“ Ich will ihn auf den Boden der Tatsachen ziehen, weg von Selbstvorwürfen und Trauer, aber ich glaube selber nicht, was ich sage. Es sind eben nicht nur die materiellen Verluste, die Selbstvorwürfe und das zumindest vorläufige Ende unserer Segelzukunft, was so quält. Es ist, wie Erich es treffend ausdrückt, „ein Stück von mir selbst“, das da in der Brandung zertrümmert wird – und das schmerzt.

Die FREYDIS hat viele Jahre lang unser Leben mitbestimmt, jede freie Minute außerhalb des Berufs, jeden Urlaub haben wir nur für dieses Schiff gelebt. Manchmal habe ich es verflucht, habe mir gewünscht, es möge untergehen, verschwinden aus meinem Leben. Und nun, da es soweit ist, bin ich tief unglücklich. Ja, noch während unserer Strandung habe ich mir geschworen, nie wieder auf diesem Kahn zu fahren, wenn wir heil herauskämen. Und nun würde ich wer weiß was drum geben, wieder mit ihm segeln zu können. Die FREYDIS war eben mehr als nur ein Schiff für uns. Sie war Kameradin, und die vielen Reisen und Abenteuer mit ihr haben tiefe Spuren in unserer Persönlichkeit hinterlassen. Wir sehen sie mit den Augen des Gefühls und nicht nur mit denen des Verstandes. Es war ihr dreizehntes Jahr, rechnen wir nach, in einigen Wochen wäre es abgelaufen. Sie hat es nicht geschafft. Erst dieser Brand und nun die Strandung, nach hundertvierzigtausend Seemeilen! Es war einfach Pech gewesen. Hatte sie auf dieser Reise nicht auch schon oft ganz unerwartetes Glück gehabt?

Wir trösten uns damit, daß es noch viel schlimmer hätte kommen können, wenn wir nicht in der Nähe der Station, sondern an irgendeinem anderen Ort des Kraterrandes gestrandet wären. Wie hätten wir dann die vielen für unsere Überwinterung lebenswichtigen Dinge bei dem schlechten Wetter zur Station schaffen sollen! Am Unfallmorgen wäre es für uns bestimmt nicht ohne Erfrierungen abgegangen, vorausgesetzt, wir hätten überhaupt zur Station zurückgefunden.

Es würde schwer sein, die FREYDIS einen ganzen Winter vor der Station liegen zu sehen, ein Wrack, das noch vor kurzem unser ganzer Stolz war. Aber die Überwinterung abbrechen? Uns mit dem Hubschrauber nach Marsh ausfliegen lassen? Hectór Barrientos würde uns abholen. Jeden Monat landet dort eine Herkules-Maschine, sie könnte uns mitnehmen nach Punta Arenas. Von dort gibt es Linienflüge nach Hause... Nein, kommt nicht in Frage. Das wollen wir beide nicht. Hier auf Deception wollen wir bleiben, einen ganzen Winter lang, wie wir es uns vorgenommen haben. Nein, ich will einfach nicht glauben, daß wir unser Schiff aufgeben müssen. Was sollten wir denn mit ihr anfangen, wenn wir sie nicht mehr flott bekämen? Würde der Rumpf die nächsten zwanzig Jahre als Touristenattraktion auf Deception liegen? Das wollen wir auf keinen Fall.

Der Orkan hat am Nachmittag auf Sturmstärke nachgelassen. Gegen fünfzehn Uhr wagen wir uns hinaus, um schweren Herzens nachzuschauen, was von unserer FREYDIS übriggeblieben ist. Draußen bietet sich uns ein überwältigender Anblick. Eisberge und -schollen bedecken die gesamte Westseite des Kraters. Etwa dreißig Meter vom Ufer entfernt liegt die FREYDIS so ruhig, als wäre sie seit Jahrtausenden dort eingefroren. Sie ist mit einem dicken Eispanzer überzogen und vollständig vom Eis eingeschlossen. Was für eine Überraschung! Als wir sie am frühen Morgen verließen, war das Ufer noch vollkommen eisfrei gewesen. Aber offensichtlich hat der anhaltende Orkan aus Ost Meer- und Gletschereis durch Neptuns Blasebalg in den Krater gedrückt und hier abgesetzt. Da wir beinahe Niedrigwasser haben, ist es nicht schwer, uns über das bereits feste Eis zur FREYDIS durchzuarbeiten. Achtern ist sie weggesackt und liegt mit zwanzig Grad Schlagseite quer zur Brandung. Der Wasserspiegel – beziehungsweise das Eis um sie herum – steht an Backbord in Höhe der Fenster, bei Hochwasser darüber. Das anrükkende Eis hat eines der achteren Fenster eingeschlagen. Dadurch ist noch jede Menge Meer- und Gletschereis ins Schiff gespült worden. Ins Schiffsinnere zu gelangen, ist wegen der extremen Vereisung gar nicht so einfach. Mit dem Vorschlaghammer müssen wir uns einen Durchgang freiklopfen.

Unter Deck sieht es noch schlimmer aus, als ich erwartet habe. Der Wasserstand ist jetzt zwar etwas niedriger als zu der Zeit, als wir das Schiff verlassen haben. Aber wir sehen an zurückgebliebenem Eis, daß das Wasser danach noch um einiges gestiegen ist und backbords in der Messe fast die Decke erreicht hat. Das gesamte Achterschiff ist ein einziger großer Eisklumpen. Im Motorraum stehen Wasser und Eis bis zur Decke, und im Vorschiff ist nur noch meine Oberkoje trockengeblieben. Das Herz der FREYDIS ist getroffen: Elektronik, Elektrik, Maschine, Generator, alles ist in den salzigen Fluten gebadet. Unsere letzte Hoffnung schwindet dahin, die FREYDIS ist nicht mehr zu retten. Bedrückt verlassen wir das traurige Wrack. Auf der Station nehmen wir zum ersten Mal nach dem Unfall mit der Außenwelt Kontakt auf: „Zulu-Papa-1-X-Ray-Echo-Delta... Eduardo, kannst du mich hören? Wir haben schlechte Neuigkeiten. Die FREYDIS ist gestrandet. Uns ist nichts passiert. Katze Adélie auch nicht." Es ist hinausposaunt.

Nicht unterkriegen lassen!

Viel Sorge und Arbeit – Hilfe in der Not –
Bergung unserer Habe – Kampf um das Schiff –
Luis, der Mann aus Uruguay – Das „Monster im Keller"

Die Tage danach sind ausgefüllt mit schlimmer Schufterei. Wir müssen an Lebensmitteln und persönlicher Ausrüstung für den langen Winter retten, was zu retten ist. Bei Niedrigwasser können wir uns mühsam im Schiff bewegen. Die Wassertemperatur beträgt null bis minus zwei Grad. Am schlimmsten sind die Nächte: ein, zwei Stunden Schlaf, dann ruheloses Sich-Wälzen, Stunde um Stunde. Jede Nacht krame ich Schlaftabletten aus der Bordapotheke, nur so bekommen wir genug Schlaf, daß unsere Kraft für die Anstrengungen des nächsten Tages reicht. Unser Trost ist das mitfühlende Verständnis, das wir füreinander haben.

Diesem Zustand totaler Anspannung, der sich über fünf Tage hinzieht, unterliegt Erich noch viel schlimmer als ich. Aber am sechsten Tag kann er plötzlich, ohne besonderen Grund, wieder lachen. Es ist wie eine Erlösung. Wir sehen einander an und lachen beide. Lachen über die Ironie des Schicksals, daß wir, nachdem wir alle Arbeiten erledigt und ständig am Schiff gewerkelt haben, um es heil über den Winter zu bringen, als die Station endlich bewohnbar war und es wirklich nur noch um die Kohle ging, daß wir zuletzt an diesem verdammten Orkan gescheitert sind. Dort, wo wir ein geruhsames Leben fern nervenverschleißender Streßzustände führen wollten, haben wir jetzt mehr Sorgen und Arbeit als je zuvor.

Die Bergung der meisten Dinge können wir erst in Angriff nehmen, wenn wir das Wasser, das noch nicht vereist ist, aus dem Schiff pumpen. Aber alle Handpumpen sind eingefroren, und die elektrischen Pumpen liegen irgendwo unter Wasser. Es ist auch unmöglich, das Schiff mit Eimern zu lenzen, weil das Wasser zuviel und zu kalt ist und außerdem ständig aus Löchern nachströmt, die wir noch nicht mal kennen. Einen Lichtblick gibt es erst am Sonntagnachmittag, als wir wie an jedem Sonntag Funkkontakt mit der argentinischen Station Jubany und den chilenischen Stationen Prat und Marsh haben. Gut, daß wir gleich in den ersten Tagen nach unserer Ankunft auf Deception eine Funkstation eingerichtet haben. Nach unserer Strandung ist der Kontakt zur Außenwelt wichtiger denn je.

Diesmal wird es kein so fröhlicher Plausch wie sonst, beim Erzählen kann ich kaum meine Tränen zurückhalten. Um so dankbarer sind wir für die Anteilnahme und das Mitgefühl, das uns von allen Seiten über den Äther entgegenströmt. Was uns passiert ist, können die Leute auf den Stationen nur allzugut nachempfinden. Der Orkan hat auch bei ihnen mit neunzig Knoten gewütet. Er war der bisher schlimmste Sturm des Jahres und für alle überraschend gekommen.

„Braucht ihr Nahrungsmittel, Medikamente?" fragt Hectór besorgt.

„Nein, vielen Dank. Aber eine Pumpe, wenn das möglich wäre."

„Kein Problem, sobald sich das Wetter bessert, bringen wir sie zu euch."

Schon am nächsten Tag kommt unser Freund mit dem Hubschrauber und einer Lenzpumpe, die aber bei der Kälte – ständig unter minus zwanzig Grad – nicht arbeitet. „Ihr dürft die Hoffnung nicht verlieren, ihr habt ja noch viel Zeit", verabschiedet sich Hectór mit einem Blick auf die windschiefe FREYDIS. „Nun erst seid ihr echte Robinson Crusoes."

Er lacht aufmunternd und verspricht, so bald wie möglich mit einer anderen Pumpe wiederzukommen.

Sein Helikopter verschwindet mit der Sonne hinter den Bergen.

Wir sind wieder allein mit unserem Wrack und unseren Sorgen und fügen uns ergeben in unsere Robinsonade, die aber versüßt wird durch einen Sack voller Post, den Hectór mitgebracht hat. Seit vielen Wochen die ersten Briefe aus Deutschland! Sie zu lesen, ist eine ungetrübte Freude.

Am nächsten Tag hören wir über Funk, daß der Helikopter der Chilenen zur Reparatur mußte. Hectór kann uns also vorerst nicht mehr besuchen.

Um so größer ist dann die Überraschung, als ein russischer Helikopter vor unserer Station landet. Er bringt uns nicht nur eine Motorpumpe von der chinesischen Station Great Wall, sondern auch noch Luis, den Mechaniker der uruguayischen Station Artigas, der uns in den nächsten Tagen helfen will.

„We heard you need help und we come!" lachen Vladimir und Mario, die Leiter der russischen und uruguayischen Stationen, als sie uns herzlich begrüßen. Mit von der Partie sind auch der Chef der fünfunddreißigsten sowjetischen Antarktisexpedition und aller russischen Basen in der Antarktis, zusammen mit einigen weiteren russischen Antarktisspezialisten.

Sie waren mit einem Eisbrecher und Versorgungsschiff vor Bellingshausen eingetroffen, zu unserem Glück verspätet. Von diesem Schiff nämlich stammt auch der Helikopter, mit dem sie uns nun besuchen. Alle wollen die Insel Deception und die arme FREYDIS kennenlernen. Alle wollen uns helfen. Was haben wir für ein Glück im Pech, und was haben wir doch für gute Freunde in der Antarktis gefunden!

Das Eis gibt dem Schiff Geborgenheit vor den Stürmen, so daß wir und Luis in Ruhe darin arbeiten können. Als wir es bei Niedrigwasser leergepumpt haben und sich nur noch Eis darin befindet, entdecken wir neben dem größeren Loch noch drei kleinere. Eines von etwa zwei Zentimetern Durchmesser stammt vom zersplitterten Echolotgeber, die beiden anderen von dessen Halterung. Auf der Station sägen wir Holzpflöcke zurecht und klopfen sie hinein. Damit die auflaufende Flut sie nicht mehr herauspreßt, legen wir noch eine Holzplatte darüber, die wir seitlich an den Spanten befestigen. Anschließend dichten wir das eingeschlagene Fenster von außen mit einer Plexiglasplatte ab, die wir am Fensterrest aufkleben und zusätzlich verschrauben. Dabei bläst der Wind schon fast wieder mit Sturmstärke und ist so kalt, daß man keine Sekunde ohne Handschuhe arbeiten kann.

Nach drei Tagen haben wir trotz aller Widrigkeiten das Schiff endlich dicht. Leergepumpt und abgedichtet, sieht es darin schon viel manierlicher aus. Wir schöpfen wieder Hoffnung. Aber unsere große Sorge bleibt, daß sich das umgebende Eis wie schon in Prat wieder auflösen, der nächste Sturm aus Ost kommen und das Schiff dann erneut vollaufen könnte. Und tatsächlich! Nach einer Woche anhaltender Westwinde driftet das Eis, Scholle um Scholle, zum gegenüberliegenden Ufer des Kraters. Zuletzt verbindet uns nur noch eine schmale Eisbrücke mit der FREYDIS. Ihre schräg geneigte Außenseite liegt wieder ungeschützt, den Winden preisgegeben, im Wasser. Und dann kommt der nächste schwere Oststurm! Eine ganze Nacht und einen ganzen Tag tobt er. Aber was wir befürchtet haben, tritt nicht ein. Die Eisschollen, die diesmal nur den kurzen Weg zum anderen Ufer zurücklegen müssen, haben unsere Fumarolbucht besetzt, ehe die See ihre zerstörerische Brandung aufbauen kann.

Die Temperaturen sinken in den folgenden Tagen, und das Eis verfestigt sich zusehends. Schließlich friert der gesamte Krater zu. Damit ist die FREYDIS dem Zugriff der Stürme zumindest für den Winter entzogen. Bis das Eis im Frühjahr wieder aufbrechen und wegtreiben wird, dauert es noch Monate. Genauso haben wir uns das immer vorgestellt, nur eben mit einer heilen FREYDIS in der Bucht an der Ankerkette – nicht gestrandet. Aber erst einmal sind wir froh, daß wir Zeit gewonnen haben.

Zeit wofür? Um die FREYDIS in aller Ruhe auszuschlachten? Um ihre noch verwertbaren Eingeweide herauszureißen, Winschen, Wantenspanner, Poller und was es sonst noch an Decksbeschlägen gibt, zu demontieren und das Wrack zum Verschrotten abbergen zu lassen? Oder um die FREYDIS so weit wie möglich wieder instandzusetzen, damit sie im Frühjahr mit Schlepperhilfe freikommt und auf einem chilenischen oder argentinischen Patrouillenboot huckepack oder sogar auf eigenem Kiel die Antarktis verlassen kann? Wir kommen uns vor wie Herkules am Scheideweg, nur daß wir nicht so kräftig sind.

Trotzdem gibt es für uns keine andere Entscheidung als für die FREYDIS und gegen das Wrack. Wir wollen uns nicht geschlagen geben, solange wir nicht endgültig geschlagen sind. Vielleicht fällt unsere Entscheidung aber auch emotional und gegen Vernunft und besseres Wissen. Wenn die Stürme im Frühjahr sie angreifen können, bevor die FREYDIS sicher vor Anker liegt, ist all unser jetziger Einsatz umsonst. Und selbst wenn ein Schiff rechtzeitig aufkreuzt, um sie in tieferes Wasser zu schleppen, ist auch dieses Bergungsmanöver mit einem enormen Risiko verbunden. Fünfundzwanzig Tonnen müssen aus einer tiefen Sandwanne heraus und über eine harte, riffartige Kante gezogen werden. Dabei kann alles zu Bruch gehen. Wäre es nicht einfacher, das Schiff von vornherein als Wrack abzuschreiben?

Durch die Strandung nimmt unsere Überwinterung einen anderen Verlauf als ursprünglich vorgesehen. Wir hatten gehofft, auf diesem entlegenen Fleckchen Erde Muße, Ruhe und Beschaulichkeit zu finden. Hatten uns darauf gefreut, die großartige Natur im Wechsel der Jahreszeiten zu erleben, Zeit zum Nachdenken, zum Lesen, Schreiben und nicht zuletzt auch füreinander zu haben. Aber statt froh und aller Sorgen ledig über die Insel zu streifen, Robben und Pinguine zu beobachten, die Aktivitäten des Vulkans zu beobachten und abends nach ausgefülltem Tag ein Naturbad in den warmen Fumarolen zu genießen, beansprucht die FREYDIS auch jetzt wieder jede unserer freien Minuten.

Vier Wochen lang sind wir und Luis ergebene und fleißige Sklaven unseres Schiffes. Der Tagesablauf spielt sich rasch ein: um acht Uhr Wecken und Frühstück, um neun Uhr Funkgespräch mit Eduardo in Buenos Aires, anschließend Arbeit am Schiff, dreizehn bis vierzehn Uhr Mittag, dann wieder drei Stunden Arbeit am Schiff, anschließend Heimarbeit auf der Station. Es gibt weder Sonntag noch Feiertag für uns – Gewerkschaft und Kirche hätten da sicher ihre Einwände. Aber die Rettung der FREYDIS bedeutet einen anstrengenden Wettlauf mit der Zeit. Die Korrosion läßt sich nicht aufhalten, auch wenn sie hier nicht das Spitzentempo entwikkelt, das sie in den Tropen erreicht. Tag für Tag frißt sich die Salzlauge ein Stückchen weiter durch unsere wertvollen, oft unersetzlichen Kontakte, Kugellager, Werkzeuge, Wicklungen und Zylinderköpfe. Nicht auszudenken, welche Schäden das Salz im Inneren des Hilfsdiesels und der Hauptmaschine anrichtet! Es ist mehr als fraglich, ob wir jemals diese Herzstücke der FREYDIS mit Bordmitteln wieder in Gang bekommen.

Obwohl wir wissen, was auf dem Spiel steht, kostet es doch jeden Morgen ungeheure Überwindung, zum Schiff zu gehen. Bei der Kälte und Schräglage wird jede Handreichung zu einer Schwerarbeit und dauert dreimal so lange wie unter normalen Bedingungen. Tagelang verbringen wir damit, das Eis aus dem Schiff zu hacken, es in Eimer zu schaufeln und außenbords zu kippen. Viele Dinge müssen auf diese Weise mühsam aus dem Eis geborgen werden. Ich bewundere Erich und Luis, die oft stundenlang zusammengekauert im Motorraum hocken, um Hilfsdiesel, Batterien, Ladegeräte, Lichtmaschinen und Teile der Hauptmaschine auszubauen, elektrische Anschlüsse zu reinigen und zu erneuern. Ganz erstarrt kommen sie manchmal zur Station zurück und stürzen wortlos zum Ofen, um wieder aufzutauen.

Im Schiff hängt noch immer das feuchte Kalenderblatt des Unglückstages – 14. Mai 1991 – an der Wand. Es zeigt eine aus dem Wasser ragende Walfluke. Jedesmal, wenn ich sie ansehe, habe ich das Gefühl, daß sie mir so aufmunternd zuwinkt, als wolle sie mir Mut machen. Den habe ich auch bitter nötig, denn die Dinge, die wir bergen, sind öl- und dieselverschmierte, salzige und teilweise unkenntliche Eispakete. Tagelang komme ich mir vor wie eine Wäscherin um die Jahrhundertwende – und das bei minus zwanzig Grad und viel Wind. Es läuft so ab: Wasserholen aus dem zwanzig Meter tiefen Brunnen – wenigstens der ist noch nicht vereist –, Wasser auf dem Ofen erhitzen, die Sachen auftauen, in Seifenlauge waschen und am Ofen trocknen, Stück für Stück, Kleidung, Schuhe, Decken, Schlafsäcke, Proviant, Werkzeug, Maschinenteile. Alles, was wir aus dem Bauch der FREYDIS holen, wird erst mal in Süßwasser gebadet, selbst die Schreibmaschine, das Funkgerät, das Schweißgerät, die Batterien, Batterieladegeräte, der

Hilfsdiesel, der Gasherd, die Lichtmaschinen, die Selbststeueranlagen, Navigationscomputer und Elektronikteile. Wer kann schon vorhersagen, was noch zu retten ist und was nicht? Vieles hätten wir besser gleich weggeworfen, aber oft wird unsere Mühe auch belohnt.

Schon nach acht Tagen dringt munteres Glucksen zusammen mit dem stechenden Geruch nach Schwefelsäure aus einem der ungenutzten Stationsräume, in dem wir die geborgenen Batterien wieder aufladen. Nach vierzehn Tagen beglückt uns der ausgebaute, neben unseren Betten aufgebahrte Hilfsdiesel mit vertrautem Geknatter und Schwaden von Abgasen. Die Reinigungsbäder und mehrmaligen Fütterungen mit heißem Öl haben ihn doch tatsächlich aus seinem eisigen Schlaf geweckt! Nach drei Wochen zeigen auch unsere Wiederbelebungsversuche an der Hauptmaschine erste Erfolge. Eis- und Salzwasser hustend und spuckend, dreht sie erstmals wieder durch, und nach vier Wochen brummt sie rund und voll wie eh und je. Dieses überaus ermutigende Ergebnis erzielen wir durch ein Intensivbeheizen des Motorraums, abgesehen von den bewährten Heißöleinläufen.

Wir stellen den vom Seewasser gereinigten Dieselofen aus der Messe im Motorraum auf und sägen ein Loch für das Ofenrohr in den Stahlboden des Cockpits. Weil er aber nicht genug wärmt, ziehen wir noch zwei elektrische Heizstrahler hinzu, die wir uns auf der spanischen Station ausleihen. Unsere Verlängerungskabel reichen gerade aus, um die Strecke vom Schiff zum Ende der Lagerhalle zu überbrücken, wo der von uns mitgebrachte benzingetriebene 4-kW-Generator steht, der uns auf der Station Strom liefert. Erschwerend kommt hinzu, daß nicht nur der Motor, sondern auch das gesamte Auspuffsystem vereist ist. Auftauen geht nicht, also muß ein Ersatzauspuff her. Der aber liegt unglücklicherweise in der achteren Backbordkoje, die unter 1,20 Meter dickem Eis begraben ist. Wichtigstes Requisit bei all den Arbeiten wird für Erich der Eispickel.

Um die Heizstrahler zu holen, entdeckt bei einem früheren Besuch auf der spanischen Station, hatten wir uns eines Nachmittags auf den Weg gemacht. Das rote Stationshäuschen liegt am südlichen Rand der Fumarolbucht, etwa eine Meile von unserer Station entfernt. Es war erst vor wenigen Jahren errichtet worden und diente als Sommerquartier für einige spanische Wissenschaftler. Nun ist es seit Monaten verwaist. Dieser Ausflug wird eine herrlich belebende Abwechslung von der oft deprimierenden Arbeit am Schiff. Und obwohl es entsetzlich kalt ist – das Thermometer vor der Station zeigt minus fünfundzwanzig Grad –, genieße ich wieder einmal die aufregende Schönheit meiner wilden Umgebung in vollen Zügen. Ein steifer, eisiger Westwind fegt den trockenen Pulverschnee in weiten Kaskaden über die Ränder der zahllosen Krater, die unsere Bucht wie Bombentrichter umgeben. In sein Heulen mischt sich das dumpfe Brausen der Brandung, die, vom Sturm der vergangenen Nacht aufgepeitscht, gegen die Außenseite der Insel donnert. Am Himmel steht einsam ein blasser Mond hinter den rasch vorbeiziehenden Wolkenvorhängen. Die Sonne läßt sich nirgends blicken.

Auf dem Rückweg werden wir noch durch einen wertvollen Fund belohnt. Dicht bei einer Anhäufung von Walknochen aus der Walfängerzeit der Insel sehen wir plötzlich etwas Gelbes zwischen den Eisschollen schimmern. Es ist unser Dingi, natürlich ohne die Kohlenkisten und etwas lädiert. Aber geflickt wird es uns noch gute Dienste leisten. Wir haben schon vermutet, daß es hier irgendwo am Strand angespült worden ist, und mehrfach Ausschau danach gehalten. Nun ziehen wir froh damit nach Hause. Sobald die Eisbrücke zwischen Ufer und FREYDIS wegbricht, sind wir dringend auf das Dingi angewiesen.

So sehr wir zu Beginn den Ausfall des chilenischen Hubschraubers bedauert haben, so froh sind wir dann über jeden Tag, den sich die Reparatur noch verzögert. Denn dadurch bleibt uns Luis erhalten. Etwas Besseres können wir uns gar nicht wünschen. Ich weiß nicht, wie Erich und ich all die Arbeiten ohne ihn geschafft hätten. Wie hätten wir die schweren Pumpen, Batterien und Motoren zwischen Schiff und Station hin- und herschleppen sollen und wie in so kurzer Zeit ohne sein Know-how die teilweise recht komplizierten Maschinen und Geräte auseinandernehmen und wieder zusammenbauen? Luis ist uns eine großartige Hilfe – ein personifizierter Goldschatz! Unermüdlich bastelt, pusselt und werkelt er und bringt Dinge wieder zum Laufen, die wir schon aufgegeben haben. Meine Reiseschreibmaschine zum Beispiel, um die ich trauere, ist schon nach zwei Tagen seiner Spezialbehandlung mit Zahnbürste und Petroleum wieder genauso einsatzbereit wie die kleine Kettensäge und der Fünf-Tonnen-Greifzug, die er wartet.

Trotz der vielen Arbeit und der bescheidenen Unterkunft scheint er sich bei uns wohlzufühlen, und die deutsche Küche schmeckt ihm. Ein Bett für ihn haben wir in der Küche aufgestellt, die von unserem kleinen Ofen im Salon mitgewärmt wird. Für Luis scheint das Leben mit uns auf Deception eine willkommene Abwechslung vom Stationsalltag in Artigas zu sein. Und ein Funkgerät gibt es hier auch, so daß er sich jeden Mittwoch und Samstag mit seiner Frau in Montevideo unterhalten kann und viele Abende mit seinen Kameraden in Artigas, die alle gespannt sind zu hören, wie es mit der FREYDIS auf Deception weitergeht. Luis erzählt nicht nur von den Fortschritten auf der Yacht, sondern auch von der eindrucksvollen Landschaft und unseren Ausflügen. Seine Kameraden beneiden ihn um seine Erlebnisse: Mario, sein Boß, übermittelt ihm Glückwünsche vom uruguayischen Polarinstitut für seine Hilfeleistung bei den Bergungsarbeiten einer deutschen Yacht. Und auch die Presse in Montevideo hat über Luis berichtet, erzählt Mario. Luis freut sich darüber, ein bißchen stolz ist er auch, und das mit Recht!

Unsere allmorgendliche Verbindung mit Eduardo in Buenos Aires ist recht gut, selbst wenn die Ausbreitungsbedingungen schlechter werden. Aber unsere Kurzwellengespräche werden natürlich auch von anderen mitgehört. Informationen können auf diese Weise falsch verstanden oder verzerrt wiedergegeben werden. Die FREYDIS sei mit Mann und Maus gesunken, kommt es dann auch prompt auf Umwegen in Deutschland an. Welche Angst diese schlimme Nachricht zu Hause ausgelöst haben muß! Zm Glück hört Eduardo davon, ruft sofort meine Mutter in Heidelberg an und kann sie beruhigen. Im Gegensatz zu unserem Aufenthalt auf Deception vor zehn Jahren, als wir häufig Kontakt mit Deutschland hatten, ist diesmal eine direkte Verbindung über Kurzwelle bisher nicht möglich. Für die schlechten Ausbreitungsbedingungen sollen der Vulkanausbruch auf den Philippinen und die große Sonneneruption verantwortlich sein. Jedenfalls kann uns die Küstenstelle in Deutschland zwar empfangen, aber telefonisch nicht weiterverbinden. Unser Signal ist viel zu schwach.

Nicht zu schwach ist es aber für unseren Funkkontakt mit den Stationen, beispielsweise mit Jubany. „Fast alle Tiere sind jetzt weg, nach Norden gezogen", höre ich von dort. „Die Pinguine, die Pelzrobben und die Elefantenrobben." Nachzügler versuchen, doch noch Anschluß ans offene Meer zu kriegen. Ein paar Elefantenrobben machen sogar den weiten Umweg über die Gletscher von der Admiralitybucht zur Potter Cove, die etwas später zufriert.

Lange müssen wir auf gutes Wetter warten, um Luis endlich die Fumarolen zeigen zu können, die uns beim ersten Besuch Anfang März so beeindruckt haben. Damals war Sommer. Wie es jetzt wohl dort aussieht? Vielleicht sind die Fumarolen inzwischen unter Eis begraben und gar nicht mehr zu sehen? Gespannt, was uns erwartet, ziehen wir zu dritt los, als die Sonne gegen Mittag über den Kraterrand steigt. Das Gebiet der Fumarolen liegt kaum tausend Meter von unserer Station entfernt. Auf dem Weg dorthin müssen wir einen kleinen Fluß überqueren, der die seitlich an unsere Station angrenzende Lagune mit dem Kratersee verbindet. Während aber die Lagune längst zugefroren ist und einem riesigen Schlittschuhteich gleicht, ist der Fluß dank seiner Nähe zu den heißen Fontänen und der starken Gezeitenströmung bisher noch eisfrei. Das wiedergefundene Dingi bringt uns sicher zur anderen Seite, und dann gehen wir einfach der Nase nach, folgen dem immer penetranter werdenden Geruch nach faulen Eiern, bis wir – im wahrsten Sinne des Wortes – in Teufels Küche kommen. In kreisrunden oder ovalen Schmelztigeln aus Eis, die einen Durchmesser von fünfzehn bis zwanzig Metern haben, blubbert und gurgelt salzige Meeresbrühe, als würde hier ein Mahl für die gesamte Unterwelt zubereitet: ein aufregender, unheimlicher und wundervoller Anblick, Natur, die mich immer wieder erstaunt und fasziniert, die immer das letzte Wort hat.

Zwei schwarze Schnauzen schieben sich plötzlich über den eisigen Rand eines dieser Whirlpools. Es ist nicht Zerberus, der

Höllenhund mit seinen zwei Köpfen, der hier ein Bad nimmt, es sind zwei Weddellrobben. In einer anderen Fumarole planschen vier Pinguine. Es tut gut, nach langer Zeit wieder ein paar Tiere zu sehen. Wir glaubten schon, bis auf einige Möwen und Scheidenschnäbler seien nun endgültig alle abgewandert. Aber offensichtlich gibt es unter den „Eingeborenen“ doch einige, die vorhaben, wie wir hier zu überwintern.

Das Wasser in den Eistöpfen ist trotz der Dampfheizung enttäuschend kalt. Nur bei Niedrigwasser fängt es an zu kochen. Im Gegensatz zur Pendulumbucht lädt dieser Küstenstreifen nicht unbedingt zum Baden ein, aber wir werden ihn zu einem späteren Zeitpunkt noch genauer darauf untersuchen. Jetzt nimmt erst einmal eine Naturerscheinung auf der anderen Seite des Kraters unsere Aufmerksamkeit in Anspruch. Von den Bergen über der Pendulumbucht steigen in unregelmäßigen Abständen seltsame kleine Wolken auf. Bloß – Wolken können es nicht sein, denn der Himmel ist wolkenlos blau. Ebensowenig Schneewehen, weil es vollkommen windstill ist. Eigentlich können sie nur etwas mit dem Vulkan zu tun haben. Ist es Rauch, der Beginn eines neuen Ausbruchs etwa? Das hätte uns gerade noch gefehlt! Erst eine Strandung und dann eine Vulkaneruption!

Plötzlich finde ich das Geblubber um mich herum gar nicht mehr so reizvoll. Bis zur Dämmerung verfolgen wir das vier Meilen entfernte Naturschauspiel mit wachsendem Unbehagen. „Ich werde heute abend das Notwendigste zusammenpacken“, sage ich entschlossen. „Und morgen rufe ich Hectór an.“

Am anderen Morgen landet Hectór mit dem reparierten Hubschrauber, noch bevor ich Kontakt mit Marsh bekomme. Er will Luis abholen. Nach fast drei Wochen mit dem stillen, freundlichen Uruguayer sind wir nicht nur traurig, weil uns seine Hilfe fehlen wird. Wir werden auch seine Gesellschaft vermissen. Auf dem Rückweg erkunden Hectór und Luis dann, was es mit dem Wolkenphänomen auf sich hat, und schon am Abend erfahren wir es über Funk: Dampf ist es, der bei Windstille von den heißen Wassern der Pendulumbucht in dichten weißen Säulen an den Berghängen hoch- und über ihre Kämme hinwegsteigt:

also kein Zeichen eines bevorstehenden Ausbruchs. Erleichtert packe ich wieder aus.

Die Stationsbewohner hatten damals ein unwahrscheinliches Glück, daß die letzten beiden Vulkaneruptionen sich im Sommer ereigneten und genügend Helfer rasch eingreifen konnten. Wir aber könnten uns keine Hoffnung auf eine solche Rettung machen, denn im Winter haben alle Schiffe die Antarktis verlassen. Das letzte war der russische Eisbrecher, mit dessen Helikopter man uns die Pumpe brachte. Auch er ist jetzt schon lange in seiner Heimat.

Der einzig verfügbare Hubschrauber steht in Marsh, und für ihn bedeutet der weite Flug nach Deception selbst bei gutem Wetter ein Risiko. Auch wenn er bei strahlender Sonne und Flaute abfliegt, kann eine Stunde später der Wind doch wieder orgeln wie verrückt; es kann schneien oder so diesig sein, daß eine Landung auf unserer Insel unmöglich wird. Die Strecke Deception und zurück, mit Zwischenlandung in Prat auf Greenwich, ist das Äußerste, was der Hubschrauber mit seiner Tankkapazität schafft. Dann darf er sich aber kein zeitraubendes oder schwieriges Manöver mehr erlauben. Und auf gutes Flugwetter muß man hier oft lange warten.

Nun, ich hoffe, daß wir nicht in eine Situation geraten, die uns zwingt, Hilfe anzufordern, sei es wegen eines Vulkanausbruchs, oder sei es auch, weil einer von uns krank wird oder einen Unfall erleidet. Das wäre fatal, denn wir haben kaum eine Chance, von hier wegzukommen, jedenfalls nicht bei so miserablem Wetter.

Was den Vulkan angeht, so versuche ich mich damit zu beruhigen, daß wir uns auf dem ältesten Teil der Insel niedergelassen haben und daß die argentinische Station damals als einzige von den Eruptionen weitgehend verschont blieb. Dennoch zeigen die Fumarolen am Ufer nur allzu deutlich, welches Monster ganz in unserer Nähe schlummert. Ich bin zwar fasziniert von Vulkanen, aber was mich in ihren Bann schlägt, ist nicht der Nervenkitzel, der von ihnen ausgeht, sondern das großartige Naturerlebnis. Vulkane sind so etwas wie lebendige Wesen: Sie schlafen oder explodieren, sind wütend oder friedlich und immer unberechenbar. Von ihren gewaltigen elementaren Kräften geht etwas ungemein Geheimnisvolles aus. Wo immer sich uns auf unseren Reisen ein Vulkan in den

Weg stellte, mußte ich hinauf, egal wie anstrengend die Kraxelei war. Ich mußte von oben in den Schlund schauen, als könnte ich dort unten noch etwas anderes entdecken als die steilen Wände eines Kraters, einer Caldera, als Dampf, Rauch oder Lava.

Es ist schon ein seltsam prickelndes Gefühl, mit einem „Monster im Keller“ zu überwintern. Ab und zu machen wir uns darüber lustig – oder vielmehr über unsere Furcht davor. „Wenn du wüßtest, wie es unter dir aussieht, würdest du nicht so seelenruhig die Dieselheizung und den Gasherd reparieren“, unke ich. „Du sitzt nämlich auf einer riesengroßen, glühend heißen Magmakammer, die wie ein Dampfkessel unter Druck steht. Nur eine hauchdünne Erdschicht trennt uns von ihr. Ich war heute zum Planktonfischen in der Fumarolbucht. Die Sicherheitsventile haben wieder ganz schön gezischt.“

„Recht hast du, wie immer“, grinst Erich, legt die Arbeit nieder und macht eine unserer letzten Flaschen Weißwein auf.

Adélie ist das „Monster im Keller“ egal, weit aufregender fände sie dort eine Maus, aber die gibt es hier nicht.

Ein Winter voller Stürme

Allein, aber nicht einsam –
„Nur Äktschen bringt Satisfäktschen" –
Unter Pinguinen, Robben und Antarktistauben –
Ein Seebeben bei den Fumarolen

Ein besonderer Tag ist für uns der 21. Juni: Wintersonnenwende. Wir haben den Höhepunkt (oder den Tiefpunkt?) der Überwinterung erreicht. Heute ist der kürzeste Tag. Gegen 11.30 Uhr schiebt sich die Sonne mühsam über den Kraterrand. Als könne sie den Anblick unseres Eislochs nicht länger ertragen, verabschiedet sie sich bereits wieder um 14.00 Uhr. Aber ihr sei verziehen, denn ab heute werden die Tage ja wieder länger. Schon in einem Monat haben wir deutlich mehr Licht, und dann wird es immer rascher immer heller, bis die Nacht schließlich zugunsten eines fast nimmer endenden Tages verschwindet. In den extremen Breiten gebärden sich nicht nur Kälte, Eis, Sturm und Nacht extrem, sondern auch das Licht. Es gibt nicht nur tiefere Tiefpunkte, sondern auch höhere Höhepunkte als anderswo. In den hohen Breiten beeinflussen die Jahreszeiten das Leben des Menschen viel einschneidender als in den gemäßigten.

Deshalb feiern ja auch die Skandinavier die Sonnenwende viel ausgelassener als wir gemäßigten Mitteleuropäer. Besonders im Winter nimmt man den Wechsel von Tageslicht zur Nacht viel bewußter wahr, weil die Nacht so bedrückend lang, das Tageslicht so kurz und kostbar ist. Obwohl ich zugeben muß, daß wir in der angespannten Zeit nach unserer Strandung, in der wir fast Tag und Nacht bei künstlichem Licht arbeiteten, außer Kälte und unseren müden Knochen fast gar nichts bewußt wahrgenommen haben. Jetzt aber freue ich mich um so mehr auf die Rückkehr der Sonne, des Energie- und Lebenspenders. Nicht ohne Grund setzt man in der Medizin künstliches helles Licht gegen die sogenannte Winterdepression ein.

Das soll nicht heißen, daß wir auf Deception niedergeschlagen sind, aber auch für uns gilt, daß bei Licht besehen viele Dinge ihre Gefährlichkeit und Bedrohung verlieren. Stürme und Blizzards, die an den Verankerungen unserer Behausung rütteln, sind bei Tageslicht nicht so unheimlich wie in der Nacht. Auch die Kälte ist bei Tag leichter zu ertragen, ganz zu schweigen von den trüben Gedanken an die FREYDIS. Dennoch möchte ich öfter und länger hinaus in die Natur, denn bisher hatten wir bloß Zeit für Minispaziergänge. Der Optimist in mir sagt, jetzt kann alles nur noch besser werden, obwohl ich weiß, daß der Winter seinen Höhepunkt noch lange nicht erreicht hat. Hier, wie überall, laufen die natürlichen Jahreszeiten dem Kalender hinterher. Die längste Nacht ist ja erst der Beginn des Winters, und das werden wir noch zu spüren bekommen.

Aber ein solches Datum stimmt nicht nur froh, sondern auch nachdenklich. Wir blicken zurück und vorwärts und fragen uns, ob wir vom Sinn und Ziel unserer Überwinterung nicht längst abgekommen sind. Bisher sind wir nur getrieben worden und haben wenig selbst gestalten können. Nach dem Abschied unserer Freunde haben wir uns bis Ende April von den Strapazen der Reisen erholt und dabei zahlreiche Kontakte zu den Stationen geknüpft. Dann waren wir drei Wochen intensiv mit dem Einrichten beschäftigt. Und dann, nach der Strandung, haben wir einen Monat an deren Folgen gearbeitet. Durch äußere Zwänge ständig in Atem gehalten, haben wir bisher kaum Zeit gehabt, zu uns selbst zu finden. Allerdings machen wir inzwischen das Beste daraus, haben die Situation akzeptiert. Kein Grund mehr, niedergeschlagen zu sein oder gar verzweifelt wie in den Tagen nach dem Schiffbruch. Nein, wir beklagen uns nicht. Wer das Risiko eines solchen Unternehmens auf sich nimmt, muß auch Fehlschläge einkalkulieren. Hauptsache, wir bleiben gesund.

Wofür aber haben wir eigentlich die vielen Bücher mitgeschleppt, die Musikkassetten, die Spiele, die Skier, die Filmkamera, die

Papierstapel? Sollen denn all unsere Hobbys wegen dieser vermaledeiten Strandung zu kurz kommen? Es wird Zeit, daß wir mal Luft holen, uns überlegen, wie wir herausfinden aus der Tretmühle. Sonst holt uns genau das wieder ein, was wir hinter uns lassen wollten, und unsere Überwinterung endet in Aktionismus und Streß.

Wir beschließen, die Arbeiten am Schiff noch einen Monat fortzusetzen, aber nicht mehr so verbissen und verbiestert wie bisher. Wir werden uns wieder einen Feierabend gönnen und Unterbrechungen, wenn das Wetter schön ist. Dann wollen wir uns auch Zeit nehmen für Dinge, die uns hier Freude bereiten, unseren Hobbys nachgehen oder unseren Gedanken nachhängen.

Fangen wir gleich damit an: Als im Juli der Strandungsstreß abebbt, werde ich mir langsam unserer Isolation bewußt. Es kommt mir vor, als lebten wir auf dem Mond, nicht nur wegen der Kraterlandschaft. Als hätten wir das Leben auf der Erde mit allem, was darin wichtig war, beendet und führten nun auf einem anderen Planeten ein neues Leben nach neuen, anderen Maßstäben.

Ich beginne dieses neue Leben in der Einsamkeit zu genießen, trotz aller Gefahren, die es birgt. Es ist herrlich, seine Zeit ungestört selbst einteilen zu können. Langeweile kommt nicht auf, weder bei mir noch bei Erich. Zum Spaß fragen wir manchmal beim Frühstück: „Würdest du bitte mal die Zeitung reinholen?“ Oder abends: „Was gibt's denn heute im Fernsehen?“ Doch keines von beiden vermissen wir wirklich. Monatelang haben wir keine Deutsche Welle mehr gehört. Aber was haben wir dadurch versäumt? Noch haben wir genug Bücher zum Lesen. Wir lesen beide viel, aber Beruf und sonstige Verpflichtungen haben uns bisher immer daran gehindert, dieser Leidenschaft so nachzugehen, wie wir es gern getan hätten. Oft lesen wir uns nun abends sogar aus den Büchern vor, wenn uns gerade etwas gut gefällt. Fern der Zivilisation kehren wir zurück zu den Freizeitbeschäftigungen der Vor-Fernseh-Ära: zum Schmökern, Vorlesen, zum Unterhalten. Die Musikkassetten haben wir noch nicht satt, Gesprächsthemen gibt es immer genug, und ab und zu tut es auch gut, einvernehmlich zu schweigen.

Manchmal frage ich mich, ob wir uns im Zivilisationsalltag bei all der ungeheueren Aktivität mit Terminen, Zeitnot und Strapazen nicht bloß vollstopfen mit Information und Unterhaltung, ohne dies alles aber verarbeiten zu können. Selbst in der Freizeit wird Hektik produziert, der man sich nur schwer erwehren kann. Andererseits lassen wir uns oft völlig passiv berieseln, ohne viel Nutzen oder Wissen daraus zu ziehen. Das ist zwar keine neue Feststellung, aber gerade weil wir um diese Gefahren wissen, verdrängen wir sie um so leichter.

Was treiben wir eigentlich auf Deception den lieben langen Tag? Um es gleich vorweg zu sagen: Richtig faul sind wir leider fast nie. Das können wir anscheinend gar nicht mehr sein. Zu dumm, aber es fällt uns einfach schwer, unsere Erziehung auf den Kopf zu stellen, unser Verhältnis zu Arbeit und Müßiggang neu zu regeln.

Und das sind die „Verpflichtungen", denen wir uns unterwerfen: Ausflüge, wann immer das Wetter sie zuläßt; viel lesen und schreiben, nach- und vorausdenken, miteinander reden, spielen mit Adélie, Musik hören, gut essen und trinken, viel herumwerkeln an den Sachen, die wir geborgen haben, filmen und fotografieren, Planktonproben entnehmen, über Funk mit den Stationen reden, unsere Station funktionstüchtig erhalten, Wasser aus dem Brunnen holen, Kohle vom Berg neben dem Haus hacken, Brennholz sägen und hacken, unsere Benzingeneratoren versorgen – und uns vorstellen, wie es uns jetzt in der Karibik unter Palmen erginge. Daraus, daß wir das immer noch nicht sehr verlockend finden, kann man ersehen, wie starrköpfig wir an unseren Vorurteilen festhalten. Wenn man alles zusammenzählt, bleibt gar nicht mehr soviel Zeit zum Schlafen. Es gilt also auch hier: „Nur Äktschen bringt Satisfäktschen."

Um einen Eindruck von unserem antarktischen Alltagsleben zu geben, das trotz reichlich Ablenkung diszipliniert und in geordneten Bahnen verläuft, hier einige Tagebuchaufzeichnungen.

11. Juli: Gestern Starkwind, die Fenster sind zugeweht, wir werden noch die reinsten Kellerkinder. Heute hat der Wind nachgelassen, die Berge rundum verstecken sich in einem Kranz tiefhängender

Wolken. Eduardo über Funk aus Buenos Aires: „Schaut, ob ihr dort was von der Sonnenfinsternis zu sehen bekommt.“ Erich: „Wir haben hier schon seit drei Wochen Sonnenfinsternis.“

12. Juli: Der Barozeiger bewegt sich von einem Extrem ins andere. Es fehlt nur noch, daß er Saltos schlägt.

16. Juli: Musik dröhnt aus den Lautsprechern, die wir noch bergen konnten. Durch die Vibrationen – nicht durch die heißen Rhythmen – trocknen sie rascher. Wir reparieren die elektrischen Pumpen. Eine Geschicklichkeitsübung, alles auseinander zu pfriemeln und dann wieder – richtig – zusammenzusetzen. Aber allmählich kriegen wir den Bogen raus.

20. Juli: Schneefall, leichter Ostwind, minus fünfundzwanzig Grad. Wir graben eine Leiter aus dem Schnee, die wir als Antennenmast ans Brunnenhäuschen binden – unsere Himmelsleiter. Dadurch gewinnt die Antenne zwei Meter an Höhe. Vielleicht erreichen wir damit jetzt doch Norddeich Radio? Schaufeln am Eingang eine schmale Passage frei – die Schneewände sind zu beiden Seiten schon drei Meter hoch – und auch einen Weg hinauf zum Brunnen. Die vollen Wasserkanister lassen wir jetzt wie Minibobs zur Station hinabsausen.

24. Juli: Seit drei Tagen Sturm aus Ost. Gut, daß wir vorher noch Kohle und Wasser geholt haben. Wir klopfen uns gegenseitig auf die Schultern. Wir können nicht vor die Tür gehen, kommen auch gar nicht in Versuchung, weil der Eingang vollständig zugeweht ist.

25. Juli: Immer noch Oststurm. Unser Wasser geht zur Neige, aber das Baro fällt weiter. Noch kein Ende abzusehen. Ich habe meine Schreibmaschine noch einmal in Petroleum gebadet, weil sie trotz intensiver Erstreinigung nicht mehr sauber tippen will.

26. Juli: Satter Vollmond. Nachts ist es taghell, die Berge werfen gespenstische Schatten. Um neun Uhr wird es langsam hell. Als Frühgymnastik verbinden wir den Spaß mit etwas Nützlichem: Wir durchstoßen die auf vier Meter Höhe angewachsene Schneewehe vor dem Eingang. Ich befürchte, daß der Schneekanal zusammenbrechen und uns begraben könnte, aber er hält gut. Richtiger Bauschnee. Wir filmen und fotografieren uns im provisorischen Iglu, selbst Adélie traut sich kurz hinein. Der Sturm ist vorbei. Das Baro hat den Tiefpunkt überwunden und steigt steil nach oben. Draußen herrscht totaler White out. Man sieht keine Kontraste, keine Entfernungen, ob es der Antennenmast ist oder nur ein Streichholz im Schnee, kann man nicht beurteilen. Dimensionen und Relationen gibt es nicht mehr, alles ist gleichmäßig weiß. Es wäre gefährlich, sich auch nur wenige Meter von der Station fortzubewegen.

27. Juli: Von Eduardo erfahren wir von dem großen Vulkanausbruch auf den Philippinen. Wenn man selbst auf einem Vulkan sitzt, hört man das mit gemischten Gefühlen... In Amerika haben sie einen Kannibalen entdeckt. Erich meint, wir hätten ausreichend anderen Proviant, die Frage stelle sich noch nicht... Zum Schluß erzählt Eduardo von seinem angeblich zahmen Puma, der ihn böse gekratzt habe. Andi, sein Sohn, hat ihn als Baby aus Mitleid auf dem Markt gekauft und aufgezogen. Ein ausgewachsener Puma im Haus ist selbst für Argentinien etwas Ungewöhnliches. Vom Golfplatz nebenan hagelt es Beschwerden. Die Spieler können sich nicht konzentrieren und treffen die Löcher nicht mehr, weil der Puma immer hinter dem Zaun auf die Bälle lauert. Oder auf sie selber? Na, dann lieber doch Katze in der Antarktis als Puma in Buenos Aires!

28. und 29. Juli: Irrer Sturm. Irre, weil dazu die Sonne scheint und große Windteufel mit temperamentvollen Pirouetten über den Kratersee fegen. Erich wagt sich hinaus, um ein paar Fotos zu machen, kommt aber schnell zurück: „Ich glaube, ich hab' mich übernommen." Seine Hände sind weiß, er bekommt starke Schmerzen. Dieser eisige Wind ist fürchterlich!

Unser Kassettenrecorder ist ausgefallen, das Salz hat der Elektronik den Garaus gemacht. Katze Adélie muß das Unterhaltungsprogramm jetzt allein bestreiten. Sie findet es hier ganz gut, obwohl sie uns merken läßt, daß wir gelegentlich mehr heizen könnten. Demonstrativ hat sie sich wieder mal auf ihrem heißgeliebten Solarium niedergelassen, der Zwölf-Volt-Halogenlampe. Eigentlich wollte ja *ich* Licht haben, weil ich schreibe. Aber ich füge mich und bewundere Adélie, die immer genau weiß, wo es gerade am wärmsten und gemütlichsten ist. Nachts schläft sie auf zwei Stühlen neben meinem Bett, auf denen ich ihr aus Kissen und Decken einen

Katzenschlafsack gebaut habe. Dieses Lager hat sie sofort akzeptiert, zumal sie von dort aus jederzeit leicht in mein Bett hinüberkriechen kann.

Leider hat sich Adélie hier das Betteln angewöhnt. Beim Essen sitzt sie ständig auf unserem Tisch. Ich kann ihr kaum etwas abschlagen. Das weiß sie natürlich und nützt mein schlechtes Gewissen weidlich aus. Ich sage mir, wenn wir sie schon in die kalte Antarktis mitgeschleppt haben, soll sie es wenigstens gut bei uns haben. Gestern morgen, als die Sonne schien, hat sie versucht, unsere Palomitas zu jagen, aber die lachen sich nur kaputt über sie. Frustriert kam sie zurück in den Salon, ihre eiskalten Pfoten am Ofen ausschlenkernd. Nun kaut sie auf dem Mikrophonkabel herum, das heißt soviel wie: „Gib mir Fleisch zum Kauen, sonst fresse ich euer Kabel." Also gut, ich schaufle das Frischfleisch frei, und sie bekommt auch noch die Portion, die eigentlich für uns gedacht war. Wenn ich ihr Trockenfutter oder Fleisch aus der Dose anbiete, schaut sie mich an, als ob ich sie vergiften wollte. Mehrmals jeden Tag steht „Spielen" auf dem Programm. Zuerst kommt die Pseudomaus dran, dann geht das Toben über Stühle, Betten und Kisten los. Weder Erich noch die Katze kennen dabei irgendwelche Grenzen. Selten, daß Adélie nach einem Kater schreit, dann müssen wir sie auf später vertrösten.

Wenn wir über das Eis des Kratersees gehen, hören wir öfter ein lautes Schnaufen. Manchmal schiebt sich sogar ein Robbenkopf durch einen Spalt und guckt uns neugierig an. Im Winter bevorzugen die Robben meist Hohlräume unter dem Eis, weil sie dort vor der grimmigsten Kälte und den Stürmen geschützt sind. Nur an sonnigen Tagen ziehen sie aufs Eis, wo sie dann stundenlang schlafend sonnenbaden.

5. August: Sechsundzwanzig Grad minus! Seit zwei Tagen hält uns Sturm aus West in der Station gefangen. Der schneidend kalte Wind peitscht Schnee über den vereisten Boden und in langen waagrechten Fahnen von den Berggraten. Die Fenster auf der Südseite des Salons und die in der Küche sind fast zugeweht. Die Gasflasche im Freien ist eingefroren, seit gestern muß ich auf unserem kleinen Ofen im Salon kochen. Wenigstens er läßt mich nicht im

Stich. Die Innentemperatur bringt er immerhin noch auf neun Grad plus. Wir füttern ihn rund um die Uhr, allerdings mit der minderwertigen Kohle, die seit Jahren vor der Station liegt und mit Asche und Steinen durchsetzt ist. Aber nicht auszudenken, wenn wir nicht einmal diese Kohle hätten.

Kaum zu glauben: In der Nacht steigt das Thermometer um volle zwanzig Grad! Nur noch minus sechs Grad hat es am Morgen. Erich findet es „tierisch" warm, und selbst Adélie wagt einen kleinen Spaziergang. Die Luft ist ungewöhnlich feucht und der Wind so böig wie bei Föhneinbruch.

Die drei Palomitas leisten uns beim Schneeschaufeln moralischen Beistand und bekommen dafür eine Dose Ölsardinen. Sie begleiten uns zur Lagune. Auf dem Eis schnarcht eine unserer Weddellrobben, ein Prachtexemplar mit einem dichten, glänzenden Haarkleid, oben grau, unten hell mit silbernen Flecken und Streifen. Sie sieht aus, als ob sie im Schlaf lächle. Ob sie etwas Schönes träumt? Wie gut es die Robben hier haben! Vor der Kälte und den Stürmen können sie sich unter dem Eis verstecken, und sonst gibt es kaum Gefahren für sie. Ich muß an unser Funkgespräch vom Morgen denken, an die traurige Nachricht, daß Eduardos Puma in Buenos Aires vergiftet worden ist, bevor Andi ihn in die Freiheit entlassen konnte.

Eduardos Sohn Andi, der eine kleine Filmfirma hat, ist von Thomas gegen entsprechendes Honorar als Kameramann gewonnen worden. Das hat den Vorteil, daß Thomas seinen Fernsehfilm nun mit Überwinterungsszenen von uns aktualisieren kann. Der Sendetermin wurde deshalb verschoben. Außerdem können beim Transport der Kameras und Filme, die das ZDF Andi zur Verfügung stellt, auch Ersatzteile für die FREYDIS, ein Geschenk und viele Briefe an uns mitgeschickt werden. Gleich nach der Strandung hatte Thomas nämlich spontan unsere Freunde über die mißliche Lage, in der wir steckten, informiert. Und das löste eine schier unglaubliche Hilfsaktion aus. Nicht nur, daß alle uns Mut machen wollen mit einer Flut von Briefen, sie schenken uns sogar noch einen Verstärker für unser Funkgerät.

Wir sind nur gespannt, wann Andi zum Filmen auf Deception eintreffen wird.

10. August: Der Winter hat wieder voll zugeschlagen, obwohl die Tage schon deutlich länger werden. Die kälteste Temperatur haben wir am 6. August gemessen: minus siebenundzwanzig Grad. Gar nicht so schlimm, aber mit dem Chill-Faktor des Windes kamen wir nach unserer Tabelle auf minus siebzig Grad, was uns von den umliegenden Stationen bestätigt wurde. Wir können nur minutenweise nach draußen gehen, aber Erich hat sich trotzdem die Nasenspitze erfroren. Jeden zweiten Tag müssen wir unseren acht Meter langen Schneetunnel freischaufeln. Soviel ständigen Starkwind und Sturm haben wir wirklich nicht erwartet. Ein Phänomen! Vor einem halben Jahr hätten wir noch behauptet, daß es so etwas gar nicht gibt auf der Erde, nirgends! Auf dem Nordatlantik und in Feuerland wüten in unregelmäßigen Abständen Zyklone, aber denen folgt doch wieder schönes Wetter. Das entfällt hier völlig. Trotzdem gehen wir fast jeden Tag – wenn auch nur kurz – an die frische Luft. Heute haben wir zwei Stunden lang Kohle mit Vorschlaghammer und Meißel vom Berg abgeklopft. Das reicht wieder für zwei bis drei Wochen. Erich fällt dabei die Hauptarbeit zu, hoffentlich macht sein Rücken auf die Dauer mit.

16. August: Wir lechzen nach Neuigkeiten von zu Hause. Die letzten Briefe haben wir vor zwei Monaten erhalten, und da waren sie schon vier Wochen alt. Seit Mitte Juni versucht Hectór, uns Post zu bringen, aber bisher macht ihm das Wetter einen Strich durch die Rechnung. Seine Anläufe zum Fliegen wurden im wahrsten Sinne des Wortes wieder abgeblasen. Es stürmt ohne größere Pause mal von links, mal von rechts. Das ist fast unheimlich, und wir machen uns ernsthaft Sorgen. Selbst wenn wir die FREYDIS wieder flott bekommen, wie sollen wir es bloß schaffen, bei solchen Stürmen zu zweit über die Drake zurückzusegeln?

Jeden Morgen bringe ich trotzdem in Vorfreude auf Hectórs Besuch den Salon in Ordnung, aber nur bis ich vor die Tür, besser gesagt vor unseren Iglutunnel geschaut habe. Dann wird mir meist sofort klar, daß er wieder nicht kommen kann. Wenn plötzlich mal für kurze Zeit Flaute herrscht und der Himmel aufreißt, hört Erich kleine Gefahr — mäßige Gefahr

Windgeschwindigkeit [km/h]

effektive Temperatur [°]	30	50	70
−10	−27	−32	−35
−20	−53	−60	−65

subjektiv empfundene Temperatur [°C]

große Gefahr — Lebensgefahr

In der hier wiedergegebenen Tabelle ist die subjektiv empfundene Temperatur in °C eingetragen. Am linken Rand ist die effektive (physikalische) Lufttemperatur und am oberen Rand die Windgeschwindigkeit in km/h vermerkt. Große Gefahr besteht bei einer effektiven Temperatur von −20°C und einer Windgeschwindigkeit von 50 km/h. Hier wird eine subjektive Temperatur von −60°C empfunden, d. h. die Lufttemperatur wirkt dreifach so kalt.

Hubschrauber fliegen, einmal sogar ganz deutlich die Blätter rotieren. Dann rennt er hinaus, um Hectór in die Arme zu schließen. Jedesmal lasse ich mich anstecken, ziehe in höchster Eile meine schicke violette Skihose an, ordne fieberhaft meine wirren Haare und klebe halbfertige Briefe zu. Aber alles für die Katz! Adélie hat es gleich gewußt und sich gar nicht erst von ihren sechs Stunden Mittagschlaf abbringen lassen.

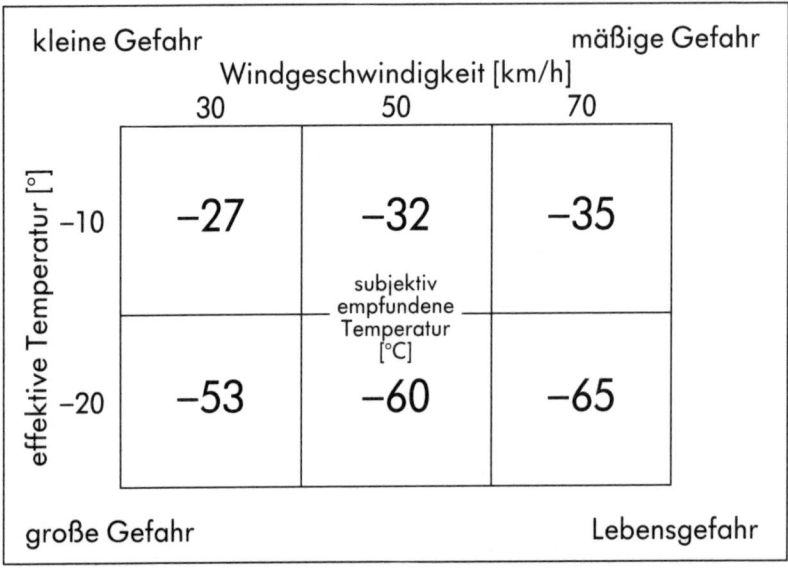

17. August: Wir registrieren den bisher niedrigsten Luftdruck des Winters. Er liegt jenseits der Skala von 960 hPa. Der Zeiger krebst am unteren Trommelrand entlang. Prat gibt uns einen Tiefstand von 952 hPa durch. Ich erinnere mich noch an den 29. November

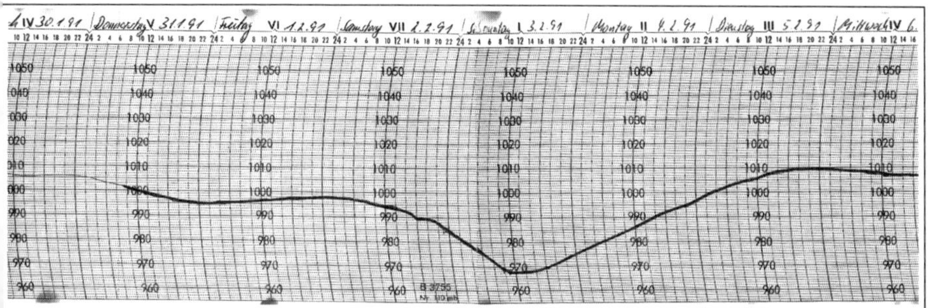

Klassischer Verlauf eines
Kap-Hoorn-Tiefs

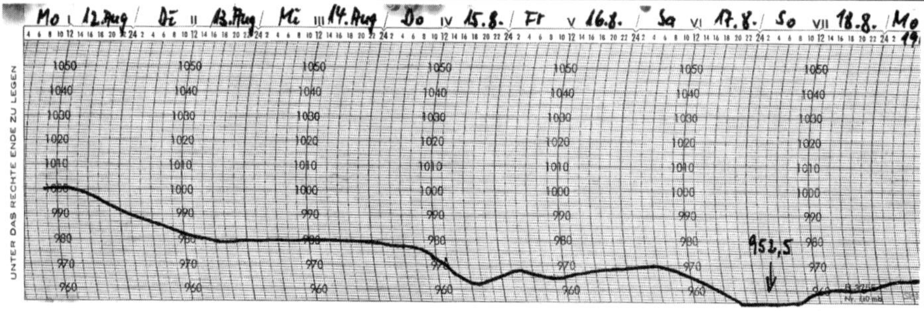

Sechsmal reichte die
Barographenskala nicht aus.
Tiefster Stand während des
Winters auf Deception: 952,5 hPa

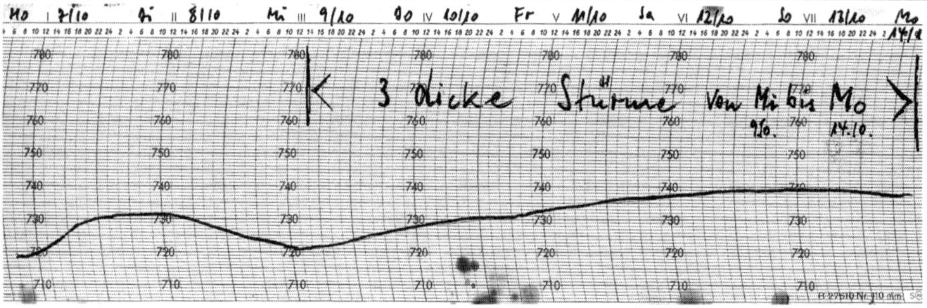

Typisch für diese Region:
ein Sturm nach dem anderen,
aber kein Hinweis darauf
in der Barographenkurve

1983. Damals gab es in Deutschland den niedrigsten Luftdruck, der bis dahin registriert wurde. Er lag bei 957 hPa. Wir waren gerade mit der FREYDIS auf dem Rückweg vom Trans-Ozean-Seglertreffen in Cuxhaven und hatten Norddeich gerade noch erreicht, bevor damals – in Mitteleuropa – die Hölle losbrach.

Die Temperatur liegt bei minus fünfzehn Grad. Ein Blizzard wütet über Deception und den Nachbarinseln. Natürlich sind der Iglutunnel und die Fenster wieder vollständig zugeweht. Nach dem Blizzard bleibt uns nichts anderes übrig, als uns wie die Maulwürfe wieder durch die Schneelawine zu graben. Der Wasserstreifen bei den Fumarolen ist fast zugefroren, die Pinguine haben nur noch ein Planschbecken. Hoffentlich geht das nicht so weiter.

Auf Erichs Zehenspitzen, die er sich während der Arbeit im Schiff erfroren hat, bildet sich dicker Schorf. Ein Nagel ist schwarz. Das Tückische bei Erfrierungen ist, daß man sie erst bemerkt, wenn es bereits zu spät ist. Meine Zehen sind geheilt, schmerzen aber jetzt schon bei geringer Kälte. Auf mein Gesicht schmiere ich, wenn ich nach draußen gehe, eine dicke Schicht Fettcreme.

Ich habe das zweite Paket Frischfleisch aus dem Schnee gegraben und frage mich, ob es tatsächlich noch frisch ist. Im Schnee herrschen schließlich nicht die tiefen Temperaturen wie in der Luft. Adélie erklärt sich sofort bereit, das Aufgetaute vorzukosten, und findet alles ausgezeichnet. Es ist auch wirklich noch tadellos, und das dreieinhalb Monate, nachdem es in Jubany aus dem Froster geholt wurde. Das Fett habe ich sorgfältig entfernt, weil es immer zuerst verdirbt. Damit füttere ich draußen die wenigen Vögel, die bei uns geblieben sind. Unser „Verein der Überwinterer auf Deception e. V.“, den wir vor mehreren Wochen gegründet haben, muß wenigstens ab und zu mit ein paar fetten Brocken unterstützt werden. Zu diesem Verein gehören die drei schneeweißen, ewig bettelnden Scheidenschnäbler oder Antarktistauben – Palomitas, wie sie hier genannt werden. Ihre Namen Kuttel, Daddel und Du sind ein Beweis dafür, daß Ringelnatz auch auf Deception gelesen wird. Weiterhin gehören zwei große Dominikanermöwen dazu, die ihren Namen Neidhard und Gierlinde alle Ehre machen. Unter ihrem zweifelhaften Charakter haben vor allem Kuttel, Daddel und Du zu leiden, denen sie fast jeden Bissen abjagen.

Mitglieder in unserem Verein sind auch zwei stattliche Weddellrobben. Bei halbwegs gutem Wetter liegen sie meist stundenlang auf dem Eis. „Transuse“ bevorzugt dazu den Eisrand des Fumarolenstrandes, Robbe Pierre döst gern in unmittelbarer Nähe zur FREYDIS. Im Gegensatz zu dem französischen Revolutionär, ihrem Namenspatron, ist Robbe Pierre die Sanftmut selbst. Allerdings kam sie kürzlich wegen eines ihrer vielen im Eis versteckten Atemlöcher doch ein wenig in Verruf im Verein. Erich wäre beinahe samt Fotoapparat hineingestürzt, als er ein Vereinsfoto mit ihr machen wollte. Aber wir glauben ihren unschuldigen Augen, daß es keine Absicht war.

Ebenfalls zum Verein gehören die vier Eselspinguine Kreti und Pleti, Hinz und Kunz, die einander so ähnlich sehen, daß wir sie nicht unterscheiden können. Sie treten immer als Quartett auf, ob sie nun an Land oder auf dem Eis spazierengehen oder im Wasser bei den heißen Fumarolen fischen. Niemals sieht man einen allein, gerade als wären sie siamesische Vierlinge. Sie geben sich die allergrößte Mühe und erscheinen stets im Frack, etwas overdressed, zugegeben, aber sonst ist ihr Auftreten eher bescheiden und zurückhaltend, ganz im Gegensatz zu Neidhard und Gierlinde.

Kein Anrecht, in den Verein aufgenommen zu werden, haben dagegen ihre zweihundertfünfzigtausend Verwandten, die stets im Oktober hier einfallen, um bald darauf mit Kind und Kegel die Hänge zu bevölkern. Während wir hier die eisige Stellung halten, haben sich diese Drückeberger einer Überwinterung entzogen und ein sorgloses Leben in den fetten Jagdgründen draußen auf dem Meer, am Rand des Packeises, vorgezogen.

Aller Voraussicht nach wird es also bei den vierzehn Vereinsmitgliedern (Erich, Adélie und mich eingeschlossen) bleiben, die hier den Winter gemeinsam und doch jeder auf seine Weise überstehen müssen. Nach einem Sturm oder sehr kalten Tagen berufe ich regelmäßig ein Vereinstreffen ein, um festzustellen, ob auch alle Mitglieder heilgeblieben sind. Dank Katzenfutter und Ölsardinen sind wir bisher noch vollzählig. Fast täglich haben wir Kontakt zu Kuttel,

Daddel und Du, über die wir oft sogar stolpern, weil sie im Schnee unsichtbar werden, jedenfalls bei den besonderen White-Out-Lichtverhältnissen. Dann sieht man bestenfalls zwei graue Füße über den weißen Grund laufen und einen rotgrauen Schnabel darüber schweben. Bei ihren Rundgängen ums Haus klopfen sie häufig mit dem Schnabel ans Fenster, um anzudeuten, daß sie sich gern mit uns treffen würden, bei einem Döschen Ölsardinen, versteht sich! Adélie ist von soviel Vereinssinn regelrecht begeistert.

20. August: Vor einer Woche ist der Vulkan Hudson im Süden Chiles ausgebrochen, erfahren wir von Eduardo. Eine riesige Aschenwolke zieht über Patagonien. Deshalb kann die Transportmaschine aus Buenos Aires nicht die Antarktis ansteuern, und Andis Kommen wird sich weiter verzögern. Daß all die schönen Sachen, Ersatzteile und ein Zusatzgerät für unsere Funkanlage nun schon seit Monaten in Buenos Aires liegen, akzeptieren wir mit einem lachenden und einem weinenden Auge. Weinend, weil sicher viel Post bei der Sendung liegt, lachend, weil Vorfreude die größte Freude ist. Wenn die Ersatzteile erst hier sind, gibt es bloß wieder viel Arbeit, soviel wie in den ersten zwei Monaten nach der Strandung.

Am Mittag kommt Hectór überraschend mit dem Helikopter angeflogen. Bei dem starken Wind und dem vielen Schnee ist die Landung schwierig, aber für Hectór natürlich „no problema". Er bringt Post, frisches Obst und einen Sack Mehl und kommt mir vor wie der Weihnachtsmann persönlich. Ein tolles Fest, nur schade, daß er immer so rasch wieder abfliegen muß. Dieses verdammte, tückische Wetter! Am Abend schwelgen wir in Neuigkeiten von zu Hause und in Pizza mit Salat.

Darüber fällt mir ein, daß die ersten Antarktisforscher Robben und Pinguine jagen mußten, um sich und ihre Hunde zu ernähren. Auch Pinguineier wurden gesammelt und gegessen. Wie einfach haben es dagegen wir! Wir müssen unsere Eßgewohnheiten kaum umstellen und können fast so speisen wie zu Hause. Die Kost ist zwar etwas einseitig, weil sie hauptsächlich aus der Dose kommt oder gefriergetrocknet ist, aber mit ein bißchen Phantasie lassen sich auch damit abwechslungsreiche Gerichte zubereiten. Zeit dafür habe ich ja genügend. Wir haben nicht das Gefühl, etwas zu entbehren. Bei der Strandung ist zwar unser Ostfriesentee verdorben, aber einfühlsame Segelfreunde haben ein Päckchen davon mit der letzten Post geschickt. Es kommt also nicht einmal zu Tee-Entzugserscheinungen beim Ostfriesen Erich. Natürlich wäre uns ab und zu ein knackiger Salat, ein Glas frische Milch, ein Becher Joghurt willkommen, aber für ein halbes Jahr können wir auch darauf verzichten. Vitaminmangelkrankheiten, insbesondere Skorbut, die schlimmste Geißel früherer Seefahrer, Polarforscher und Überwinterer, brauchen wir nicht mehr zu fürchten. Wöchentlich eine Multivitaminkapsel, und auch diese Sache ist „gegessen".

Das Frühstück zelebrieren wir gegen neun Uhr, wenn es langsam hell wird. Meist zünde ich dazu eine Kerze an, damit es drinnen gemütlich und friedlich ist, selbst wenn es draußen stürmt. Es gibt Filter- oder Pulverkaffee mit dicker, gezuckerter Kondensmilch und dazu selbstgebackenes Brot. Das gelingt mir jetzt immer recht gut, weil ich ziemlich viel Trockenhefe zusetze und den Teig fast einen ganzen Tag lang am Ofen gehen lasse. Rühr- oder Spiegeleier kommen immer seltener auf den Tisch, weil nur noch jedes dritte Ei genießbar ist. Aber rohen Schinken haben wir noch und auch eine Menge Wurstdosen. Mit Butter und Majonnaise müssen wir ebenfalls nicht sparen (mehr und mehr nehme ich zu!). Das Mittagessen lassen wir oft ausfallen. Am Nachmittag gibt es Tee mit Keksen und, wenn ich gebacken habe, Kuchen. Abends leisten wir uns dann sagenhafte Menüs.

26. August: Heute haben wir mal wieder einen wunderschönen Vormittag, der uns für die Sturmtage davor und für die, die noch kommen werden, etwas entschädigt. Aus blauem Himmel bescheint uns die Sonne, nur die Berge am gegenüberliegenden Kraterrand haben weiße Wolkenkappen aufgesetzt.

Adélie jagt eingebildete (weiße?) Mäuse, und Erich bastelt an der Antenne herum. In welche Richtung er sie auch spannt, Radio Norddeich erreichen wir nicht. Manchmal hören wir die Deutsche Welle recht gut. Die letzten Nachrichten über den Putsch in Moskau machen uns traurig. Wir holen Wasser und bauen Kohle ab. Danach sind wir erst einmal fix und fertig. Körperliche Arbeit kommt uns hier viel anstrengender vor als zu Hause, wahrscheinlich weil die Kälte allein schon Streß für den Körper bedeutet.

Die erste Kaptaube segelt neugierig über die FREYDIS – ein Frühlingsbote? Einer der Pinguine fehlt. Die drei anderen marschieren allein zum Wasser der Fumarolen und wollen mir nicht sagen, wo ihr Kamerad geblieben ist. Wir suchen, können ihn aber nirgends entdecken. So ist das in der Einsamkeit, man lebt mit Tieren zusammen und macht sich gleich Sorgen, wenn eines fehlt.

Die weißen Wolken kriechen über die Berge, werden dicht und schwarz und verfinstern bald den Himmel. Am Nachmittag schneit es einen halben Meter, und am Abend haben wir wieder Sturm. Ich bin froh, daß wir Wasser und Kohle im Haus haben. Im ganzen gesehen ein richtig idyllischer antarktischer Tag.

28. August: Manche Tage vergißt man nicht, und dies ist einer davon. Nachdem es in der Nacht wie verrückt geweht hat, herrscht am Morgen Friede, auch die Sonne ist wieder da und muntert uns auf. Zum xten Male schaufeln wir unseren Schneekanal am Eingang frei und begrüßen die drei Palomitas davor. Jeden Tag warten sie hier auf Futter, ob es stürmt oder schneit: geduldige, stoische kleine Überlebenskünstler. Abwechselnd stehen sie auf einem ihrer dünnen Streichholzbeinchen, während sie das andere in ihren Brustdaunen versteckt warmhalten. Wie sie bei den niedrigen Temperaturen überleben können, begreife ich nicht. Und wo bleiben sie bloß über Nacht bei dem gräßlichen Wind? Ob sie ein Schlupfloch in der alten Station haben? Oder sich in Bergspalten verkriechen? Tatsache ist, daß sie auch nach den stärksten Stürmen am Morgen wieder angeflattert kommen. Sie begleiten uns, wo immer wir hingehen, schauen uns zu, was immer wir tun, und untersuchen alles, was wir liegen oder stehen lassen, auch uns selbst, wenn wir uns nicht wehren. Ihr Futter muß ich dreiteilen und getrennt aufstellen, sonst gibt es Streit. Selbst dann rennt noch eine zur anderen, um nachzuschauen, ob die nicht mehr und vielleicht Besseres bekommen hat. Lustig zu sehen, wie es bei Tieren menschelt.

Wieder einmal machen wir uns auf zu unserem Schönwetterspaziergang zu den Fumarolen. Wir haben Springtide und deshalb extremes Niedrigwasser. Eisschollen und Growler stehen am

Strand wie abgestellte Ufos. Auf einem döst Robbe Pierre, sie scheint sich verletzt zu haben, vielleicht an den scharfen Eiskanten. Eine dünne Blutspur ist zu sehen. Wir entfernen uns, ohne daß sie uns bemerkt.

Das ablaufende Wasser hat warme und heiße Tümpel zurückgelassen. Das ganze Ufer ist mehrere hundert Meter weit in Dampf gehüllt. Die Fumarolen arbeiten wie kleine Loks. Die Pinguine nehmen ein Dampfbad. Überall bullert und zischt es heute besonders laut, auch riecht es stärker als sonst nach Schwefel. Wir überlegen, ob die Fumarolen tatsächlich mehr Dampf ablassen, oder ob es nur daran liegt, daß kein Windhauch die Schwaden wegbläst.

Mit hohen Gummistiefeln wate ich in den bei Niedrigwasser nicht mehr als zehn Meter breiten Wasserstreifen, um dort Planktonproben zu nehmen. Plötzlich höre ich ein Grummeln, ein Gewitter, aber aus der Tiefe kommend. Kurz darauf schießt eine Welle unter dem Kratereisrand hervor und überspült den ganzen Strand. Dann ist es wieder ruhig, das Ufer liegt trocken da wie zuvor. Kein Zweifel, das war ein kleines Seebeben und die Welle, vielleicht einen halben Meter hoch, war ein Mini-Tsunami. Alles ging so schnell, daß ich nicht einmal sagen kann, ob der Boden gebebt hat; ich hatte vollauf damit zu tun, mich vor der Welle rasch auf eine Eisscholle in Sicherheit zu bringen. Aber Erich hat ein Rucken gespürt. Daß so etwas hier häufiger vorkommt, ohne daß gleich eine Eruption folgt, wissen wir, aber irgendwie ist es trotzdem unheimlich. Das „Monster im Keller" bleibt unberechenbar.

Wir finden unseren vierten Pinguin, den wir seit Tagen vermissen. Er liegt am Strand unter einer überhängenden Eisscholle und flieht nicht, schaut nur ängstlich, als wir uns nähern. Wir sind froh, ihn wiederzusehen, lassen ihn aber in Ruhe. Alle Pinguine sind abgemagert. Ihr sonst so maßgeschneiderter Frack hängt ungepflegt und ramponiert um den kleinen Körper. Sie sind auch viel langsamer geworden als Anfang des Winters, springen nicht mehr übermütig durchs Wasser, tauchen nur noch müde am Eisrand entlang. Ob sie den Winter hier überstehen?

Bevor wir von King George lossegelten, fragte ich Hectór, was denn eigentlich mit dem Rest der Pinguine passiert, die nicht mit den anderen nach Norden an den Eisrand gezogen sind. „Bedauerlicherweise verhungern sie alle“, antwortete er. „Es sind überwiegend Diesjährige, die zu spät geschlüpft sind und den Anschluß verpaßt haben. Wenn alles dichtfriert, marschieren sie in kleinen Gruppen über die Insel in Richtung aufs vereiste Meer. Aber das offene Meer, das ihnen Nahrung gibt, ist viel zu weit weg. Deshalb werden es immer weniger, bis am Ende des Winters keiner mehr übrig ist. Jedesmal eine Tiertragödie, aber so ist die Natur nun mal...“

Auf Deception haben die Pinguine dank der Fumarolen noch eine Chance. Ein Streifen Wasser bleibt offen, von dem aus sie unters Eis tauchen und vielleicht etwas Freßbares finden können. Viel kann das aber nicht sein, denn auch unsere Pinguine scheinen jetzt kaum noch Reserven zu haben. Trotzdem scheue ich mich, sie zu füttern. Dazu müßte ich sie einfangen und zum Fressen zwingen.

Die Freydis ist jetzt fast ganz unter Eis und Schnee begraben. Neben dem Mast guckt nur noch das Deckshaus raus, und wir setzen all unseren Ehrgeiz darein, den Zugang und Niedergang freizuhalten, obwohl uns jedesmal eine tiefe Depression befällt, wenn wir im Schiffsinneren sind. Die Chilenen haben uns Hilfe angeboten. Sie wollen das Schiff Anfang November ins tiefe Wasser ziehen. In Punta Arenas bereiten sie dafür schon alles vor und lassen sich über Funk technische Details durchgeben. Sie wollen mit einem ihrer Schiffe kommen, sobald die Drakestraße wieder schiffbar ist und das Eis im Kratersee von Deception aufbricht. Einen Taucher wollen sie mitbringen, der das Unterwasserschiff untersuchen soll. Erich ist ziemlich sicher, daß die Freydis keine bösen Schäden an Rumpf, Kiel, Ruder und Schraube hat, außer eben den vier Löchern, die wir bereits provisorisch abgedichtet haben. Aber es ist schon besser, wenn ein Taucher uns Gewißheit verschafft, zumal das Bergemanöver zu weiteren Schäden führen kann. Dreiundzwanzig Tonnen, die sich ein tiefes Bett im Vulkansand gegraben haben – wir mögen uns gar nicht vorstellen, was alles passieren kann, wenn das Bergungsschiff Fahrt aufnimmt und die Freydis hinter sich herreißt. Mit dem großen Guckkasten, den

Erich gebaut hat, wollen wir die verlorene Ankerkette aufstöbern, damit der Taucher sie hochholen kann. Aber der Oktober wird bestimmt noch eine Zitterpartie für uns bringen, wenn das Eis aufbricht und die FREYDIS nicht mehr schützt. Die Stürme hier sind schrecklich.

31. August: Morgens wieder ein Funkinterview mit einem Radiosender aus Punta Arenas. Von Carlos in Prat haben sie erfahren, daß wir auf Deception überwintern und dabei gestrandet sind. Sie wollen wissen, wie wir die Tage hier verbringen, wie wir uns verpflegen, uns fühlen. Aber der Funkkontakt ist alles andere als gut. Ich muß alles mehrmals wiederholen, und selbst dann können sie die Bandaufnahme nur bruchstückhaft verwerten: eine Prozedur, die viel Zeit kostet. Wir verabreden schließlich ein Treffen in Punta Arenas, nach der Bergung.

Carlos gibt dem Sender anschließend aus Prat noch einen Bericht, ihm hilft seine starke Funkanlage. Für mich hat er eine erfreuliche Neuigkeit: Die erste Weddellrobbe liege vor der Station auf dem Eis und habe soeben ein Junges geworfen. Der Frühling naht, obwohl der Winter noch voll präsent ist und wir uns gar nicht vorstellen können, daß die Robbenbabys, die jetzt schon geboren werden, überhaupt eine Chance haben. Trotzdem macht mich diese Nachricht glücklich. Am liebsten würde ich der jungen Mutter einen Blumenstrauß schicken.

Und das soll Frühling sein?

Neues Leben auf dem Eis – Ein Bad im Freien – ZDF-Besuch aus Buenos Aires – Der surrealistische Haarschnitt – Was ist Leichtsinn, was Abenteuer?

Vor lauter Polarstürmen habe ich möglicherweise so manches kleinere Erdbeben gar nicht bemerkt. Wenn die Station zitterte, war für mich immer der böse Wind der Verursacher. Aber der Seismograph, der im Sommer hier steht, soll fast täglich kleine Erdstöße aufgezeichnet haben, und die stärksten seien auch zu spüren gewesen, so haben wir gehört. Warum sollte das im Winter anders sein?

Aber solange Adélie nicht unruhig wird, habe auch ich keinen Grund dazu. Sie ist schließlich ein lebender Seismograph. Die sensiblen Katzenpfoten sollen schon geringste Erschütterungen der Erdrinde wahrnehmen. Ich habe gelesen, daß bei einem schlimmen Erdbeben in Kalabrien die Hauskatze einem Kaufmann sogar das Leben rettete. Wie von Sinnen soll sie ihn bedrängt haben, die Haustür zu öffnen. Der beunruhigte Mann folgte seiner Katze bis vor die Tore der Stadt. Hinter ihnen riß die Erde auf, und Tausende Menschen fanden den Tod.

Adélie ist also auch in dieser Hinsicht nützlich, ich habe allerdings meine Zweifel, ob sie mich jemals veranlassen würde, die Haustür zu öffnen. Seit sie einige Male ihre Umgebung erforschen wollte, hat sie von Kälte und Sturm die Schnauze so voll, daß sie kaum noch den Salon verläßt. Nicht einmal die draußen ums Haus patrouillierenden Antarktistauben können sie vor die Tür locken.

3. September: Wolkenloser Himmel, so blau wie seit Monaten nicht mehr. Wir nutzen das Wetter zu einem Vorfrühjahrsputz, waschen Wäsche, kehren und feudeln Salon und Küche, zimmern unseren Eingangstunnel, der durch den Schneedruck zusammengesackt ist, wieder auf Stehhöhe und reinigen das Ofenrohr, das fast verstopft ist. Kein Wunder, daß der Ofen nicht mehr heizen wollte und uns nur noch die Bude vollqualmte.

Als Erich mit dem Schlitten die Asche zum Kratereis hinunterbringt und dort auskippen will, hört er lautes Schnaufen und Prusten. Ein Robbenkopf erscheint in der Eisspalte, wahrscheinlich Robbe Pierre, und guckt Erich an, als wolle er sagen: „Leer deine Asche gefälligst nicht in meine Wohnung!" Erich findet das zwar pingelig – schließlich besteht die ganze Insel aus Asche –, schüttet seinen Pott aber doch woanders aus. Man hält ja auf gute Nachbarschaft. Dafür soll sich unsere Robbe aber filmen und fotografieren lassen. Gespannt liegen wir dort auf der Lauer. Und tatsächlich schaut sie wieder aus der Eisspalte, aber nun fünf Meter weiter weg. Mit Sack und Pack ziehen wir um. Kaum haben wir die neue Position bezogen, guckt sie aus dem alten Loch. Erich schwört, sie hätte uns die Zunge herausgestreckt.

Adélie ist mehrmals aus freien Stücken vors Haus gegangen! Sie will den frechen Palomitas, die ständig provozierend vor Fenstern und Eingang herumtrippeln, endlich doch den nötigen Respekt einjagen. Aber nach ein paar äußerst kläglichen Angriffsversuchen, bei denen sie bis zum Hals im Schnee versinkt, zieht sie es vor, auf dem Schlitten in der Sonne zu sitzen und die Palomitas, die vor ihrer Nase herumtanzen, mit Mißachtung zu strafen.

Unser vierter Pinguin hat es doch nicht mehr geschafft. Er ist nun endgültig verschollen. Nur noch drei stehen jetzt zusammen am Strand wie trauernde Hinterbliebene.

8. September: Die Kraft des Winters und die Wut der Stürme scheinen seit Anfang des Monats gebrochen. Wir merken das nicht nur daran, daß die Tage viel länger sind – inzwischen steuern wir auf die Tag-und-Nachtgleiche zu –, sondern seit einer Woche scheint sich auch das Wetter zu beruhigen. Heftigen Wind gibt es zwar immer noch, aber schon seit ein paar Tagen keinen schweren

Sturm – Zustände, die wir gar nicht mehr gewohnt sind. Heute aber – kein Wind und kaum Wolken – wird uns zum erstenmal in der Sonne warm. Die Temperaturen liegen über dem Gefrierpunkt. Im Schatten messen wir allerdings noch minus vier und nachts unter minus zehn Grad.

Bei Niedrigwasser nehmen wir in den Naturbadewannen am Fumarolenstrand unser erstes Freibad, ein himmlisches Vergnügen, das wir uns lange gewünscht haben. Das putscht richtig auf. Die drei Pinguine aus unserem Verein schauen zu und wundern sich, was sich da aus den vielen Lagen Kleidung herausschält. Ich bin überglücklich, daß es nun wärmer wird. Jede Arbeit im Freien fällt mir unendlich viel leichter. In den vergangenen Monaten habe ich allein schon beim Wasserholen manchmal Todesängste ausgestanden und Schmerzen in den vor Kälte gefühllosen Fingern.

Von Prat und Marsh erfahren wir, daß wir mit dem Sonnen vorsichtig sein müssen. Die Stationen Marambio und Marsh haben Warnungen durchgegeben: Das Ozon in der Stratosphäre ist um weitere dreißig Prozent gesunken. Alle Körperteile sollten bedeckt gehalten, das Gesicht mit starker Sonnenschutzcreme eingerieben und draußen auch bei bewölktem Himmel dunkle Brillen getragen werden. Wie traurig, daß man sich nach solch einem Winter nicht mal ohne Risiko der Sonne erfreuen darf.

10. September: Zu früh gefreut. Wir haben wieder Sturm, den ganzen Tag und die ganze Nacht – will das denn nie enden? Erst am darauffolgenden Morgen fällt das Baro; das kennen wir schon, die Stürme hier halten sich an keine Regeln. Immer noch Starkwind, aber es taut.

Zum Wasserholen kriechen wir möglichst rasch und einzeln durch unseren Iglukanal und haben auf beiden Seiten Schaufeln bereitgestellt. Wir befürchten, daß er plötzlich über uns zusammenbricht. Ich bin froh, als wir mit vollen Kanistern wieder in der Station sind. Wir machen es uns gemütlich, zünden die Petroleumlampen an – eine Schneewand vor dem Fenster verdunkelt unser Refugium –, hören Musik, schreiben Briefe, lesen und spielen mit Adélie. Wir unterhalten uns mit Eduardo in Buenos Aires, mit Wolfgang und Gaby irgendwo in Paraguay und mit unseren Nachbarstationen in der Antarktis. In Prat haben schon vier Robben Junge geworfen.

15. September: Die Temperaturen liegen nur knapp unter Null, aber es ist sehr windig, sechs bis sieben Beaufort. Wir raffen uns auf und laufen zur spanischen Station. Durch die undichte Eingangstür ist viel Schnee in die kleine Hütte gedrungen, von der Decke hängen Eiszapfen, alles ist feucht und klamm. Wir räumen den Schnee hinaus und borgen uns einen kleinen Plastikschlitten, damit wir die Wasserkanister leichter vom Brunnen zur Station transportieren können. Abgekämpft kommen wir heim – gerade noch rechtzeitig. Keine halbe Stunde später überrollt uns eine Sturmwalze. Von einer Sekunde auf die andere herrscht draußen wieder mal das Chaos. Die Station bebt in allen Fugen, Schnee und Eisstücke knallen an die Fenster, aus dem Ofen schlagen Flammen und Rauch in den Salon zurück. Zusätzlich fallen alle paar Minuten Hammerböen mit noch stärkerem und geradezu unheimlichem Brausen, Rollen und Rumpeln über uns her. Das hört sich an, als ob direkt vor der Station Güterzüge vorbeidonnerten. Wieder einmal fragen wir uns, ob nicht vielleicht doch ein Erdbeben oder eine Eruption im Gange ist. „Wenn jetzt noch Steine aufs Dach prasseln, dann wissen wir's genau", stellt Erich, Fachmann, der er ist, fest.

Es ist aber nur ein Blizzard, wie er im Buch steht. Außer seinem Versuch, das Blechdach abzuheben, passiert nichts. Trotzdem schlafen wir kaum. Wir machen uns Sorgen, ob wir aus diesem Sturmloch jemals wieder heil herauskommen. Diese Stürme erinnern uns stets von neuem an die Nacht unserer Strandung. Seit jener Unglücksnacht kommt mir Deception wie eine Drachenhöhle vor. Die Stürme sind die Drachen, ihre Attacken immer auch Angriffe auf Leib und Leben. Jedesmal denke ich, hoffentlich geht es gut, hoffentlich werden die Stürme im Frühjahr seltener und weniger heftig. Am Morgen bin ich dann wie gerädert. Diese Stürme gehen nicht spurlos an mir vorüber, ich fühle mich von ihnen massiv bedroht. Der Sturm hält an. Unsere Fenster sind total vereist und zugeschneit, der Eingang ist bis zum Dach mit Schneemassen verrammelt.

19. September: Nach drei Tagen Sturm heute nacht eine wunderbar erholsame Stille. Konnten gut schlafen. Am Morgen scheint die Sonne durch die Fenster der Station. Schon um sieben Uhr wird es hell. Die Barokurve steigt, als wolle sie in den Himmel klettern. In vier Tagen beginnt hier der Frühling!

Vom Gipfel unseres Hausberges aus stellen wir mit Erstaunen fest, daß Neptuns Blasebalg bereits eisfrei ist. Auch um den Wasserstreifen an den Fumarolen ist viel Eis aufgebrochen. Aber nicht nur das Eis ist im Aufbruch, die ganze Insel scheint aus dem Winterschlaf zu erwachen. In den letzten Tagen sind schon viele Vögel eingetroffen, meist Kaptauben und Dominikanermöwen, überall hört man ihr Geschrei.

Vor dem Eingang sitzen unsere drei Palomitas mit blutverschmierten Köpfen. „Was ist denn mit euch passiert?" frage ich, aber die Antwort kommt vom Krater. Lautes Heulen ist dort zu hören, ähnlich dem eines großen Hundes. Mir fallen die beiden trächtigen Robben ein. Wir laufen rasch zum Ufer und etwa fünfzig Meter weit aufs Kratereis hinaus. Dort liegt Robbe Pierre, neben sich ein im wahrsten Sinne des Wortes goldiges Junges, denn sein beigefarbenes Fell schimmert golden in der Sonne. Das für sein Alter – nur ein paar Stunden können es sein – recht lebhafte Robbenkind schmust mit seiner Mutter und spielt mit Eisbröckchen, die es mit der Schnauze vor sich herschiebt. Immer wieder hört man Robbe Pierre heulen, wahrscheinlich um aufdringliche Vögel zu vertreiben. Zwei Möwen – unsere Klubmitglieder? – zerren den Mutterkuchen übers Eis und reißen Stücke heraus, die sie gierig verschlingen. Vier andere Möwen sitzen auf einer Eisscholle in der Nähe und schauen zu – offensichtlich haben die Überwinterer ältere Rechte. Mit uns sind auch die Palomitas zur Geburtsstätte zurückgekehrt und säubern sie von den letzten blutigen Resten.

Wir setzen uns auf eine der Eisbergspitzen, die überall wie kleine Gebirge aus der Eisdecke ragen, und können uns nicht sattsehen an dem Robbenbaby mit dem viel zu großen Pelz, der an seinem mageren Körper überall Falten schlägt. Immer wieder robbt es auf uns zu und guckt uns aus vertrauensvollen Kulleraugen an. Aber dann wird es Robbe Pierre zu bunt, sie legt Hals und Kopf über ihren Sprößling und hält ihn fest. Das Kerlchen soll saugen, damit es ein Kerl wird, und nicht herumscharwenzeln. Robbe Pierre ist eine geduldige Mutter. Immer wieder legt sie den Bauch so zurecht, daß das Kleine ohne Schwierigkeiten die Zitzen erreicht. Und bald ist es auch laut schmatzend, schluckend und rülpsend bei der Sache. Robbe Pierre legt den Kopf auf einen kleinen Eishügel wie auf ein Kissen und schließt die Augen. Sie ist müde von der Geburt, und außerdem ist dies die natürlichste Stellung, um dem Jungen das Saugen zu erleichtern.

Nach ein paar Fotos zur Erinnerung an unsere erste Robbengeburt auf Deception verabschieden wir uns auf leisen Sohlen von Mutter und Kind. Vom Vater keine Spur! „Fast wie im richtigen Leben", murmele ich vor mich hin.

20. September: Wenn es das Wetter zuläßt, gehen wir hinaus und machen kurze Ausflüge in die nähere Umgebung, immer auf der Hut vor plötzlichen Wetterverschlechterungen. Diese Touren können wir jetzt langsam ausdehnen, denn die äußeren Bedingungen bessern sich immer mehr.

Zum ersten Mal in diesem Winter wagen wir uns durch die Bergschneise, die hinter der Lagune durch tiefen Schnee zur Außenseite der Kraterinsel führt. Der Anblick, der sich uns dort bietet, ist überwältigend: Vor uns im flachen Wasser sind jede Menge Eisberge gestrandet, und mittendrin liegt der dunkle Felsquader Labebrua wie das sprichwörtliche schwarze Schaf. Dahinter dehnt sich das weite Meer mit langen Packeisfeldern, aus denen Sail Rock und Castle Rock als schwarze Felskrümel ragen. Im Westen erheben sich die sonnenbeschienenen Spitzen von Snow Island, Low Island und Livingston aus dem Dunst. Im Süden liegen die Austin Rocks und, gerade noch erkennbar in der Ferne, die der antarktischen Halbinsel vorgelagerten Inseln.

Die Hänge, an denen die Pinguine im Frühjahr zu Hunderttausenden nisten, sind noch immer verlassen. Die Bewohner kommen erst mit den Krillschwärmen, und Krill haben wir zumindest im Krater bisher in diesem Winter noch nicht gesehen.

Als wir zurückkehren, liegt die hochschwangere Transuse bewegungslos auf dem Eis am Lagunenrand. Vielleicht hat sie sich diesen Liegeplatz schon zum Gebären ausgesucht? Das wäre ein Glücksfall für uns, weil der Platz von der Station aus zu sehen ist.

22. September: Wieder ein Wintereinbruch. Sturm die ganze Nacht, den ganzen Tag. Dabei ist es lausig kalt. Ein seltsamer Frühling ist das! Mir tut die kleine Robbe leid. Sie liegt zwar im Windschutz der Mama, hat aber selbst noch keinen Speck auf den Rippen. Ich kann mir nicht vorstellen, wie eine neugeborene Robbe das überleben kann. Der Jubany-Biologe beruhigt mich: Wenn es nicht ganz außergewöhnlich kalt ist für die Jahreszeit – und das ist es nicht –, kommen sie meist durch. In der Potter Cove haben sie keine Weddellrobben, aber jede Menge Elefanten- und einige Pelzrobben. Die Männchen haben bereits einen Harem um sich versammelt, und es gibt auch schon einige Jungtiere.

23. September: Frühlingsanfang, Tag-und-Nacht-Gleiche. Geht der Winter jetzt in die Knie? Heute ist ein kalter, aber wunderschöner Tag. Hectór bringt endlich Andi mit dem Hubschrauber, als wir gerade auf dem Kratereis nach der Robbe Pierre und ihrem Pierrot schauen, die den Sturm offensichtlich heil überstanden haben. Andi ist zum guten Schluß doch schneller hier, als wir dachten. Gestern flog er mit der Hercules in Buenos Aires ab. Nach einem Zwischenstopp im Süden Patagoniens landete er nachmittags in Marambio, der argentinischen Antarktisbasis auf der Seymour-Insel. Als er ausstieg, erwartete ihn bereits Hectór mit der chilenischen Twinotter. Sie flogen nach Marsh und von dort gleich mit dem Hubschrauber weiter nach Deception. „Ningun problema!" lacht Hectór wieder einmal, als wir uns bei ihm bedanken.

Was beim Transport unserer Hilfssendung, die Andi mitbringt, anfangs so einfach aussah, entpuppte sich mit der Zeit als immer schwieriger. Die Logistik klappte nicht. Die erste Panne passierte, als die ZDF-Kisten nicht rechtzeitig in Buenos Aires eintrafen und den Anschlußflug in die Antarktis verpaßten. Die Lufthansa hatte sich freundlicherweise bereiterklärt, sie kostenlos zu transportieren, aber verständlicherweise hatte normales Fluggepäck Vorrang. Zweite Panne: Die Fuerza Aerea und das Instituto Antárctico Argentino machten einen Rückzieher, vermutlich weil sie von Andi erfahren hatten, daß ein Film fürs ZDF gedreht werden sollte.

Damit sah es für die Behörden so aus, als ginge es nicht mehr um spontane Hilfeleistung für Schiffbrüchige, sondern um eine kommerzielle Unternehmung. Dementsprechend hielten viele die Hände auf.

Zudem hatte sich das Antarktisinstitut in Buenos Aires mit dem deutschen Polarinstitut in Verbindung gesetzt und von dort die Mitteilung erhalten, daß wir keinerlei Forschungsauftrag von ihnen hätten und reine Privatabenteurer seien (was ja nicht ganz stimmt). Als Mitglieder des Antarktisvertrags sind die Institute von vornherein gegen jede Unterstützung des Privattourismus' in der Antarktis. Eine besonders harte Linie verfolgen vor allem die Deutschen und die Amerikaner. Ein Beispiel für diese konsequente Haltung erlebten die beiden Antarktisüberquerer Messner und Fuchs, denen es nicht gestattet wurde, vom Südpol aus ein Gespräch nach Hause oder zur neuseeländischen Station zu funken, weder für Geld noch für gute Worte.

Jedenfalls zogen sich die Verhandlungen Eduardos mit dem Antarktisinstitut in Buenos Aires elend lange hin. Schließlich halfen sogar das Auswärtige Amt in Bonn und der deutsche Botschafter noch mit, die das Anliegen von Thomas und Eduardo unterstützten. Durch ihre Bemühungen konnten auch die umständlichen Zollformalitäten für die Transitsendung in die Antarktis leichter abgewickelt werden. Das betraf sowohl die teuren Videokameras, die das ZDF Andi zur Verfügung stellte, als auch das Verstärkergerät für unsere Funkanlage, das uns Freunde schickten, damit wir aus dem Kraterloch endlich mit Radio Norddeich und ihnen allen sprechen können. So klappte zum Schluß dann doch noch alles. An die argentinische Luftwaffe mußten wir eintausendsiebenhundert Dollar Fracht bezahlen, Andi bekam einen Freiflug. Weil die Argentinier Andi aber nur bis zu ihrem Stützpunkt Marambio bringen konnten, kümmerte sich die Fuerza Aerea Chilena um den kostenlosen Weitertransport. Bei ihnen ging es zum Glück ungewohnt unbürokratisch zu. Wir nehmen an, daß wir dabei unserem Freund Hectór viel zu verdanken haben.

Jetzt also steht Andi vor uns und strahlt. Als wir schließlich auspacken, den Verstärker in Händen halten und all die Briefe lesen, sind wir ganz gerührt. Natürlich spüren wir in manchen den erhobenen Zeigefinger selbsternannter Kenner, die „es ja gleich gesagt" haben oder sinngemäß den weisen Spruch zitieren: „Wer sich in Gefahr begibt, kommt darin um und bringt womöglich noch andere in Gefahr!" Aber die allermeisten Briefe zeigen soviel Verständnis, Anteilnahme und Solidarität, daß sie mir unendlich wohltun. Für mich wird es ein richtiges Fest. Die mitgeschickten Bücher, Kressekörner, Marmeladen und der Tee sind erlesene Kostbarkeiten, und das hübsche Puzzle, das Thomas' Söhne für uns gemalt und gebastelt haben, rührt uns zu Tränen. Ich habe das Gefühl, einen langen, wunderbaren Abend mit vielen Freunden zu verbringen. Auch Erich ist glücklich und stolz, solche Freunde zu haben. Erst aus der Post, die dem Paket beiliegt, erkennen wir so richtig, welchen Arbeitseinsatz diese Aktion verlangt hat und wieviel organisatorische Probleme Thomas zu überwinden hatte.

Um fünf Uhr morgens weckt mich ein ungewohntes Geräusch. Andi, der sich in einem Zimmer direkt über dem Salon einquartiert hat, wirft den Petroleumofen an. Wahrscheinlich ist ihm kalt geworden, trotz des Polarschlafsacks. Bei uns im Salon wollte er nicht schlafen, um uns nicht zu stören. Leise stehe ich auf, begrüße Adélie, die mir schnurrend um die Füße streicht, öffne die Luftklappe am Ofen und lege einen dicken Holzprügel auf. Eine herrliche Stimmung ist das draußen, so kurz vor Sonnenaufgang! Windstille, der ganze Himmel gleichmäßig himbeerrosa, auch Eis und Schnee rosa überhaucht, die Sicht glasklar. Ich atme Frühling!

Auf dem Eis der Lagune, nicht weit von der Station, sehe ich eine uns unbekannte dritte Robbe liegen mit einem dunklen Bündel neben sich. Mehrere Möwen und Kuttel, Daddel, Du machen sich um sie herum zu schaffen. Offensichtlich hat sie gerade erst geworfen. Ich laufe rasch zu ihr, lege mich nach Robbenart aufs Eis und bewundere ihren Sprößling. Die Robbenmutter ist noch sehr jung, sie hat fast keine Narben im Fell. Nun ist sie müde und öffnet kaum die Augen. Das kleine Fellbündel hat die Zitzen schon entdeckt, Milch läuft ihm aus dem Mäulchen, während es mich mit staunenden Augen anschaut. Ich fühle mich plötzlich unendlich glücklich. Die Stille um mich, das immer leuchtendere Rosa des

Himmels, das die Sonne ankündigt, die große, dicke, friedlich schlafende Robbe und das Kleine, das sich regt, saugt und schmatzt – das scheint mir alles wunderbar und einen tiefen Sinn zu haben.

Ich fühle mich versöhnt mit der Natur, die mir einen ganzen Winter lang so feindselig und böse gegenüberstand. Leise stehle ich mich davon und bin auf einmal ganz sicher, daß dieses Idyll nichts anderes als der Rest des verlorenen Paradieses ist.

Nach dem Frühstück besuchen wir mit Andi natürlich zuallererst die Robben. Er filmt fleißig, während ich erzähle, wie wir mit zweien davon den Winter verbracht haben. Auch Kuttel, Daddel und Du sind zur Stelle wie immer, wenn irgendwo in der Bucht was los ist. Neidhard und Gierlinde sehen sich die Versammlung lieber aus der Luft an, und die drei überlebenden Pinguine stehen gemeinsam am Fumarolenufer und scheinen zu beratschlagen, ob sie heute überhaupt ins Wasser gehen sollen.

Andi hat genaue Anweisungen bekommen: Er soll unsere derzeitigen Lebensumstände filmen und Interviews zu unserer Seelenlage machen. Aber bevor Erich dran ist, muß er erst mal Maske machen; hier heißt das, er muß dringend zum Friseur. Weil Andi aber unbedingt filmen will und die Sonne gerade scheint, verlegen wir den Friseursalon aufs Laguneneis. Da sitzt nun auf einem einsamen Stuhl inmitten der großen weißen Eiswüste Erich mit dunkler Brille, den Blick in die Ferne gerichtet, und krault Adélie auf seinem Schoß, während ich ihm wie selbstverständlich die Haare stutze – wirklich ein surrealistisches Bild. Wir haben soviel Spaß an dieser antarktischen Groteske, daß Andis Filmszenen schließlich viel zu lang und Erichs Haare viel zu kurz geraten.

Was die Frage nach unserer „Seelenlage“ anlangt, so fühle ich mich zunächst ein wenig überfordert; anders ausgedrückt: Bis jetzt habe ich noch nicht ernsthaft darüber nachgedacht. Die Überwinterung ist ja auch noch gar nicht zu Ende, ihr Ausgang noch offen, aber sicher ist es nicht verkehrt, eine Zwischenbilanz zu ziehen.

Andi fragt uns: „War die Überwinterung das, was ihr euch erträumt habt? Welche Rolle spielte das Alleinsein, welche die Gefahr? Wie seid ihr miteinander zurechtgekommen?“

Mir gefällt die Fragestellung nicht, sie müßte eigentlich lauten: War es das, was ihr erwartet habt? Denn ich hüte mich, allzuviel zu erträumen. Vom Segeln weiß ich, daß meist alles anders kommt. Wir hatten zuvor noch nie in der Antarktis überwintert, also können wir allenfalls etwas über das Unerwartete sagen, das uns trotz bester Informationen und gewissenhafter Vorbereitung widerfuhr. Für uns war das vor allem die Strandung. Ihre Folgen hielten uns zwei Monate in Atem und tun es immer noch, weil wir nicht wissen, wie es weitergeht. Die zweite Überraschung bereitete uns das Wetter. Die schweren Stürme, die fast ununterbrochen über die Insel tobten, zwangen uns oft, viele Tage lang in der Station auszuharren. Bisher konnten wir lediglich in den kurzen Pausen dazwischen die Landschaft genießen, und nur selten wagten wir uns weiter weg als bis zu den Fumarolen. Wenn ich mir etwas vorgestellt hatte, so waren es ausgedehnte Wanderungen bei sicherlich eiskaltem, aber ruhigem, sonnigem Wetter. Gerade das gab es überhaupt nicht.

Das Alleinsein spielte eine positive Rolle, es war ja ein freiwilliger Rückzug. Wir hatten die Einsamkeit gesucht, um allein zu sein. Früher gab es abgeschiedene Klöster, in die sich Menschen zurückziehen konnten, um in Ruhe zu sich selbst zu finden, mit ihrem Gott zu sprechen und ihr Leben zu überdenken. Dieser Krater nun ist für uns so eine Art Kloster geworden. Hier stört nichts die Stille, abgesehen vom Toben der Stürme, aber das sind Geräusche der Natur. Vielleicht haben wir uns nach der Strandung etwas allein gefühlt, damals hätten wir gerne mit Freunden gesprochen. Aber sonst kommen Gefühle der Einsamkeit oder Leere nicht einmal in Ansätzen bei uns auf. Von uns aus könnte es noch eine ganze Weile so weitergehen. Außerdem gibt es ja den Funkverkehr mit den Stationen oder mit Buenos Aires.

Erich und ich haben einander gut ergänzt. Es war ein harmonisches Zusammenleben, aber daran habe ich auch nie gezweifelt. Schließlich leben wir schon seit über zwanzig Jahren zusammen und kennen uns gut genug. Trotzdem war es eine neue Erfahrung, nur zu zweit einen ganzen Winter in einer entlegenen, menschenfeindlichen Umgebung zu verbringen, alle zum Überleben notwendigen Arbeiten gemeinsam zu erledigen und alle Gefahren, aber auch alles Schöne, gemeinsam zu durchleben. Natürlich ist man da unbedingt aufeinander angewiesen, ganz voneinander abhängig. Klar, daß man sich ständig „auf der Pelle“ sitzt. Wir gingen uns trotzdem nicht auf die Nerven, wenigstens nicht oft.

Das „Barackenfieber“, wie es Antarktisexpeditionen früher häufig erlebten, wenn sie überraschend vom Eis eingeschlossen wurden und darin überwintern mußten, brach bei uns nicht aus. Menschen, die unfreiwillig lange Zeit auf dem engen Raum eines Schiffes oder einer Hütte zusammengepfercht leben, entwickeln heftige Aggressionen und sehen schließlich nur noch die Fehler der anderen. Streit, Niedergeschlagenheit und Auseinandersetzungen, die sogar zu Mord und Totschlag führen können, sind dann die Folgen. Im Gegensatz dazu gestaltete sich unser Zusammenleben wirklich friedlich, vielleicht auch deshalb, weil jeder von uns seine kleine Privatecke mit Schreibtisch, Büchern und Petroleumlampe besaß, in die er sich notfalls zurückziehen konnte. Wir waren froh, zusammenzusein. Der Sinn der Überwinterung lag für uns gerade darin, gemeinsam etwas Abenteuerliches und Schönes zu erleben. Und das gelang bisher, trotz der Strandung.

Am nächsten Tag gehen wir mit Andi zu den Fumarolen. Um Badeszenen zu drehen, ist es zu kalt. Erich nimmt trotzdem unsere große, aufblasbare Plastikinsel mit der grünen Palme mit. Am Ufer zwischen den Eisschollen plaziert, sieht es so aus, als ob die Palme mitten aus dem Eis wüchse. Die Pinguine bleiben bei diesem Schauspiel auf Distanz, aber Kuttel, Daddel und Du sind neugierig. Mit ihren spitzen Schnäbeln zupfen, ziehen und hacken sie, bis der Insel die Luft ausgeht und die schöne Palme in sich zusammensackt.

„Jetzt werden hier nie Kokosnüsse wachsen, das habt ihr nun davon“, schelte ich sie.

Es scheint ihnen aber wenig auszumachen, solange sie Ölsardinen von mir bekommen.

Zurück zur FREYDIS: Wer hätte jemals gedacht, daß wir den Backskisten mit schweren Pickeln und Hämmern zuleiberücken müssen? Eine gute Stunde dauert es, bis wir den Schnee weggeschaufelt und das Eis so weit aufgehackt haben, daß wir den Deckel einen Spalt weit aufkriegen. Mit einigen Verrenkungen gelingt es mir, die Leinenrolle und ein paar Blöcke herauszuangeln, die wir brauchen, um eine neue Antenne zu spannen. Andi hat nämlich auch hundert Meter Antennendraht mitgebracht. Leider ist es dann trotzdem nicht möglich, den Verstärker einzusetzen; ein kleines, vieladriges Verbindungskabel fehlt, das wir nicht selbst basteln können. Vielleicht schickt es Thomas, wenn er über Funk davon erfährt, aber bis wir es dann kriegen, ist die Überwinterung wahrscheinlich schon vorbei. Also erst einmal die neue Antenne spannen!

Als Andi mit Hectór über den Krater flog, um hier abgesetzt zu werden, da suchte er vergeblich nach einem Schiff. Hectór zeigte nach unten, aber er sah dort nur einen schiefen Antennenmast (wie er glaubte). Daß es der Mast unserer FREYDIS war, erkannte er erst, als Hectór es ihm sagte. Auch jetzt fragt er uns, wo die FREYDIS anfängt und wo sie aufhört. Das ist nicht verwunderlich, denn schließlich ist von Bug oder Heck nichts mehr zu sehen. Ich rolle die zerfetzte Nationale am Achterstag auf und grabe das FREYDIS-Schild an der Reling aus. Andi hat die Kamera schon in Position gebracht. Erich erzählt, wie es zu der Strandung kam, und ich wehre mich gegen den Vorwurf, ein „leichtsinniges Abenteuer" eingegangen zu sein.

Ich bin davon überzeugt, daß unsere Überwinterung kein leichtsinniges Unternehmen ist. Unter Leichtsinn verstehe ich beispielsweise, wenn ich auf der Autobahn hundertachtzig Stundenkilometer fahre und sowohl mich als auch andere gefährde, weil ich plötzlichen Gefahren dann hilflos ausgeliefert bin. Natürlich ist die Antarktis menschenfeindlich und bestimmt kein Revier für Unerfahrene. Aber wir segeln schon seit vielen Jahren in polaren Revieren und haben deshalb Erfahrung. Wir sind uns der Risiken und Gefahren bewußt, haben uns darauf eingestellt und gelernt, mit ihnen umzugehen. Wir haben das Segeln im Eismeer erlernt wie ein Dachdecker sein Handwerk. Und ein Dachdecker ist nicht deshalb schon leichtsinnig, weil er auf einem abschüssigen Dach herumklettert. Er weiß, wie er sich zu verhalten, wie er sich zu schützen hat. Ob etwas leichtsinnig ist, hängt davon ab, wer ein Risiko wann, wo und wie eingeht. Jedes Segelrevier hat seine speziellen Gefahren, die Karibik genauso wie das Mittelmeer, der Atlantik oder die pazifische Inselwelt.

Natürlich will ich damit das Segeln in hohen Breiten nicht verharmlosen. Es ist gewiß risikoreicher als die sogenannte Barfußroute, auch gegenüber dem Alltagsdasein zu Hause birgt es größere Gefahren. Ich will damit nur ausdrücken, daß wir mit der Gefahr nicht leichtsinnig umgegangen sind. Wir sind weder lebensmüde, noch haben wir einen falschen Ehrgeiz. Wir leben einfach gern intensiv, deshalb nehmen wir ein erhöhtes, aber wohlkalkuliertes Risiko in Kauf. Überall kann mir etwas passieren, unvorbereitet (der berühmte Blumentopf, der vom Balkon fällt) oder auch dann, wenn ich mich gründlich vorbereitet habe. Zum Beispiel sind wir trotz aller Erfahrung und sorgfältiger Vorbereitung gestrandet, und auch der Dachdecker kann abstürzen. Das Leben ist nun mal lebensgefährlich.

Sind wir deshalb Abenteurer? Das kommt darauf an, was man unter einem Abenteurer versteht. Ich verstehe darunter eben nicht einen Menschen, der bewußt die Gefahr sucht, sie unterschätzt oder sich gar nicht um sie kümmert – also leichtsinnig ist. Abenteurer, wie ich es verstehe, ist ein Mensch, der sich einer Herausforderung stellt, der er sich nach Erfahrung und Vorbereitung gewachsen fühlt; der ein gewisses Quantum an Unwägbarkeiten allerdings auch mit Freuden akzeptiert, weil es sein Leben spannend macht und ihn anregt. In diesem Sinne fühlen wir uns schon als Abenteurer.

Die heikle Frage, ob wir nicht andere gefährden, deren Hilfe wir hier in Anspruch nehmen, wird uns zu Hause sicher noch häufiger gestellt werden, und das mit Recht. Sie gehört auch zu den Schlüsselfragen, die uns Andi in Thomas' Auftrag stellt. Wir erörtern sie, nicht um uns zu rechtfertigen, sondern weil wir sie für uns selbst – noch einmal – klären wollen.

Es ist doch so: Wir sind in der Antarktis und nicht auf dem Mond, zwar weit weg von der Zivilisation, aber nicht aus der Welt. An uns ist es zu entscheiden, ob wir notfalls Hilfe in Anspruch nehmen wollen oder nicht. Darüber mußten wir uns bereits klar werden, bevor wir mit der Überwinterung auf Deception begannen, und entsprechend die Weichen stellen, das heißt, Absprachen mit den benachbarten Stationen treffen.

Wer handelt richtig – derjenige, der sich so unauffällig wie möglich in Risikosituationen begibt, weshalb dann die Wahrscheinlichkeit gering ist, daß ihm im Katastrophenfall geholfen wird, oder derjenige, der die Verantwortlichen informiert, entsprechende Kommunikationsmittel mitnimmt und, wenn wirklich etwas schiefgeht, um Hilfe ruft? Zwei Beispiele sollen dieses Problem verdeutlichen.

Erstens: Wilfried Erdmann, äußerst erfahrener Segler, umrundete einhand und nonstop die Erde in Höhe der drei gefährlichen Kaps in den vierziger und fünfziger Breitengraden. Er hatte nur ein Handfunkgerät mit einer Reichweite von fünf Seemeilen dabei, auf ein weiterreichendes Funkgerät hatte er verzichtet, ebenso auf eine Seenot-Funkboje.

Wäre Erdmann in Gefahr gekommen, hätte ihm keiner helfen können, weil niemand etwas davon wußte. Damit konnten auch keine Helfer gefährdet werden. In letzter Konsequenz heißt das, möglicherweise umzukommen, obwohl man vielleicht hätte gerettet werden können.

Zweites Beispiel: Reinhold Messner und Arved Fuchs durchquerten zu Fuß Antarktika (das antarktische Festland). Bei ihrem extrem gefährlichen Unternehmen führten sie im ersten Teil ein Funkgerät mit. Später, als die Entfernungen zu groß wurden, verließen sie sich für den Notfall auf ihre Funkboje. Mit der Zentrale in Paris war vereinbart, daß Helfer ausgeschickt werden sollten, wenn die Funkboje anzeigte, daß sie ihre Position drei Tage nicht verändert hatten. Das bedeutete, daß Fuchs und Messner wahrscheinlich aus einer Notlage hätten gerettet werden können. Dabei war das Risiko nicht auszuschließen, daß die Retter selbst in Gefahr gerieten.

Meine Meinung dazu: Wenn man sich überhaupt solchen Situationen aussetzen will, dann handeln beide richtig. Jeder hat das Recht zu entscheiden, ob er im Notfall Hilfe haben will oder nicht –

und jeder potentielle Helfer hat das Recht, in solchen Extremfällen eine Hilfeleistung zu verweigern.

Dies wirft natürlich die Frage auf, bis wohin die Zumutbarkeit für eventuelle Retter reicht, wann diese Grenze überschritten wird. Meist sind die Hilfeleistenden und Rettungsinstitutionen zwar mit den Problemen und Risiken bestens vertraut, trotzdem können selbstverständlich auch sie durch eine Verkettung unglücklicher Umstände, zum Beispiel bei den besonders schwierigen klimatischen Bedingungen in der Antarktis, in Bedrängnis geraten.

Speziell für uns gilt: Erich und ich haben uns vor der Reise dafür entschieden, daß wir eine Funkrettungsboje mitnehmen und zudem ein leistungsstarkes Funkgerät, um bei unseren Überfahrten über die Drakestraße und während der Überwinterung Kontakt zu den umliegenden Stationen zu halten. Es sind vorwiegend die Chilenen, die diesen Teil der Antarktis überwachen und über die notwendigen Mittel verfügen, Schiffe, Flugzeuge und Helikopter. Für eine Ausstattung mit starken Funkgeräten haben wir uns auch aus Sorge um unsere Crew entschieden, die uns über die Drakestraße und zur antarktischen Halbinsel begleitet hat.

Der Antarktisvertrag hindert die Chilenen daran, auch hier offen so zu verfahren wie in Patagonien und Feuerland, wo sie die in immer größerer Zahl durch die menschenleeren Gegenden schippernden Yachten überwachen und ihnen helfen, wenn sie in Schwierigkeiten kommen, dafür aber auch Auflagen hinsichtlich Ausrüstung und Verproviantierung machen. Tatsächlich betrachtet Chile diesen Teil der Antarktis als seinen Zuständigkeitsbereich. Davon profitieren wir jetzt insofern, als sich die Chilenen auch verantwortlich dafür fühlen, daß die FREYDIS wieder flottkommt.

Aber sollte man sich überhaupt in Situationen bringen, die Leib und Leben bedrohen können? Anders ausgedrückt: Abenteuer – ja oder nein?

Kinder verschlingen Karl-May-Bände, Lederstrumpf, Tom Sawyer und viele andere Abenteuerbücher, Jugendliche und Erwachsene lesen mit der gleichen Faszination Stevenson, Jack London, Robinson Crusoe, Sven Hedin, um nur einige zu nennen, und schauen sich mit Begeisterung Abenteuerfilme an. In den

Ferien wünschen sie sich selbst kleine und große Abenteuer, sei es in den Bergen, am Meer oder sonstwo. Diese besonderen Erlebnisse sind wie kleine leuchtende Sterne, sie erhellen das Grau unseres Alltags, und selbst in der Erinnerung verblassen sie nicht. Hemingway schreibt in *Schnee am Kilimandscharo* über das Gerippe eines Leoparden, das unterhalb des Gipfels liegt: „Niemand weiß, was der Leopard in jener Höhe suchte. Dieser Leopard ist Symbol unbezwingbarer Abenteuerlust, die auch heute noch die Menschen treibt.“ Zum Beispiel auch uns, mit einem Segelboot in die Antarktis zu fahren und dort zu überwintern.

Wenn man den Menschen Abenteuer verwehren wollte, ob nun im Buch, Film oder selbsterlebte, würde man ihnen viel Freude am Leben nehmen. Ein bestimmtes Maß an Ungewißheit macht das Leben eben erst spannend und reizvoll und ist geradezu ein Grundbedürfnis des Menschen. Andererseits bedeutet Ungewißheit auch Bedrohung, erzeugt also Angst, und Angst verhindert, daß Menschen sich unbekümmert in Wagnisse stürzen.

Wenn wir Segler ein Abenteuer angehen, haben wir unsere Angst im Griff. Wir sind sicher, die drohenden Gefahren durch unsere Erfahrung und Vorbereitung, also aus eigener Kraft, meistern zu können. Wir schaffen uns eigene Gewißheiten im Ungewissen. Das Unvorhersehbare wird dann in diesem Rahmen fast nur noch als zusätzliche Herausforderung empfunden. Denn keine Erkenntnis der Welt führt an der Tatsache vorbei, daß – wie gut ein Mensch auch immer gerüstet ist – stets ein Restrisiko bleibt, und das gilt nicht nur für Abenteurer.

Antarktischer Alltag

Endlich Funkverbindung mit Deutschland – Drei Seeschwalben machen noch keinen Frühling – Die treulose Robbenmutter – Vom Blizzard überrascht

Erst in der Nacht vom 29. zum 30. September bringt Transuse ihr Baby zur Welt. Am Morgen liegt es auf der vereisten Landzunge zwischen Lagune und Kratersee neben seiner Mutter. Auch die kleinen blutrünstigen „Geburtshelfer" Kuttel, Daddel und Du und die beiden Möwen Gierlinde und Neidhard sind wieder zur Stelle. Mit ungewohnter Schnelligkeit und drohend aufgerissenem Maul verjagt Transuse die allzu dreisten Palomitas, die nicht einmal davor zurückschrecken, dem Neugeborenen in die Schwanzflosse zu picken. Das Kleine beobachtet alles mit großen Augen, läßt sich aber nicht stören, sondern nuckelt unentwegt an Mamas Zitzen. Es muß sich ebenso ranhalten wie die anderen beiden auch. Robbenmütter säugen ihre Sprößlinge nur sechs Wochen, dann müssen sie so groß und stark sein, daß sie allein zurechtkommen. Ein Robbenjunges nimmt durchschnittlich zweieinhalb Kilogramm pro Tag an Gewicht zu. Die Robbenmilch ist sehr fett. Entsprechend werden die Mütter immer schlanker, denn in dieser Zeit fressen sie kaum. Transuse, die ungefähr drei Meter lang und vierhundert Kilogramm schwer ist, wird auf diese Weise einiges von ihrem Tran abgeben müssen.

Am 3. Oktober denken sogar wir hier unten voll Freude an den neuen Tag der deutschen Einheit. Wer hätte so was noch vor zwei Jahren für möglich gehalten? Eine deutsche Vereinigung in kürzester Zeit, ermöglicht durch einen sowjetischen Realpolitiker, der den Satz von der „Torheit der Regierenden“ (Barbara Tuchman) Lügen strafte.

Nachmittags machen wir uns zu dritt mit Filmkamera auf den Weg durch die Bergschneise zur Kraterаußenseite. Wir wollen schauen, ob die Pinguine schon zurückgekehrt sind. Unser uruguayischer Freund Luis, mit dem wir tags zuvor Funkkontakt hatten, erzählte uns, daß auf King George schon ganze Herden eingetroffen seien. Aber bei uns sehen wir keinen einzigen. Ihre angestammten Felshügel sind noch alle leer, die Hänge spiegelglatt. Ein eisiger Wind fegt über die Kuppen. Bevor er uns umreißt, legen wir uns freiwillig platt aufs Eis. Und ehe wir dort festfrieren, treten wir lieber den Rückzug an. Wir sind froh, als wir in der Station angelangt sind, wo uns der Ofen im Salon wieder aufwärmt. Wo bleibt nur der Frühling?

Am Tag darauf erträgliches Wetter. Der Himmel ist zwar unfreundlich grau, aber der Wind hat nachgelassen, und es ist nicht mehr so kalt. Wir wollen unseren Antennenmast am Haus mit einem zwölf Meter langen Stahlrohr von fünf Zentimetern Durchmesser erhöhen, das mit Draht und Tauwerk am Schornstein befestigt werden soll. Beim ersten Versuch, das schwere Rohr gemeinsam aufzurichten, rutscht Erich auf dem Eis aus, und das Rohr fällt auf mich. Zum Glück komme ich mit ein paar deftigen Prellungen und einem gehörigen Schrecken davon. Bald aber steht der Antennenmast dann doch sicher nach allen Seiten verstagt, und die Antenne ist fertig gespannt. Doch von Radio Norddeich können wir trotzdem nur das Weckergeräusch identifizieren, zu einem Kontakt reicht es immer noch nicht.

Am Nachmittag dann ein Erfolgserlebnis: Juan Carlos in Jubany hilft uns, über die Küstenfunkstelle Pacheco in Buenos Aires ein Gespräch mit Deutschland herzustellen. Endlich kann ich wieder einmal mit meiner Mutter sprechen. Die Verbindung ist allerdings nicht gut, sie kann mich kaum verstehen. Immerhin erfahre ich, daß zu Hause alles in Ordnung ist. Wir rufen auch Thomas an, erzählen ihm, daß Andi bei uns fleißig filmt, und bedanken uns für seinen Einsatz, für all die Briefe und das Geschenk. Er will versuchen, das fehlende Kabel noch rechtzeitig zu schicken. Wann wir zurückkommen, will er wissen, und ob wir Crew brauchen? Vielleicht schon Anfang oder Mitte November, antworten wir, und daß wir uns freuen würden, wenn jemand mit uns zurücksegeln will – vorausgesetzt natürlich, die Freydis kommt überhaupt wieder flott und ist seetüchtig. Mitte Oktober wollen wir ihn wieder anrufen und den Stand der Dinge mitteilen.

Auch im ersten Oktoberdrittel lassen uns die Schneestürme noch immer nicht in Ruhe. Andi filmt das Tohuwabohu in Weiß durchs Fenster im Salon. Als die Sonne wieder scheint und der Wind mal eingeschlafen ist, laufen wir gleich los zur spanischen Station. Vom Hügel hat man einen guten Blick über den Krater. Das Eis darin bricht langsam auf. Die letzten Weststürme haben große Schollen gelöst und aufs offene Meer hinausgedrückt. Die Walfängerbucht ist bereits völlig eisfrei.

Wieder auf unserer Station, gebe ich Prat gleich die Eisverhältnisse durch, und sie melden sie weiter nach Punta Arenas. Bereits in der ersten Novemberwoche wollen die Chilenen unsere Freydis mit einem ihrer Schiffe vom Strand herunterziehen. Dieses Schiff wird auch noch eine andere Mission erfüllen, weit origineller als die, unsere Freydis wieder flott zu machen. Es soll einen Eisberg nach Punta Arenas schleppen, der dort in Blöcke zersägt und eingefroren nach Sevilla weitertransportiert werden soll. Dort zeigen die Chilenen auf der Expo '92 die Produkte ihres Landes. „Und dabei darf natürlich echtes Gletschereis aus der Antarktis für die Longdrinks der Besucher nicht fehlen“, lacht Carlos.

Gut gelaunt malen wir uns nach dem Gespräch die Situation in Sevilla aus, wenn Argentinier und Engländer dahinterkommen, daß die Chilenen Eis aus dem von ihnen allen beanspruchten Teil der Antarktis als landeseigenes Produkt in Longdrinks kredenzen. Ob es dann wieder einmal Protestnoten hagelt?

Am Nachmittag des 8. Oktober wird Andi mit dem Hubschrauber abgeholt. Kaum ist er abgeflogen, pfeifen Böen über den Krater. Es wird düster und unheimlich. Die Barokurve knickt steil ab. Die Robben flüchten mit ihren Jungen ins Wasser. Sturm zieht auf. Keine halbe Stunde später ist er schon in vollem Gange, diesmal ein besonders böser Sturm. „Wie damals der, als wir gestrandet sind", sage ich besorgt zu Erich. „Und das gerade jetzt, wo sie Andi abgeholt haben!"

Marsh können wir nicht erreichen, aber Prat ist auf Frequenz. Sie haben gute Nachrichten. Der Helikopter ist bereits in Marsh gelandet, gerade noch rechtzeitig, bevor der Sturm auch über King George herfiel. Es wird einer der schwersten Stürme des Jahres, mit hundertneunzig Kilometern pro Stunde. Das Bedrohliche dieser Stürme ist nicht ihre Stärke allein, sondern daß sie ohne Vorwarnung losbrechen.

Zwei Tage muß Andi im Hotel in Marsh verbringen und filmt aus sicherer Position, wie der Orkan Antennenmasten knickt und andere schwere Verwüstungen anrichtet. Erst als der Sturm abflaut, startet die Hercules Richtung Punta Arenas. Von dort fliegt Andi weiter nach Santiago und dann nach Buenos Aires. Insgesamt ist er fünf Tage unterwegs.

Wir sind froh, wieder ohne Kameraüberwachung zu leben. Zum Schluß war es doch sehr belastend, zumal jetzt wieder viel Arbeit am Schiff ansteht und die Chilenen bereits Anfang November kommen wollen. Andererseits denke ich, daß diese Filmerei eine ganz anregende Erfahrung für uns war, auch weil sie uns veranlaßt hat, uns selbst mit anderen Augen, distanzierter, zu sehen. Es tut uns nicht leid, ihr zugestimmt zu haben.

In den folgenden Tagen Sturm, dazwischen Starkwind aus West oder Nordwest – also nichts Neues. Kurze Zeit flaut der Wind sogar mal ab, und die Sonne läßt sich sehen. Dann wagen wir uns hinaus, denn nach viertägiger Abstinenz fällt uns in der Station die Decke auf den Kopf. Die ersten drei Seeschwalben sind angekommen und machen so ein Gezeter, daß man meinen könnte, der ganze Krater gehöre ihnen. Dabei waren wir es doch, die hier die Winterstellung gehalten haben!

Das Fumarolenufer liegt vollständig trocken, Westwinde und Springtide haben zu extremem Niedrigwasser geführt. Wir besuchen auch unsere Robben. Pierrot ist schon tüchtig gewachsen und geht fleißig mit der Mutter baden. Selbst in der Station hören wir den ganzen Tag immer wieder die kehligen Lockrufe der Robbenmütter und zwei Oktaven höher die Antwort der Kleinen: „Uuuuäääää." Robbe Pierre und Sprößling halten viel von intensiver Kommunikation, vor allem laut muß sie sein. Pierrot kommt uns besonders aufgeweckt vor im Vergleich zu den anderen beiden – kein Wunder, er ist ja auch der Älteste.

Bei den Robben auf der Landzunge herrscht dagegen meist satte Zufriedenheit und stilles Einvernehmen. Ich kann das Robbenkind sogar berühren, ohne eine aggressive Reaktion der Mutter befürchten zu müssen. Die junge Robbe auf dem Laguneneis brüllt zwar nicht so häufig wie Robbe Pierre, wenn aber doch, dann so laut, daß ich auf der Station ans Fenster laufe, um nachzusehen, was los ist. Meist liegt das Junge dann nicht weit von ihr entfernt, aber diesmal ist das anders. Das Robbenkind am Lagunenrand ist allein. Es schaut uns ängstlich an und heult. „Wo ist denn deine Mama?" frage ich. „Uuuuäääää!" Die Lagune ist leergelaufen, die junge Robbenmutter kann frühestens in sechs Stunden wiederkommen, wenn sich die Lagune leidlich gefüllt hat, es sei denn, sie will den weiten Weg vom Kraterrand übers Landeis bis zur Lagune robben. „Läßt ihr Kind einfach im Stich!" empöre ich mich.

Wir wollen das Kleine nicht ängstigen und waten deshalb durchs flache Wasser am Eingang der Lagune zu den Fumarolen. Unter dem Dach einer Schneewehe kauern unsere Pinguine. Die drei halten weiterhin fest zusammen. Einer von ihnen schiebt immer Wache, während die anderen beiden fest schlafen. Auch sie wollen wir nicht stören, also schlagen wir einen Bogen um sie herum. In den wannenartigen Vertiefungen am Strand wachsen grüne Algen und bilden ein weiches Polster. Im schmalen Saum offenen Wassers fischen die drei Seeschwalben. Auch heute ist ihr Gezeter nicht zu überhören.

Am Abend ist die Robbenmutter noch immer nicht zurückgekehrt. Aber das Wasser steigt. Ich überlege, was wir tun sollen, wenn sie überhaupt nicht mehr kommt. „Dann trage ich das Kleine zu der anderen Robbenmutter, vielleicht nimmt sie es an?"

„Tragen?“ wundert sich Erich. „Das Tierchen wiegt doch schon über hundert Kilogramm!“

„Dann laden wir es eben auf den Schlitten.“

Ob unser Milchpulver und zermanschte Ölsardinen wohl eine geeignete Ersatzkost für Robbenmilch ist? Aber Erich wehrt ab: „Spätestens nach acht Tagen wären unsere Vorräte aufgebraucht. Nicht umsonst nehmen diese Speckwürstchen zweieinhalb Kilogramm pro Tag zu.“

„Wenn die Mutter morgen früh nicht zurück ist, werde ich mich mit dem Biologen von Jubany beraten“, beschließe ich.

In der Nacht wie gehabt Sturm aus West. Nie hätte ich geglaubt, daß es auf der Welt ein solch penetrantes Sturmnest gibt. Die Barokurve zeigt jetzt doch nach unten. Stundenlang liege ich wach und wälze mich hin und her. Ich kann diese Stürme nicht mehr hören! Das Haus erzittert, der Ofen brummt, als würde er gleich explodieren, der Wind zieht die Wärme durch den Schornstein hinaus. Um fünf Uhr wird es schon hell. Die treulose Robbenmutter liegt wieder brav neben ihrem Sprößling. Beruhigt schlafe ich noch einmal ein.

Am Morgen spreche ich trotzdem mit Jubany. Es gibt ein freudiges Wiederhören mit Pablo, der nach drei Monaten Pause in Argentinien wieder zurückgekehrt ist. „Du weißt ja, wie das ist, wen die Antarktis erst mal in ihren Klauen hat, den läßt sie so leicht nicht wieder los.“ Er berichtet mir auch, daß die Elefantenrobben bereits den ganzen Strand der Potter Cove in Beschlag genommen und sich dort zu Großfamilien zusammengeschlossen haben. Überall lägen die schwarzen Elefantenrobbenbabys auf dem weißen Schnee.

Etwas später nehme ich Funkverbindung mit Prat auf und gebe unseren wöchentlichen Eisbericht durch. Von Carlos bekommen wir eine Warnung für alle Stationen: Das Ozon in der Stratosphäre hat sich um weitere fünfzehn Prozent verringert. Wieder der Rat, unbedingt alle Körperteile gut bedeckt zu halten, das Gesicht mit stark filternder Sonnencreme zu schützen und ganz dunkle Brillen zu tragen. Bei der Kälte und dem beißenden Wind kommen wir sowieso nicht in Versuchung, auch nur das geringste Stückchen

Haut zu zeigen. Zu unserem Leidwesen sind aber unsere teuren Gletscherbrillen der Strandung zum Opfer gefallen. Das Licht ist durch den reflektierenden Schnee so grell, daß es schmerzt. Wir tragen einfache Sonnenbrillen, und die sind völlig unzureichend.

Der Strand ist verwaist, die Robbenmütter sind mit ihren Kindern baden gegangen. Die Kleinen begegnen sich dabei im wohltemperierten Wasser des Fumarolenstreifens, sozusagen im beheizten Schwimmbecken für Mutter und Kind. Wenn sie wieder aufs Eis wollen, bauen ihnen die Mütter mit dem Körper eine Rampe und schubsen sie mit Flossen und Schnauze nach oben. Ich nehme einige Planktonproben und bin dann froh, mich in der Station wieder aufwärmen zu können. Drei Schwalben machen offensichtlich noch keinen Frühling! Den Oktober haben wir uns viel wärmer vorgestellt, vor allem auch deshalb, weil sich der September zeitweise schon so milde präsentiert hat.

Der eisige Sturm macht fast wieder die ganze Nacht durch Randale. Am Morgen dann Windstille, himmlische Ruhe. Was soll man davon halten? Das Barometer, das gestern abend schon im Keller war, taucht heute noch weiter ab. Draußen ist es zur Abwechslung nicht so grau und trist wie sonst, der Himmel zeigt dicke bunte Wolken, ab und zu scheint die Sonne, und die Sicht ist ungewöhnlich gut. Also nichts wie raus und das schöne Wetter ausgenützt! Wenn man nach dem Barometer geht – das uns hier allerdings schon manchen Streich gespielt hat –, kann es bald wieder stürmen. Für alle Fälle ziehen wir uns sturmsicher an und schwitzen lieber ein bißchen. Wir wollen wieder einmal nachschauen, ob die Pinguine auf der Außenseite schon zurückgekehrt sind.

Es wird ein wunderschöner Marsch durch die Windschneise. Mir kommt es vor, als ginge ich in weißem Sand zwischen hohen Dünen bergauf, bis sich mir schließlich der grandiose Blick aufs Meer eröffnet. Dort hat sich wieder eine ganz neue, bizarre Eisbergszenerie aufgebaut. Einige der Eisgiganten sind von der Sonne beschienen und leuchten weiß, andere liegen kalt und düster im Schatten der dunklen Wolkenballen. Das Packeis, das beim letztenmal noch in großen Feldern das Wasser durchzog, ist wie weggezaubert. Wir hören ein Flugzeug über dem Krater kreisen. Die Chilenen wollen uns Post abwerfen, und nun sind wir nicht da, spazieren in der Gegend herum.

Ausgerechnet heute! Klar, auch die Piloten wollen das gute Wetter ausnutzen. Nun können wir die Twinotter sogar sehen, sie ist jedoch zu weit weg, wir haben keine Chance, uns bemerkbar zu machen. Sie zieht hoch hinauf über eine schwarze Wolke, die hinter ihr herzukriechen scheint, und dreht dann nach Süden ab. „Schau mal, diese schwarze Wolke, die direkt auf uns zukommt", mache ich Erich aufmerksam, nachdem das Flugzeug verschwunden ist. „Sie zieht von Osten her um die Insel herum!"

„Könnte Nebel sein", meint Erich beim Fotografieren.

Die Wolke reicht hinunter bis aufs Wasser und kommt rasch näher. Sie wirkt wie eine Gespensterwand, hinter der alles unsichtbar wird. Schon hat sie die kleine Felseninsel vor Neptuns Blasebalg erreicht, die für Sekunden noch schemenhaft sichtbar bleibt, dann aber vollständig vom Dunkelgrau verschluckt wird. „Das ist eine Schneewand", vermute ich besorgt. „Hörst du das Wasser? Es rauscht auf einmal so laut. Ist das Wind? Laß uns bloß von hier verschwinden!"

Auch Erich hat es nun eilig und packt seine Kamera ein. Und da wird es auch schon dunkel, ein Windstoß wirft uns fast um. Schnee peitscht auf uns herunter, und jetzt bin ich mir sicher: Das ist ein Blizzard! Der Schrecken fährt mir in die Glieder. Was habe ich nicht schon alles über diese fürchterlichen, tückischen Schneestürme aus heiterem Himmel gelesen und gehört. Sie haben schon viele Menschen das Leben gekostet. Wie blind sind sie herumgeirrt und schließlich erfroren, manche nur ein paar Schritte von der rettenden Hütte entfernt.

Wir hasten gegen den Sturm in die Schlucht hinunter. Bei einer Sicht von höchstens zwei Metern folgen wir unseren Fußspuren wie Spürhunde. Sie sind unser einziger Wegweiser, sonst ist nichts mehr zu sehen.

Nur vorwärts, bevor der Schnee sie zudeckt! Wind und Schnee beißen uns ins Gesicht, machen uns fast blind. Meine Brille ist beschlagen, aber ich sehe sowieso nur die immer konturloser werdenden Schuhabdrücke im Schnee. Ich habe Angst. Wenn wir die Spuren verlieren... Wir wechseln uns an der Spitze ab.

Dann kommen wir an ein blankgefegtes Eisfeld, auf dem keine Spuren zu erkennen sind. Vor mir Erich, der plötzlich abrupt abstoppt. Um ein Haar wären wir eine steile Schneekante hinuntergestürzt. Also wieder zurück und Spuren suchen. Ich finde sie – tiefe Löcher in einer mit dünnem Eis überzogenen Schneewehe. Eine gute halbe Stunde – für uns eine schier endlose Zeitspanne – kämpfen wir uns durch das unheimliche Weiß, mit den Nasen fast am Boden.

Endlich sind wir an der Kurve, die aussieht wie ein Teil einer Bobbahn, an dem steilen Absatz, den wir hinunterspringen müssen. Der Wind fegt wie aus einer Düse auf uns zu. Dann kommt der steile Schneehang, die Spuren sind hier noch deutlich, und anschließend das weite Schneefeld, das in die Lagune übergeht. Aufgebrochenes Eis zeigt uns den Lagunenrand an. Gut, daß wir hier schon häufiger entlanggegangen sind und den Weg kennen. Jetzt bloß nicht zu weit nach links, dort ist das Eis brüchig... Die Spuren sind wieder zu sehen. Geisterhaft steht plötzlich der Funkmast der alten Station vor uns, wenig später schimmert ein Dach durch das flimmernde Weiß und verschwindet wieder. Links halten, dann stoßen wir auf den Draht, mit dem wir unsere Antenne verstagt haben. Da ist er und weist uns den Weg zum Eingang unserer Station. Der Iglukanal ist schon fast wieder voll Schnee. Wir wühlen uns durch. Sicher sind wir erst drinnen.

Keuchend werfen wir uns auf unsere Lager, sind restlos geschafft. Die Gesichter glühen, als wären sie verbrannt, und wir sind schweißgebadet. Das ist gerade noch mal gutgegangen. Eine halbe Stunde später rufen wir Hectór an, weil wir uns Sorgen um die Twinotter machen. Es dauert lange, bis wir ihn erreichen, und das steigert unsere Unruhe.

Dann aber dringt seine vertraute Stimme aus dem Apparat: Ja, die Piloten seien von der Front ebenfalls völlig überrascht worden... Mußten nach Süden ausweichen... Sind irgendwo auf der antarktischen Halbinsel notgelandet... Gerade noch rechtzeitig, bevor auch dort der Blizzard zuschlug.

Wir erholen uns schnell – auch dank meiner Küche (das muß doch mal gesagt werden) – und gehen am nächsten Tag trotz des Starkwinds zum Luftschnappen aufs Kratereis, wo sich unsere Robben räkeln, als wäre schönstes Wetter. Bei Hochwasser sind die Fumarolen überflutet. Durch den Saum offenen Wassers hechten unsere Pinguine so quicklebendig, wie ich es den ganzen Winter nicht bei ihnen gesehen habe. Sie scheinen wieder im Vollbesitz ihrer Kräfte zu sein, und den Grund für diese schnelle Regeneration sehe ich im Wasser schwimmen: überall dicker, fetter Krill. Der erste Krillschwarm ist angekommen! Kein Wunder, daß es allen wieder gut geht. Der Krater, in dem es so lange kaum etwas Freßbares gab, hat sich mit einem Schlag in ein Schlaraffenland für Tiere verwandelt. Jetzt kann unseren Vereinsmitgliedern nichts mehr passieren. Bis auf einen Pinguin haben alle den Winter auf Deception überlebt. Ich bin glücklich.

Unsere Palomitas, die ich seit einigen Tagen nicht mehr am Haus gesehen habe, treffen wir hier wieder. Sie trippeln eifrig am Strand hin und her und schnappen sich die Leckerbissen aus dem Wasser. Einige Dominikanermöwen – sicher sind Neidhard und Gierlinde dabei – sitzen satt und zufrieden am Eisrand, und auch die drei zugereisten Seeschwalben scheinen gerade mal keinen Hunger zu haben. Wie immer laut zeternd, versuchen sie, einander in akrobatischen Flugmanövern zu übertreffen. Neu auf der Insel angekommen sind zwei Riesensturmvögel, die sich einen ersten Überblick verschaffen. Die dunklen Körper gleiten elegant durch die Luft, ihr ruhiger, graziöser Flug ähnelt dem der Albatrosse.

Der Barograph hat wieder schlappgemacht. Kraftlos schiebt er sich am unteren Rand der Trommel entlang. Hoffnung auf Frühling? Es schneit und schneit – wir ersticken fast im Schnee! Das Wetter scheint einen Zermürbungskrieg gegen uns zu führen. Unsere Muskelschmerzen vom Freischaufeln der Fenster und des Eingangs sind die einzigen Konstanten. Auch die FREYDIS versinkt immer tiefer im weißen Brei, und das Stück Mast, das noch herausschaut, wird täglich kürzer. In der Nacht hat der Sturm unserer schönen Antenne den Garaus gemacht, eine neue zu setzen, lohnt kaum mehr. In vierzehn Tagen werden wir hoffentlich abgeborgen.

Seit einer Woche vermisse ich unsere Palomitas. Während der Zeit mit Andi bin ich nicht dazu gekommen, sie regelmäßig zu füttern, und nun haben diese kleinen Opportunisten sicher einen neuen, ergiebigeren Futterplatz gefunden. Wahrscheinlich bei den Pinguinen, die jetzt langsam zurückkehren. Ich bin traurig, daß sie sang- und klanglos und ohne sich zu verabschieden abgehauen sind. Ihre ständige Bettelei wird mir fehlen.

Im letzten Oktoberdrittel besuchen wir Robbe Transuse, die mit ihrem dicken Jungen in der Nähe der FREYDIS liegt. Um sie herum ist das Eis wie Schweizer Käse durchlöchert. Wir müssen höllisch aufpassen, damit wir nicht plötzlich ein Stockwerk tiefer im kalten Naß landen. Während wir noch herumrätseln, wozu die Robbenmutter so viele Atemlöcher um sich herum offenhält, zwängt sich laut schnaubend ein großer Robbenkopf durch eines der Löcher neben uns. Als er uns sieht, taucht er unter, kommt aber bald an anderer Stelle wieder hoch. Robbe Pierre kann das nicht sein, die liegt auf dem Eis der Lagune. Auch nicht die junge Robbenmutter, die gerade mit ihrem Sprößling im warmen Fumarolenwasser badet. Es bleibt nur eines: ein Robbenmacho auf Brautschau. Am nächsten Tag finden wir unsere Vermutung bestätigt. Transuse räkelt sich mit ihrem bißwundenübersäten Galan am Strand. Das Robbenkind, alleingelassen, liegt fünfzig Meter entfernt. Ob das sein Papa sei, fragen wir und erhalten die mehrdeutige Antwort: „Uuuuäääää!“

Der Countdown beginnt

*Der erste Heuler – Sisyphus läßt grüßen –
Das Bergungsschiff kommt nicht durch –
Boot in Ordnung, Crew kaputt*

Am 27. Oktober erfahren wir über Funk aus Prat, daß das Bergungsschiff nun definitiv bereits am 6. November Deception anläuft. Der Countdown beginnt. Nur noch zehn Tage bleiben uns bis zur voraussichtlichen Bergung der FREYDIS, und um so mehr gibt es zu tun.

Der Tag beginnt, wie nicht anders zu erwarten, eiskalt mit Starkwindböen. Die Hoffnung auf Tauwetter haben wir längst aufgegeben. Also ist Hacken und Schaufeln angesagt. Wir fangen mit den Kojenpolstern an, die noch immer vor der Casita im Eis liegen. Im Salon der Station müssen sie erst mal auftauen. Am Nachmittag wieder Sturm, diesmal aus Nord; vielleicht bringt er wärmere Luft.

Noch neun Tage bis zur Bergung: Erich schaufelt tiefe Gräben von der Station Richtung FREYDIS, um das unter hundertfünfzig Zentimeter Schnee liegende Elektrokabel zu bergen. Pro Meter braucht er eine Stunde, und das Kabel ist hundertzwanzig Meter lang. Auch zwei Festmacher vom Schiff liegen noch unter dem Schnee, das sind nochmals hundert Meter. Also zweihundertzwanzig Stunden Schwerstarbeit. Heute hat Erich fünf Meter geschafft. Die Arme tun ihm weh. Vielleicht hilft ja bald Tauwetter, obwohl bisher noch keines in Sicht ist. Ich habe die Stationsküche bis auf das Notwendigste, das wir noch dauernd brauchen, ausgeräumt und blankgewienert, um sie sauber zu hinterlassen.

46

47

48

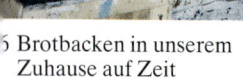

6 Brotbacken in unserem Zuhause auf Zeit

7 Beim Kohlenhacken vor der Hütte

8 Eingestampfte Dosen und Flaschen: der gesamte nicht brennbare Abfall nach unserer Überwinterung.

49 Erst am Ende des Winters wagen wir einen Blick über den Kraterrand hinaus aufs Meer.

50 Baden bei Windstille, ein seltener Spaß auf der sturmgepeitschten Insel.

51 Das „Monster im Keller“ gibt Lebenszeichen.

52 Auf die ostfriesische Teestunde wird auch in der Antarktis nicht verzichtet.

49

50

51

52

54

53 Tagebuchführen auf der in Salzwasser gebadeten Schreibmaschine.

54 Nach der Bergung im Dezember wieder bei den chilenischen Freunden auf Prat.

55

56

57

Geburt eines Wedell-Robbenkindes

Beim Planktonfischen mit dem Netz

Von unserem „Hausberg“ können wir die Eisverhältnisse im Krater gut überblicken.

Das Los der Überwinterer: graben, graben – immer wieder graben

58

59

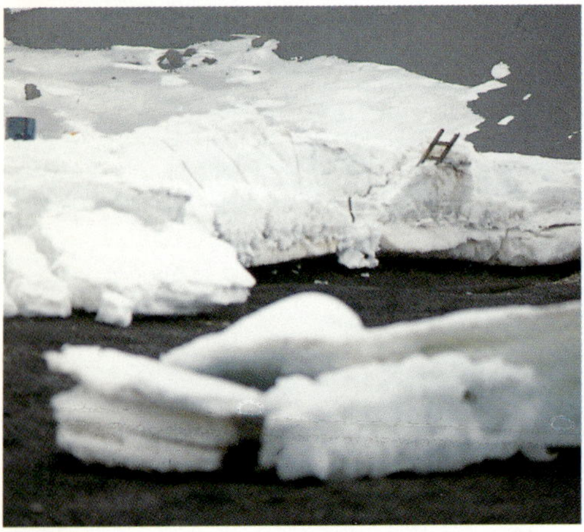

60

61

59 Bevor das Eis weicht: endgültiges Abdichten der Löcher im Rumpf.

60 Nur die Leiter verrät noch die Stelle, wo die Freydis einen Winter lang lag.

61 Überholungsarbeiten im Schiff

62

3

64

62 Neuer Liegeplatz nach der Befreiung: Bei Hochwasser schwimmt die FREYDIS auf.

63 Der Motor ist startbereit.

64 Heiner ist uns in Prat eine willkommene Unterstützung.

65 Das chilenische Patrouiller-
boot LAUTARO durchbricht
den Eisriegel mit der FREYI
im Schlepp.

66 Endlich wieder am Kap
Hoorn!

65

66

Noch acht Tage: Die ganze Nacht Sturm aus West, der auch am Tag noch anhält. Was Stürme betrifft, werde ich mehr und mehr zur Fatalistin. Erichs Graben ist wieder mit Schnee zugeweht, aber zum Glück hatte er das ausgebuddelte Kabel hochgebunden. Über die wetterbedingte Schaufelpause freuen sich Rücken und Arme, aber auch auf der Station haben wir noch Arbeit genug. Wir packen einen Großteil unserer Ausrüstung zusammen, trennen die Bezüge von den langsam auftauenden Polstern und waschen sie, entrosten und lackieren die Blechkästen der Petroleumlampen, die später wieder in den Backskisten verstaut werden sollen. Und als gegen Abend der Sturm doch tatsächlich mal nachläßt, steigen wir auf unseren Hausberg. Von oben können wir den ganzen Krater überblicken. Ein Drittel ist bereits eisfrei, und die Stürme haben wieder ein paar Stücke aus dem Eisrand gerissen, den großen Durchbruch aber noch nicht geschafft.

Noch sieben Tage: Heute ist die FREYDIS dran. Wie zwei Schatzgräber beginnen wir, sie vorsichtig aus ihrem Schnee- und Eispanzer herauszuschälen. Die starken Schneestürme des letzten Monats haben soviel Schnee aufgetürmt, daß das Schiff wie unter einem Hügel begraben liegt. An Steuerbord reicht die Schneedecke über die Seereling, an Backbord noch einen Meter höher.

Dem festgebackenen Schnee läßt sich noch relativ gut mit der Schaufel zu Leibe rücken, aber darunter klirrt an Deck ein Eispanzer, der noch immer einen halben Meter und am Mastfuß sogar über einen Meter dick ist und sich in der Nacht der Strandung gebildet hat.

Gut, daß wir in weiser Voraussicht aus Deutschland Vorschlaghammer und Spitzhacke mitgebracht haben! Aber ich sorge mich um Erich, er hämmert und hackt bis zur Erschöpfung, ohne seinen Rücken zu schonen. Dabei kommt sogar der Windgenerator wieder zum Vorschein, der bei der Strandung aufs Deck gefallen und dort festgefroren ist. Leider ist ein Flügel abgebrochen und die Aluminiumhalterung gesprungen.

Der Wind, launisch und böig, dreht während des Morgens von Ost auf Nord. Am Mittag Schneefall, am Nachmittag zum erstenmal Regen! Hurra, Tauwetter!

Abends hat Erich starke Rückenschmerzen und braucht ein Schmerzmittel. Manchmal träumt er, der Ostfriese, jetzt davon, an einem lauen Sommerabend in einem Münchner Biergarten zu sitzen, zwei Maß vor sich und einen Freund zum Ratschen.

Noch sechs Tage: Heute nacht wieder Sturm aus Nord, am Morgen noch Starkwind, der aber abnimmt. Wenn dieses Wetter witzig sein soll, so kann ich schon lange nicht mehr darüber lachen. Die Temperaturen liegen über Null, überall tropft es, auf dem Kratereis bilden sich Pfützen und Risse. Auch das Laguneneis bröckelt an den Rändern ab. Transuse und die junge Robbenmutter liegen mit ihren Jungen jetzt dicht bei der Station. Kein Zweifel, es ist Frühling – oder was man hier so Frühling nennt. Erich hackt und hackt weiter Eis vom Schiff, ich streiche drei Stationstüren mit weißer Farbe, die bei dem Hin und Her mit dem Strandgut gelitten haben, aber nun wieder aussehen wie neu. Am Nachmittag brechen wir Kohle aus unserem kleinen Bergwerk – zum letzten Mal? – und holen Wasser vom Brunnen.

Noch fünf Tage: Schneetreiben bis Mittag. Auf der FREYDIS schaufeln wir das Cockpit frei. Endlich, nach drei Monaten, können wir wieder ins Schiffsinnere. Dort sieht es schlimm aus. An Luken und Fenstern hängen Eiszapfen, trotz der Kälte wuchert überall Schimmel; die Bilge ist größtenteils noch vereist, das Süßwasser in den Tanks nach wie vor gefroren, der Reservetank stark vorgewölbt, die Holzverschalung davor gebrochen. Hoffentlich ist er nicht geplatzt!

Während die junge Robbenmutter und Transuse ihre Jungen noch ab und zu säugen, geht Robbe Pierre eigene Wege und läßt ihren Sprößling links liegen. Der ist zwar schon zu einem ansehnlichen Brocken herangewachsen, hat aber immer noch seinen treuherzigen Babyblick und wohl auch große Schwierigkeiten, sich von Muttern zu trennen. In den letzten Tagen haben wir ihn oft nach ihr suchen gesehen. Heute beobachten wir ihn mit dem Fernglas vom Hang unseres Hausbergs. Unter dem Eis hat er sich weit hinaus gewagt und sich durch eine Spalte wieder aufs Kratereis hochgearbeitet. Als hätte er Angst vor seiner eigenen Courage bekommen, absolviert er nun einen wahren Marathonlauf auf dem

Bauch zurück zum beheizten Wasserstreifen am Fuß unseres Hausbergs, wo seine „Wiege“ stand. Dort schaut er hinter jeden kleinen Eishügel, aber seine Mama ist nicht da. Erschöpft legt sich der kleine Kerl schließlich an den Rand des Eises und heult zum Gotterbarmen. Kein Zweifel, seine kurze, glückliche Robbenkindheit ist zu Ende. Nach einer Weile beruhigt er sich und nimmt noch ein ausgiebiges Abendbad. Schade, daß wir ihm dabei nicht Gesellschaft leisten können.

Noch vier Tage: Erich räumt die umgeknickte Antenne vom Dach der Station und gräbt das Kabel bis zur Trommel aus, also zur Hälfte. Ich nähe die Bezüge über die schon einigermaßen trokkenen Polster, stopfe die Löcher, die der Eispickel hineingeschlagen hat, und backe Brot – gleich ein paar Laibe mehr, falls wir demnächst an Bord übersiedeln. Dann gebe ich Prat über Funk die Eisbedingungen im Krater durch. Die Eiskante hat schon fast die spanische Station erreicht.

Nur noch drei Tage: Leider kann man hier keine Aufgaben delegieren. Die Robben liegen faul am Strand herum und sind der Meinung, mit der Aufzucht ihrer Nachkommenschaft sei ihre Arbeit getan. Die Palomitas sind seit zwei Wochen verschwunden, und die Pinguinos wollen nur noch Krill fischen. Also schöpfen wir selbst die fünfzig Eimer Eis und Wasser aus der Bilge und schrubben Wände, Schränke und Kojen im Vorschiff mit warmer Seifenlauge ab. Überall Eis, Salzkristalle und Ölreste. Wegen der Schräglage des Schiffes und dem glitschigen Boden ist die Säuberungsaktion ein mühsames Geschäft, aber ein paar saubere Ecken am Abend machen schon wieder Mut für den nächsten Tag und die Fortsetzung der Arbeit.

Die ganze Zeit Sturmböen aus Nord und Temperaturen knapp über Null. Der Wasserstreifen bei den Fumarolen hat sich wesentlich verbreitert, und auch der an unserem Hausberg hat sich zu einem ansehnlichen Teich vergrößert, in dem die losgebrochenen Schollen wie kleine Inseln aussehen.

Als wir gerade bei der Arbeit im Schiff sind, hören wir lautes Schnaufen und Stöhnen. Vom Cockpit aus beobachten wir eine Schnauze, die sich durchs Eis zwängt, dann einen Kopf, zwei

Flossen, und schließlich liegt der ganze kleine Kerl neben uns: Pierrot, das älteste Robbenjunge. Es krakeelt, wälzt sich im Eis und zieht eine Mordsshow ab. Weddelrobben sind Meister im Atemlochstoßen, selbst dickes Eis, auf dem wir stehen können, ist für sie kein Problem, jedenfalls nicht für unsere drei Mamas und dieses Prachtjunge. Schließlich hängt von dieser Kunst ihr Leben ab. Aber nach etwa zehn Jahren sind die Zähne der Weddellrobben, mit denen sie im Winter ihre Eislöcher offenhalten, weitgehend abgenutzt und wachsen auch nicht wie bei den Nagern immer wieder nach. Das Eis selbst fällt dann in der Regel das Todesurteil für diese Robbenart. Kaum ein Tier lebt länger als achtzehn Jahre. Krabbenfresserrobben dagegen, die in den Sommermonaten auch die Strände Deceptions aufsuchen, können vierzig Jahre alt werden. Sie leben im offenen Meer oder auf Treibeisschollen.

Aus Prat erfahre ich, daß die GALVARINO zu uns vorstoßen wird, das Patrouillenboot, das uns schon einmal bei Kap Hoorn geholfen hat.

Nur noch zwei Tage: Wir seifen alle Holzteile der Messe und Kombüse ab und reinigen die Kühltruhe. Die Luken stehen offen, damit das Schiff gut durchlüftet wird. Es sieht schon fast wieder wohnlich darin aus, die Bilge wird allerdings noch längere Zeit vereist bleiben. Die Kratereiskante ist immer noch eine Meile von der FREYDIS entfernt. Sie will einfach nicht näherrücken.

Nur noch ein Tag: Der Countdown geht jetzt rasch zu Ende. Heute, am 5. November, liegt die GALVARINO vor Marsh, allerdings kann die Mannschaft wegen des Sturms nicht anlanden, Hectór also auch unsere Post nicht wie geplant mitgeben. Das Wetter ist wieder mal gegen uns. Wenn nicht noch ein Wunder geschieht, wird die GALVARINO wahrscheinlich unverrichteter Dinge wieder abziehen müssen. Uns bleibt allerdings noch die vage Hoffnung, daß sie vielleicht eine Bresche ins Eis schlagen und uns wider Erwarten doch herausziehen kann. Wir sind auf alles vorbereitet. Am Schiff können wir heute unmöglich arbeiten. Es herrscht antarktisches „Aprilwetter", Sonne und Schneesturm, immer abwechselnd. Das Cockpit, das Erich vorgestern so sorgfältig freigeschaufelt hat, ist bereits wieder bis obenhin mit Schnee zugeweht. Sisyphus läßt grüßen!

Um das Bergungsmanöver zu besprechen, soll morgen in aller Frühe, schon um 4.30 Uhr, eine Abordnung der GALVARINO mit dem Beiboot übersetzen. Über Funk teilen wir ihr mit, daß sich der Eisrand, einige hundert Meter von der spanischen Station entfernt, quer über den Kratersee zieht, und daß sie dort gut anlanden könnten. Um die beiden Batterien zu transportieren, die sie uns mitgebracht haben, werden wir sie mit einem Schlitten erwarten.

Wir bringen die Station in Ordnung, haben auch noch vieles zu packen für den Fall, daß die Bergung doch noch klappen sollte, daß wir möglicherweise sogar in Schlepp oder huckepack genommen werden und dann Hals über Kopf die Station und Deception verlassen müssen. Gespannte Erwartung und Aufregung wachsen.

Aber in der Nacht bricht ein schwerer Sturm los. Wir sind deprimiert. Wie soll bloß die Bergung bei solch einem Sturm klappen? Es sieht so aus, als kämen wir nicht einmal bis zum vereinbarten Treffpunkt durch. Hat die GALVARINO Zeit zu warten? Um halb vier klingelt der Wecker, aber er braucht uns nicht zu wecken. Wir haben kein Auge zugetan.

Zum Glück läßt der Wind gegen vier Uhr deutlich nach. Erich wagt sich mit dem Schlitten zur Eiskante hinaus. Ich richte auf der Station den Kaffeetisch, und als nach eineinhalb Stunden noch niemand in Sicht ist, schaufle ich den Ofen voll Kohle und mache mich selbst auf den Weg.

Ich bereue es nicht. Es weht kaum noch, und die aufgehende Sonne scheint verheißungsvoll durch die Wolken. In der Nähe des Eisrandes liegen mindestens ein Dutzend Robben mit ihren Jungen, schlafen oder dösen in der Sonne. Unser Schlitten an der Eiskante wird von einer kleinen Schar Pinguine begutachtet. Im Wasser spielen noch weitere Pinguine und viele Robben. Vor Neptuns Blasebalg erkenne ich die Silhouette der GALVARINO, die offensichtlich den Sturm draußen vor Anker abgewettert hat. Warum sie jetzt allerdings nicht in den Krater einläuft, ist mir unklar.

Wir haben beste Bedingungen zum Anlanden. Von Erich sehe ich keine Spur, sicherlich ist er zur spanischen Station zurückgegangen und hat sich dort hingelegt. Ich warte.

Nach einer Weile kommt Erich. Er ist tatsächlich in der spanischen Station eingeschlafen. Beide sind wir jetzt hungrig und durchgefroren, und weil die GALVARINO noch immer keine Anstalten zum Einlaufen macht, treten wir den Rückzug an, lassen aber den Schlitten zurück. Daheim erfahren wir über Funk, daß die GALVARINO nachts stark verspätet vor Deception eingetroffen ist. Unterwegs mußte sie große Eisfelder passieren und konnte nur mit gedrosselter Maschine laufen. Jetzt aber seien sie gerade beim Übersetzen.

Nach einer weiteren Stunde rückt gleich eine ganze Armada bei uns an, fünfzehn Mann einschließlich des Kapitäns und eines chilenischen Fernsehteams. Gut gelaunt umlagern sie die FREYDIS, fotografieren, filmen und eröffnen ein Frühstückspicknick mit Kaffee aus der Thermoskanne und belegten Brötchen. Kapitän, Bordingenieure und andere Spezialisten lassen sich von uns alle für die Bergung wichtigen Details erklären, zum Beispiel die Verstrebungen des Pollers, an dem das Schlepptau befestigt werden soll, den Tiefgang der FREYDIS bei aufgeholtem Kiel, die Tiefe des Aschenbetts, in das sie sich eingegraben hat, und vieles mehr.

Gut, daß wir zuvor das Cockpit wieder freigeschaufelt haben. Einer der Ingenieure und Erich verschwinden im Maschinenraum. Die Maschine scheint noch okay zu sein, obwohl wir sie seit unserer Reparatur im Juni nicht mehr laufen ließen. Der Auspuff ist immer noch vereist, und mit der Elektrik sieht es böse aus. Alles hängt davon ab, ob wir das Schiff jetzt möglichst bald trocken bekommen und das Schmelzwasser aus der Bilge schöpfen können.

Aber diese Details sind bei der Bergung kein unlösbares Problem, auch der hohe Eis- und Schneekranz, den die Stürme um die FREYDIS herum aufgebaut haben, ist es nicht. Propeller und Ruder will man mit vereinten Kräften aus dem Eis befreien, damit sie beim Herausziehen keinen Schaden erleiden. Nein, das Hauptproblem ist die noch immer viel zu kompakte Eisdecke, die den Krater verschließt. Der chilenische Eisexperte ist sicher, daß eine Bergung zur Zeit unmöglich ist. Die GALVARINO sei kein Eisbrecher, meint der Kapitän, aber: „Wir versuchen heute noch, eine Schneise ins Eis zu fahren, damit es in Bewegung gerät. Am 12. November schauen wir wieder vorbei, vielleicht sieht es dann besser aus." Sollten sich im tiefen Wasser allerdings weitere Schäden am Rumpf der FREYDIS herausstellen, müßten wir sie unter allen Umständen hier reparieren. Die Chilenen wollen uns dabei helfen.

Der Kapitän und seine Experten raten dringend davon ab, die Yacht über die Drakestraße zu schleppen oder huckepack nehmen zu lassen (dabei würde die FREYDIS am Heck des Bergungsschiffes hochgezogen und festgezurrt). Nach ihren Erfahrungen besteht dabei die Gefahr, daß die Yacht stark beschädigt wird oder sogar absäuft.

Am Nachmittag bohrt sich die GALVARINO ins Eis, muß aber schon nach zweihundert Metern aufgeben. Zu viele Eisberge halten die Decke noch zusammen. Der Kapitän hat außerdem Bedenken, daß die abgesprengten Schollen und Growler den schmalen Kraterausgang blockieren könnten und er am Ende selber wie eine Maus in der Falle sitzt.

Sicherheitshalber verläßt das Patrouillenboot den Krater und legt sich wieder draußen vor Anker. Währenddessen checken die Bordingenieure unsere Lichtmaschinen durch, die wir bereits repariert haben, überholen unseren kleinen Generator und auch einen unserer Zwei-PS-Außenborder. Die andere Hälfte der Mannschaft, die morgens an Bord der GALVARINO hat bleiben müssen, bringt uns um zehn Uhr abends dann alles wieder heil zurück. Auch der freundliche Ingenieur ist dabei, der uns schon vor Kap Hoorn geholfen hat.

Im ersten Morgengrauen bricht die GALVARINO Richtung Süden auf, zur Paradiesbucht, wo sie ihren Eisberg für die Weltausstellung in Sevilla einfangen und an Bord nehmen will. Als wir wieder allein sind, fühlen wir uns niedergeschlagen. Die ganze Arbeit, die ganze Hektik war umsonst. Obwohl die Eis-Situation eigentlich klar gegen eine Bergung sprach, hatten wir doch auf ein Wunder gehofft. Nun bleibt das Schicksal der FREYDIS weiter ungeklärt. Daß sich bis zum 12. November, in sechs Tagen, die Eisverhältnisse entscheidend ändern, ist kaum anzunehmen – und was dann?

Stoisch kehren wir zu unserem Alltagsleben zurück. Das Tauwetter der letzten Wochen hat einen Teil unserer Frischfleischvorräte aus Prat verdorben. Das Skuapärchen, das sich hier angesiedelt hat, ist trotzdem dankbar dafür. Aber für Adélie brechen nun harte Zeiten an. Mit Corned beef läßt sich die verwöhnte Katze nicht mehr abspeisen, darüber rümpft sie bloß ihre halb rosarote, halb braune Nase und tritt lieber in den Hungerstreik. „Was glaubt die eigentlich, wer sie ist – die Prinzessin von Siam?“ schimpft Erich, als sie schließlich gnädig seine heißgeliebten Grönlandkrabben mampft, von denen wir einige wenige Dosen für besondere Gelegenheiten mitgenommen haben.

Die Tage vergehen jetzt wie im Fluge. Von früh bis spät sind wir beim Ordnen, Packen und Säubern, an Bord und auf der Station. Wir stellen den Dieselofen im Motorraum auf und montieren den provisorischen Abzug durch die geöffnete Backskiste. Bald herrschen sagenhafte siebzehn Grad im Innern der Freydis, und das Eis rutscht von den Wänden in die Bilge hinunter, die sich langsam mit Wasser füllt. Wir holen eine der neuen Batterien ins Schiff und pumpen die Bilge mit der im Winter zerlegten und gereinigten Zwölf-Volt-Pumpe leer; das ist wesentlich kräftesparender als die Eimerschlepperei. Langsam wird das Schiff trockener; bis auf Bilge und Motorraum ist alles schon richtiggehend sauber. Den Motorraum können wir erst in Angriff nehmen, wenn wir den Ofen wieder abbauen, und das wird noch ein paar Tage dauern.

Erich schaufelt weiter seine schnurgeraden Gräben durch die Schneelandschaft. Ich bemühe mich, das Cockpit trotz der Stürme schneefrei und den Eingang zum Schiff offen zu halten. Aber beim Schaufeln des schweren Pappschnees streikt plötzlich mein Rücken. „Am Ende geht mit dem Schiff alles in Ordnung, nur wir sind kaputt“, seufzt Erich, als er mich zur Station zurückbringt. Hoffentlich hat er unrecht.

Am nächsten Tag bleibe ich im Haus, backe Brot, flicke ausgefranste Flaggen und Erichs zerrissenen Arbeitsanzug. Aber auch das hätte ich lassen sollen. Am Abend bekomme ich böse Schmerzen und quäle mich die ganze Nacht damit herum. Jetzt kann ich mich kaum noch rühren. In meiner Not gebe ich mir am Morgen eine Cortisonspritze, schlucke weiter Amuno und ein starkes Schmerzmittel. So schlimme Beschwerden mit dem Rücken habe ich bisher noch nie gehabt (kleinere schon öfter). Trotz der Medikamente stellt sich in den nächsten drei Tagen keine Besserung ein. Ich befürchte einen möglichen Bandscheibenvorfall – dann käme ich ohne Hubschrauber gar nicht mehr weg. Das wäre ein trauriges Ende unserer Überwinterung! Erich versucht mich aufzumuntern, mir Mut zuzusprechen, dabei hat er nun das doppelte Arbeitspensum.

Ich bin ganz froh, als wir über Funk erfahren, daß die GALVARINO am Zwölften noch nicht nach Deception kommt. Sie hat es verständlicherweise eilig, ihren Eisberg nach Punta Arenas zu bringen. Und was sollte sie auch hier? Das Eis im Krater hat sich kaum verändert. Man vertröstet uns auf den 2. Dezember. Dann kämen gleich drei chilenische Schiffe, die LAUTARO, ein Schwesterschiff der GALVARINO, die YELCHO und sogar die PILOTO PARDO; eines davon würde uns schon freibekommen.

Natürlich mal wieder schwerer Sturm, diesmal aus Ost. Rätselhaft, woher diese Unwetter dauernd kommen. Da muß jemand einen Sack aufgebunden haben. Vierundzwanzig Stunden lang donnert in kurzen Abständen wieder der Orient-Expreß durch unser Zuhause – so empfinden wir's wenigstens. Nach vier Tagen habe ich immer noch starke Rückenschmerzen und kann mich kaum bewegen. Wenn ich Prat die Eisbedingungen im Krater durchgebe, liege ich auf vier nebeneinandergestellten Stühlen. Erich hat Funkkontakt mit Eduardo in Buenos Aires, der von zwei Tiertragödien berichtet. Über vierhundert verendete Wale sind an der Küste südlich von Comodore Rivadavia angetrieben, darunter ein Drittel Jungtiere. Die Ursache ist unklar. Am Strand muß es schlimm aussehen, all die toten Riesenleiber... Zusätzlich hat sich durch einen gestrandeten Tanker eine Ölpest vor der Küste ausgebreitet, in der Tausende von Pinguinen sterben.

Bei uns wird das Wetter endlich freundlicher, und auch meine Schmerzen gehen nach acht Tagen langsam zurück. Ich kann wieder aufsein, aber nicht lange. Ich reinige die beiden Kolbenpumpen, die Erich abmontiert und in die Station gebracht hat, klebe neue Dichtungen ein und ersetze zerschlissene Ventilklappen. Ich fette Bergschuhe und die halb verrotteten Lecksegel ein und räume die Küche auf. Abends gelingt mir sogar wieder ein Menü aus Rinderbraten, Sauerkraut und Kartoffelbrei. Erich ist glücklich. Wir lassen es uns schmecken, und selbst Adélie frißt diesmal vom Dosenfleisch.

Am 18. November, sechs Tage nach dem Ausbleiben der GALVARINO, gehe ich zum erstenmal wieder hinaus. Ich staune nicht schlecht, als ich sehe, was sich in meiner Abwesenheit getan hat. Die offenen Wasserstellen an den Fumarolen und an unserem Hausberg sind zu einem einzigen langen See zusammengeschmolzen. Die FREYDIS ist zwar noch von einem dicken Festungswall aus Eis und Schnee umgeben, aber auch der wird in absehbarer Zeit fallen. Dann reicht das offene Wasser zumindest bei Flut direkt an ihre dem Krater zugeneigte Schiffsseite. Unsere „Insel der Enttäuschung" liegt so wunderschön in der Abendsonne, daß sie ihren Namen wenigstens heute Lügen straft. Nichts hält mich jetzt mehr drinnen, und wir riskieren gleich einen Bummel Richtung Eiskante. Wie ein Linolschnitt sieht die Landschaft aus. Die Berghänge ringsum zeigen eine eigenartige, schwarz-weiße Bänderzeichnung aus freigelegter Asche und den Resten der Schnee- und Eisfelder.

Deception ist eben eine schwarz-weiße Insel mit den entsprechenden, die Phantasie anregenden Reizen, und der Himmel über ihr ist meist ein Gemisch aus beidem. Als wir mit Andi in Buenos Aires Funkkontakt hatten, erzählte er uns lachend, beim Abholen der Fotos hätten die Leute im Labor bedauernd erklärt, es sei ihnen nicht gelungen, die Farben herauszuarbeiten. Sie könnten sich den Grund nicht erklären, aber alles sei schwarz-weiß geworden.

Sogar Teile des Uferstreifens sind schon eisfrei. Herrlich federnd läßt es sich auf dem weichen schwarzen Vulkansand gehen! Das vom Sturm unserer Unglücksnacht angespülte Strandgut kommt zum Vorschein. Wir entdecken ein großes Holzkreuz mit einem nicht mehr lesbaren, eingravierten Namen. Wahrscheinlich stammt es von dem versunkenen Walfängerfriedhof aus der gleichnamigen Bucht. Um das Kreuz herum liegen Walknochenteile: seltsame Begegnung von Jägern und Gejagten nach dem Tode. Auch eine zweifellos sehr alte hölzerne Schuhsohle finden wir, vielleicht von einem der Walfänger? Auf der noch intakten Eisdecke liegen mehrere Robben in abgeschmolzenen Eisbergkuhlen wie Seeurlauber in ihren Sandburgen. Manche haben sich daneben kleine Swimmingpools angelegt. Sind das unsere Robbenmütter und ihre Jungen? Schade, wir können sie nicht mehr besuchen. Auf dem brüchigen Kratereis ist es für uns jetzt zu gefährlich.

Drei Tage später. Wirklich, der antarktische Frühling läßt sich nicht mehr länger unterdrücken. Der Vollmond steht noch hoch am Himmel, ein paar Wolken schieben sich müde über die Bergkämme. Die Stimmung im Krater ist wunderbar friedlich. Am Rand der Eislagune liegt eine unserer jungen Robben und schaut zu, wie wir am Schiff arbeiten. Erich ist den ganzen Morgen damit beschäftigt, ein drei Meter tiefes Loch in den Schnee- und Eiswall an Steuerbord zu hacken, um von außen an die Lecks im Unterwasserschiff heranzukommen. Währenddessen habe ich aus der Bilge dicke Eisklumpen geholt und viele Eimer vulkanischen Split, der bei der Strandung vom Wasser durch die Lecks gespült wurde. Verunreinigtes Eis und öliges Bilgewasser sammeln wir in einem alten Faß aus der Casita.

Ein Glück, daß die Freydis bei Niedrigwasser fast in einer trokkenen Wanne sitzt. So können wir problemlos und ohne daß Wasser ins Schiff dringt die Holzpflöcke wieder herausnehmen, die wir vor fünf Monaten in die Lecks geschlagen haben. Danach verschließen wir die Löcher wieder mit dicken Schrauben, die Erich von außen durchsteckt und ich von innen mit breiten Unterlegscheiben, Silikondichtungsmasse und Muttern kontere und strammziehe. In das größere Leck wird eine neue Durchführung für das Sumlog eingeschraubt. Kaum anzunehmen, daß sie bei der Bergung noch einmal zertrümmert wird. Ich bin erleichtert, denn den Holzpflöcken habe ich immer mißtraut, weil sie bei Aufsetzern oder durch Eisstücke nach innen gestoßen werden konnten.

Wirklich dicht ist das Schiff damit aber noch nicht. Die beiden achteren Fenster machen uns Sorgen, besonders das vom Eis zertrümmerte an Backbord, das wir vor fünf Monaten wegen der extremen Kälte nur provisorisch abdichten konnten. Aber auch das Steuerbordfenster sieht nicht mehr sehr vertrauenerweckend aus.

Seit dem Brand in Mar del Plata (wie lange liegt das doch zurück!) ist es blind, spröde und leicht gebeult. Wir glauben, daß beide Fenster für die Überquerung der Drakestraße ein zu großes Risiko sind und erneuert werden müssen. Material und Handwerkszeug dafür haben wir an Bord: zwölf Millimeter starke Plexiglasscheiben, Bohrer, Gewindeschneider, Säge und so weiter. Ich fertige Schablonen an, nach denen wir die Scheiben zurechtsägen und die Löcher für die Schrauben bohren. Erich schaufelt beiderseits die Fenster von außen frei, die er dann mit dem Vorschlaghammer zertrümmern muß. Ein ganz schöner Kraftakt! Mit welcher Wucht muß das Eis draufgeknallt sein, um ein solches Loch zu schlagen! Nachdem die Scheiben entfernt sind, werden den nun lose baumelnden Schrauben die Köpfe abgesägt, so daß die Reste samt Muttern zwischen Bordwand und Holzverschalung nach innen fallen. Die schwierigste und anstrengendste Arbeit ist das Bohren der achtundvierzig neuen Löcher durch den drei bis fünf Millimeter dicken Stahl der Bordwand. Anschließend fühlt sich Erich, als hätte er sich selbst durch den Rücken gebohrt. Jedes Fenster kostet zwei Tage harter Arbeit, aber dann stehen wir vor unserem fertigen Werk und sind mächtig stolz darauf.

Am folgenden Tag kippt der Eis- und Schneewall an Backbord zur Seite. Die Schollen stehen jetzt schräg am Schiff. Unsere Fenster haben wir demnach in letzter Minute erneuert. Bei Niedrigwasser schraubt Erich den Kielkasten auf, der bis obenhin voll Eis ist. Wir schlagen es vorsichtig heraus und kontrollieren die Taljen und Rollen. Dann fetten wir die Fallwinsch, bis sie wieder leicht läuft, und hoffen, daß nun der Schwenkkiel nach der Bergung problemlos abgesenkt werden kann.

Bei all der Arbeit am Schiff habe ich nur noch wenig Zeit, die Tiere um mich herum zu beobachten. Um so mehr freue ich mich, wenn ich ihnen unterwegs begegne. Häufig liegt eine der Robben in der Nähe der Station auf dem Eis, heute stehen sogar unsere drei Pinguine keine zwanzig Meter von ihr entfernt und putzen sich. Der Fumarolbucht sind sie bisher treu geblieben. Seit etwa zwei Wochen begrüße ich täglich das beringte Skuapärchen, das wir bereits bei unserem Besuch im März hier sahen. Wo es wohl überwintert hat?

Irgendwo in Patagonien oder auf den Falklands? Diese beiden Raubmöwen sind ausgesprochen zahm, werden hier wohl auch im Sommer von den Argentiniern gefüttert. Erich hat ihr Nest nicht weit von der Station entfernt am Ufer der Lagune entdeckt. Sie füllen den freigewordenen Platz der Palomitas bei uns aus. Während ein Vogel meist auf dem Nest hockt, wartet der andere geduldig vor unserem Eingang auf seine Ration. Ich füttere sie mit Eipulver, das zu meinem Leidwesen so intensiv nach Fisch riecht, daß ich es nicht einmal zum Backen verwenden mag. Die Skuas stört das nicht, im Gegenteil.

Kein Blick zurück im Zorn

Die FREYDIS *schwimmt wieder! – Es wird wohnlich an Bord – Ein Stapellauf der besonderen Art – Hals über Kopf im Schlepp nach Prat – Willkommene Verstärkung*

Am 24. November ist es genau sechs Monate her, seit wir hier gestrandet sind. Wie immer in den letzten Wochen sind wir um neun Uhr früh am Schiff, um zu arbeiten. Aber heute erwartet uns dort eine große Überraschung. In dem Eis, das die FREYDIS vorn, achtern und an Steuerbord noch umschließt, hat sich ein gut handbreiter Spalt gebildet, in dem Wasser steht, und das sogar recht hoch. Und das Schönste: In diesem Minifreiraum schwimmt unsere FREYDIS – *sie schwimmt*! Wir glauben zu träumen, aber es ist Tatsache, wir sehen es beide. Unsere fast totgesagte Wikingerin, die ein halbes Jahr regungslos in eisigem Schlaf lag, ist auferstanden. Sie reckt und streckt sich in ihrer engen, kalten Gruft und entzieht sich dadurch selbst dem Griff des Eises. Schon gestern fiel uns auf, daß die Flut ungewöhnlich hoch stieg, aber gleich so hoch?

„Sie wird doch nicht von ganz allein aus ihrem Loch davonschwimmen?" sprudele ich aufgeregt hervor.

„Bei dem gewaltigen Hochwasser hat sie dazu vielleicht sogar eine Chance, wenn wir nachhelfen", meint Erich. Leider sinkt das Wasser schon wieder, und mit dem Nachhelfen müssen wir uns noch gedulden. Aber die Aussicht, daß die FREYDIS vielleicht aus eigener Kraft freikommen könnte, setzt bei uns zusätzliche Energien frei. Viel eifriger und fröhlicher machen wir uns an die Arbeit.

Es gibt ja auch noch soviel zu tun, wir wissen gar nicht, wo wir anfangen sollen.

Die Maschine hat Vorrang vor allem anderen. Zum letztenmal ist sie vor fünf Monaten gelaufen. Ob sie wieder anspringt? Dann wäre schon viel gewonnen. Nein, der Anlassermotor streikt. Also müssen wir das schwere Ding ausbauen, auf die Station schleppen und auseinandernehmen. Obwohl wir uns nach der Strandung mit der Reinigung des Anlassers soviel Mühe gegeben haben, hat er sich erneut festgefressen. Das ist auch bei allen anderen Aggregaten, die wir überholt haben, das Problem, denn Salz läßt sich eben nur schwer entfernen. Nach seiner zweiten Reinigung funktioniert der Anlasser zwar, aber die Maschine läuft trotzdem nicht, macht nur ein paar müde Muckser. Was mag denn jetzt noch die Ursache sein? Ist der Schaden vielleicht doch größer, als wir angenommen haben? Erich will der Maschine am nächsten Tag nochmals heißes Öl eintrichtern und die zweite neue Batterie, die wir derzeit auf der Station zum Funken benutzen, zusätzlich anschließen. Jetzt nur nicht die Nerven verlieren!

Als das Wasser abläuft, liegt an Backbord der Strand frei, wo sich noch vor zwei Tagen ein drei Meter hoher Wall aus Eis und Schnee erhob, den wir als solides Gerüst für unsere Arbeiten an den Fenstern benutzen konnten. Wir hacken, klopfen, schaufeln, als ginge es um unser Leben. So gut es geht, ebnen wir die Aschenwanne ein, die sich die FREYDIS in der Strandungsnacht gegraben hat, und befreien Ruder, Welle und Popeller aus dem Eis. Die Propellerflügel sind an den Rändern etwas verbogen, aber das ist nicht weiter schlimm. Die Welle scheint in Ordnung zu sein. Auch am Ruder ist äußerlich kein Schaden erkennbar, nach Steuerbord läßt es sich allerdings nur schwer bewegen. Wir werden die Steuersäule öffnen, wahrscheinlich ist etwas mit den Seilen nicht in Ordnung – aber das hat Zeit. Nicht nur vom grünen Antifoulinganstrich, sondern auch von der Grundierung aus Teerepoxy ist am Unterwasserschiff nicht mehr viel zu sehen. „Wie gesandstrahlt“, meint Erich. Der harte Vulkansand hat alles abgeschmirgelt. Rost hat sich angesetzt, aber nirgends Bewuchs. Antifouling ist in diesen kalten Breiten nicht notwendig.

Als das Wasser am Abend wieder aufläuft, bringen wir mit dem Dingi unseren zweiten Bügelanker mit dreißig Meter Kette in einem Fünfundvierzig-Grad-Winkel zur FREYDIS an der Eiskante aus, die hundert Meter entfernt ist. Die Kette wird mit Tauwerk verlängert, das wir am Bug über einen Block nach achtern ziehen und über eine der großen Winschen legen. Sobald die FREYDIS wieder aufschwimmt, wollen wir versuchen, sie aus ihrem Bett zu ziehen, wenn möglich bis zur Eiskante. Dort beträgt die Tiefe bei Niedrigwasser zwar nur zwei Meter, aber noch brauchen wir uns vor der Brandung nicht zu fürchten, noch liegen wir hier in einem gut geschützten Eishafen. Vorsorglich bringen wir das Tau auf Spannung und hoffen, daß das Manöver gelingt, wenn das Wasser wieder genauso hoch steigt wie am Morgen.

Wir werden enttäuscht. Das Wasser sinkt bereits wieder, als sein Höchststand dreißig Zentimeter tiefer liegt als am Morgen. Die FREYDIS bleibt regungslos in ihrer Wanne liegen. Niedergeschlagen ziehen wir ab. Vollmond und damit Springtide war bereits vor drei Tagen, nun wird das Hochwasser deutlich abnehmen. Einen ähnlich günstigen Wasserstand haben wir möglicherweise bei Neumond in vierzehn Tagen, wahrscheinlich aber erst wieder in vier Wochen, bei erneutem Vollmond.

Wir malen uns aus, wie schön es gewesen wäre, aus eigener Kraft freizukommen. Aber ganz aufgegeben haben wir die Hoffnung noch nicht. Es wäre doch möglich, daß die Tide morgens höher aufläuft als abends. Schließlich wirken auf Hoch- und Niedrigwasser noch andere Faktoren ein als nur der Mond; starke Winde und deren jeweilige Richtung, zum Beispiel. Um acht Uhr früh sind wir wieder an Bord. Der Himmel ist graublau, bei leichtem auflandigem Nordost. Das Wetter hat sich seit vierzehn Tagen beruhigt. Die Zeiten, in denen wir zwei- bis dreimal pro Woche Sturm hatten, scheinen nun endgültig vorbei zu sein. Das erleichtert uns das Arbeiten an Bord und schont die Nerven. Wenn die Sonne scheint und das Wasser in der Eislagune friedlich plätschert, kann ich mir sogar wieder vorstellen, daß Segeln etwas Schönes ist.

Das Wasser steigt tatsächlich über die Marke von gestern abend. Ein schabendes Geräusch ist zu hören, die FREYDIS scharrt im Sand und versucht, sich zu erheben. Lieber Neptun, laß das Wasser noch ein bißchen steigen! Erich wartet an der Winsch, das Tau ist gespannt wie ein Flitzebogen – genau wie wir. Und dann bewegt sie sich, dreht sich ganz langsam ein wenig nach Backbord und rutscht aus ihrer Wanne. Am liebsten würde ich einen Jubelschrei ausstoßen. Aber warum geht das nur so zäh? Erich kurbelt mit aller Kraft. Noch sind wir am Strand, der auflandige Wind nimmt zu, und das Wasser beginnt zu sinken. Jetzt bräuchten wir die Maschine! Wir versuchen, das Schiff mit dem Dingi und dem Außenborder gegen den Wind in tieferes Wasser zu ziehen, aber es funktioniert nicht.

Die FREYDIS sitzt etwa hundert Meter von ihrem Strandungsort enfernt auf dem flachen Ufer. Um ins tiefe Wasser zu gelangen, braucht sie noch einmal Springhochwasser. Obwohl wir noch nicht wieder an der Ankerkette schwojen, ist für uns heute doch ein Glückstag. Wir haben die FREYDIS aus ihrem Loch, das sie sich im Orkan gewühlt hat, befreit. Was jetzt noch kommt, ist bloß Routine. Entweder bekommen wir in Kürze erneut Hochwasser, oder die Chilenen ziehen uns vorher die restlichen Meter ins Wasser.

Es ist eine Freude, die FREYDIS wieder stolz und aufrecht zu sehen (fast möchte ich schreiben, es ist eine Lust zu leben!). Wenn man nicht genau hinschaut, könnte man glauben, sie sei, wie üblich in schönen, ruhigen Buchten, freiwillig für eine Zeitlang trockengefallen. Schlagseite hat sie keine mehr, und das bedeutet für uns eine enorme Erleichterung bei der Arbeit im Schiff. Die ständige halsbrecherische Kletterei ist nicht mehr nötig, wir können uns jetzt normal an Bord bewegen. Es macht direkt Spaß, die gerettete Ausrüstung wieder Stück für Stück in Wandschränken, unter Kojen, in Backskisten und Schwalbennestern zu verstauen. Auch die Polster bringen wir ins Schiff und den Rest an Proviant. Auf der Station lassen wir nur das, was wir in den letzten Tagen noch brauchen.

Langsam wird es wieder wohnlich an Bord. Natürlich macht vieles einen recht mitgenommenen Eindruck, aber was soll's? Die Hauptsache, es erfüllt noch seinen Zweck, und das heißt als Nächstliegendes: heil über die Drakestraße zu kommen. Dann werden wir weitersehen. Und ich erlebe zum erstenmal wieder einen zufriedenen Erich. Das GPS zeigt wieder an, und das Kurzwellengerät funktioniert an Bord sogar besser als auf der Station, wahrscheinlich weil die FREYDIS nicht so dicht an den Bergen liegt. Eduardo in Buenos Aires kann uns jedenfalls wesentlich deutlicher hören als sonst.

Am Abend habe ich Funkkontakt mit Hectór in Marsh. Ich erzähle ihm die erfreulichen Neuigkeiten und bitte ihn, möglichst bald mal wieder zu einer Tasse Kaffee an Bord zu kommen. Er kann es kaum glauben und verspricht, gleich am nächsten schönen Tag herzufliegen, um sich dieses kleine Wunder anzuschauen. Auch Post hat er für uns.

Das Dezemberwetter beginnt wie schon gewohnt mit Sturm aus Ost. Trotzdem wird's insgesamt doch besser, allerdings nach dem Motto: drei Schritte vor, zwei zurück. Einen Schritt haben wir immerhin gewonnen.

Funkkontakt mit dem starken chilenischen Eisbrecher PILOTO PARDO , der gerade irgendwo an der Küste der antarktischen Halbinsel unterwegs ist. Er leitet die Einsätze der übrigen chilenischen Schiffe in der Antarktis. Das Schwesterschiff der GALVARINO, die LAUTARO, soll voraussichtlich in fünf Tagen nach Deception kommen. Das Eis bricht, überall klaffen tiefe Spalten und Risse. Großflächige Eisschollen driften durch den sich verbreiternden Wasserstreifen am Ufer.

Immer schwerer fällt es uns zu warten, nur zu warten. Wie oft schon haben wir uns – letztlich vergebens – zum Endspurt angetrieben? Ich habe Angst um uns, besonders wegen der angeschlagenen FREYDIS. Wie sollen wir bloß mit diesem verwundeten Schiff heil über die Drake kommen?

Zwei Tage Nebel, Sonne, Wind, Wärme... Es taut gewaltig. Bäche stürzen die Berge hinab, höhlen die Schnee- und Eisdecke aus. Oft brechen wir unerwartet ein, stehen bis zu den Knien im Eiswasser und wundern uns – so was sind wir nicht mehr gewohnt. Stück für Stück kommt der schwarze Lavastrand wieder zum Vorschein. Überall liegen Pinguinkadaver herum, Vögel, die es nicht schafften, rechtzeitig hier rauszukommen; Möwen und Skuas machen sich darüber her. Funknachricht von der LAUTARO: Sie liegt noch vor Prat.

Starkwind, was sollte es auch anders sein, verzögert ihr Kommen. Aber in dieser Hinsicht enttäuscht uns kaum mehr etwas, Schlechtwetter scheint uns schon die natürlichste Sache der Welt zu sein. An Wunder glauben wir hier längst nicht mehr.

Natürlich weiter Sturm aus Ost – und bei uns Resignation. Trotzdem bekomme ich bei dem Windgeheul Gänsehaut; jetzt, nach so langer Zeit, will ich endlich weg von hier, so schnell wie möglich. Mir reicht's! Wen kümmert's? Wir haben zwei Tage nach Neumond wieder Springhochwasser, die FREYDIS wird erneut aufschwimmen. Ein zweiter Ausbruchsversuch aber wäre zu riskant, er würde Welle und Propeller gefährden. Denn große Schollen haben sich wieder um die FREYDIS gelegt und klemmen sie ein. Wir stecken abermals mitten im Eis – es ist doch nicht zu fassen!

Am Nachmittag des 7. Dezember kommt endlich die LAUTARO, aber wir hoffen mal wieder zu früh. Bis auf sechshundert Meter arbeitet sie sich durchs Eis auf uns zu, dann ist Schluß. Das Eis ist hart wie Beton; zu viele kleinere Eisberge und in der Bucht gestrandete Growler haben sich während des Winters zu einem undurchdringlichen Block gegen uns verbündet. Auch ein kräftiger spanischer Eisbrecher, der zur gleichen Zeit einige Wissenschaftler an der spanischen Hütte absetzen will, schafft es nicht. Abgeschmettert zieht er wieder raus aus dem Krater und die LAUTARO flugs hinterher. Sie will die Nacht lieber draußen vor der Insel ankern und am nächsten Morgen einen neuen Versuch starten. Ein bißchen Hoffnung bleibt uns also noch.

Das wilde Arbeiten der Schiffe hat Bewegung ins Kratereis gebracht. Immer mehr Schollen lösen sich ab, schwimmen davon, überall reißt und kracht es. Aufkommender Westwind macht den Wassersaum um die FREYDIS zum Kratereis hin immer breiter. Der LAUTARO-Kapitän aber, der zum ersten Mal ein Antarktiskommando ausübt, hat größte Bedenken. Er befürchtet, sein Schiff könnte von den Eisschollen im Krater eingeschlossen werden, und gibt nach einem halbherzigen Versuch auf. Die LAUTARO verläßt Deception und läuft zunächst Richtung Marsh davon, um dort Diesel zu übergeben. In ein paar Tagen will sie zwar wiederkommen, wir aber sind natürlich tief enttäuscht und können diese Entscheidung nicht verstehen, hatten wir doch gemeint, daß der Zeitpunkt sehr günstig war. Nun schwimmen uns die Felle – sprich Eisschollen – davon, und wir können nur weiter hoffen und zittern, daß nicht wieder Oststurm droht. Wirklich, es reicht!

Wir machen uns Vorwürfe, so fest auf Hilfe gerechnet und deshalb die FREYDIS Hals über Kopf mit all den Dingen vollgestopft zu haben, die den Winter über auf der Station untergebracht waren. Jetzt, da es möglich gewesen wäre, das Schiff zur weiteren Reparatur in die sturmsichere Telephonbucht zu verlegen, ist es durch unseren Übereifer so schwer geworden, daß es nur noch bei Springhochwasser aufschwimmen kann. Aber die Kraft, alles noch einmal auszuladen und die havarierte Yacht zu leichtern, haben wir einfach nicht mehr. Rücken, Gelenke, Muskeln, alles schmerzt von der Überanstrengung, fix und fertig sind wir, auch psychisch. All unsere Mühe scheint vergeblich gewesen zu sein.

Zum Trost verbringen wir die erste Nacht seit der Strandung auf unserem gebeutelten Schiff. Trotz der Kälte bin ich froh, wieder an Bord zu wohnen, auch Adélie ist einverstanden. Sie hat den letzten Rest Katzenplätzchen bekommen und schläft bei mir im Schlafsack.

Gegen Morgen leichter Nordostwind. Bei auflaufendem Wasser setzt die FREYDIS immer wieder unsanft auf den Grund. Obwohl es keine heftigen Stöße sind, sondern die üblichen Grundberührungen, ängstigen sie mich jetzt. Meine Nerven sind nicht mehr die besten.

„Wir lassen euch nicht im Stich“, beruhigt mich Carlos aus Prat. „Schon morgen ist die LAUTARO wieder bei euch, sie hat den festen Auftrag, euch zu helfen, also wird sie's ganz sicher auch tun!“ Und am 12. Dezember ist sie tatsächlich wieder da. Um neun Uhr morgens wühlt sie sich durch den Eisschrott am Kratereingang, durchschneidet das noch geschlossene Packeisfeld und liegt bald darauf nur dreihundert Meter von uns entfernt.

Mit dem Zodiac wird eine armdicke Leine zur FREYDIS geschleppt und um den Poller gelegt. Das Zodiac geht auf Abstand. Wir bleiben auf der FREYDIS.

Der Augenblick der Wahrheit: Sobald Zug auf die Leine kommt, dreht sich die FREYDIS, die bei Hochwasser beinahe von selbst aufgeschwommen wäre, um neunzig Grad und gleitet stolz und aufrecht auf dem Vulkangeröll ins tiefe Wasser. Uns ist zumute wie bei einem wunderschönen, feierlichen Stapellauf. Und entsprechend ist auch die Stimmung der anderen Beteiligten: Mit Beifallsklatschen äußern sie ihre Freude darüber, daß dieses Manöver so problemlos geklappt hat (jetzt fehlen nur noch Dacapo-Rufe!). Aber unser Schiffchen ist ja mit seinen Supra-Mannequin-Maßen auch günstig gebaut, mit einem Festkiel wäre das nicht möglich gewesen.

Wir werden längsseits an die LAUTARO gelegt. Weil wir seit der Strandung keine Fender mehr besitzen, geht prompt ein Fenster zu Bruch. Erich steigt ins Zodiac, und die Suche nach dem Anker beginnt. Sie gestaltet sich viel problematischer als die ganze Bergung, denn das Geröll hat alles zugedeckt. Es ist Erichs Idee, mit dem Draggen im Schlepp große Schleifen zu fahren. Zwei Taucher beobachten dabei, was der Draggen mit sich über den Grund zieht: Knochenreste von Walen, Pinguinen und Robben und jede Menge rostiges Zeug. Die Kette liegt genau da, wo sie liegen sollte, als sie aber an die Oberfläche kommt, gibt es eine Überraschung: statt dreizehn ist sie nur acht Millimeter stark. Die Taucher gehen der Sache nach und stellen fest, daß sich der schwere Bügelanker der FREYDIS in zwei anderen Ankergeschirren verfangen hat, die wahrscheinlich früher auf ähnliche Weise hier verlorengingen; jedenfalls herrscht am Grund eine heillose Kettenwuhling. Über Sprechfunk bekommt der Bootsmann Druck vom Kapitän, er solle sich gefälligst beeilen. Der Wind hat inzwischen auf Ost gedreht und frischt auf, das Eis rückt langsam wieder näher. Also schäkeln die Taucher unseren Anker los, Erich und die beiden Bootsleute ziehen die fünfunddreißig Kilogramm schwere Last ins Schlauchboot. Am Ende der Ankerkette verknoten die Taucher das Tauwerk, und die Kette wird mit den starken Winschen der LAUTARO ans Licht gezerrt.

Während das alles abläuft, bin ich auf der Brücke der LAUTARO und erledige Formalitäten. Und da rückt der Kapitän mit einer unangenehmen Überraschung heraus. Wegen des restlichen Eises will er nicht im Krater bleiben, sondern die FREYDIS sofort nach Prat schleppen. Auf diesen plötzlichen Aufbruch und auf das Abschleppen sind wir nun ganz und gar nicht vorbereitet. Mit dem Kapitän der GALVARINO war besprochen, daß wir ein bis zwei Tage Seite an Seite liegen würden, um mit den Technikern die Mechanik und Elektrik noch einmal zu prüfen und dann die Weiterreise aus eigener Kraft anzutreten. Werkzeug, Ersatzteile und überhaupt alles, was wir in den letzten Tagen an Bord geschafft haben, konnten wir noch nicht richtig verstauen. Außerdem droht wieder mal Sturm aus Ost, das Baro sackt ab. Als einzige Alternative bliebe uns jetzt noch, in die geschützte Telephonbucht zu laufen, die Reparaturen dort selbst auszuführen und erst bei einigermaßen gutem Wetter von dort auszulaufen, wenn wir sicher sind, daß die FREYDIS wirklich seetüchtig ist. Aber das können wir nun nicht wagen, weil wir bei unvorhergesehenen Problemen nicht mehr mit der Hilfe des Kapitäns rechnen könnten. Wir haben keine Wahl, können nur hoffen, daß alles gut geht.

Die LAUTARO arbeitet sich durch das restliche Kratereis, mit der FREYDIS und ihrer Besatzung – Erich, ich und Adélie – im Schlepp. Sie bleibt ein paarmal stecken, nimmt erneut Anlauf, wühlt sich immer wieder frei. Untergepflügte Schollen und kleine Eisberge hüpfen wie Korken hinter ihr aus dem Wasser. Leider sind sie aber nicht aus Kork, sondern knallen und poltern mit beängstigender Wucht gegen unser Schiff. Bei der wechselnden Geschwindigkeit bleibt die FREYDIS auch nicht immer in gerader Linie hinter der LAUTARO, sondern dreht sich, schert aus, wird gegen Eismauern geschleudert, an scharfen Eiskanten entlanggezogen. Aber endlich ist auch diese Marter überstanden, obwohl ein paar Beulen noch dazugekommen sind. Wir können's nicht ändern, nehmen es wie die legendären Kerben in den Colts der Westernhelden – als Auszeichnung für vollbrachte Heldentaten.

Deshalb verlassen wir unseren geliebt-gehaßten Kratersee nicht so, wie wir uns das vorgestellt haben. Wir sind traurig, können das schöne Gefühl, endlich nach sechs Monaten mal wieder zu schwimmen, nicht richtig genießen. Auch der Blick zurück ist mir viel zu kurz. Es ist aber wahrhaftig kein Blick zurück im Zorn. Die Insel der Enttäuschung hat uns nicht enttäuscht und noch weniger getäuscht; das konnte sie auch nicht, weil sie uns ja nie etwas versprochen hatte. Böse Strandung, tobende Stürme, Eis und schneidende Kälte, ihre Attacken auf unser Leben – immer war sie ehrlich, hat uns nichts vorgemacht. So wird es ein Blick zurück voller Wehmut, Dankbarkeit und Ehrfurcht vor der Natur.

Dankbarkeit hin oder her: Die stürmische Realität beutelt uns wieder, gleich nachdem wir Neptuns Blasebalg passiert haben und aufs offene Meer treffen, wo sich der Wind schon wieder zum Sturm aufgebaut hat. Die Seen rollen genau von vorne an, brechen über die FREYDIS hinweg, die erbarmungslos vorwärtsgerissen wird und dabei stark unterschneidet. Der Poller, an dem sie gezogen wird, ist hohl und wird auf See üblicherweise mit einer Hutze abgedeckt. Wegen der Schlepptrosse aber hatte diese Hutze nicht mehr gepaßt, und dann wurde sie in der Hektik des überraschenden Aufbruchs vergessen, der Poller blieb offen. Das merken wir jedoch erst, als wir nichts mehr daran ändern können.

In kürzester Zeit stürzen große Wassermassen ins Vorschiff und ergießen sich von dort in alle Bilgen, so daß die Bodenbretter bald wieder aufschwimmen. Zwar stoppt die LAUTARO sofort, als wir sie über UKW anrufen und ihr die Situation schildern. Doch bei dem hohen Seegang geht die FREYDIS ohne Stützsegel dermaßen zur Kehr, daß jede Arbeit auf dem Vorschiff lebensgefährlich ist. Erich klinkt sich an den Stahlseilen ein, die übers Deck gespannt sind, um nicht außenbords geschleudert zu werden, und versucht den Poller provisorisch abzudichten, indem er allerlei Klamotten hineinstopft. Währenddessen sausen die noch nicht richtig verstauten Gegenstände (Schrauben, Werkzeuge, Ersatzteile) wie Geschosse durchs Schiff. Jetzt erst wird mir richtig klar, was der Kapitän der GALVARINO meinte: „Hier durch die aufgewühlte See geschleppt zu werden, kommt einer zweiten Strandung gleich. Das steht kaum eine Yacht durch."

Die LAUTARO reduziert zwar ihre Fahrt, aber der Seegang wird höher, der Sturm stärker. Die FREYDIS schluckt sich weiterhin voll Wasser. Viele unserer gerade erst mühsam gereinigten und reparierten Sachen schwimmen wieder in Salzwasser – der reinste Alptraum. Nur ist es auch diesmal kein Alptraum, leider. Überall herrscht Chaos, unsere Katze entleert sich aus allen Körperöffnungen gleichzeitig und verkriecht sich dann in einem Schlafsack. Ich kann ihr nicht helfen, ich kann auch mir selbst nicht mehr helfen. An meinem verletzten Bein läuft Blut hinunter in den Gummistiefel. Voller Angst denke ich: Am Ende werden wir noch ertränkt, hängen irgendwann, irgendwo unter der LAUTARO, und die merkt es nicht mal. Fieberhaft versuchen wir zu lenzen – ohne Erfolg. Das hin- und herschwappende Wasser hat wieder soviel Vulkansand, der noch hinter den Wänden sitzt, in die Bilge gespült, daß unsere Pumpen im Nu verstopft sind. Nahezu vierzehn Stunden dauert dieser Horrortrip, der eigentlich als Befreiung gedacht war. Am 13. Dezember um drei Uhr früh erreichen wir – total unterkühlt, physisch und psychisch am Ende und mit viel Wasser im Schiff – die große Chilebucht vor Prat.

Mit eigener Motorkraft – ein bißchen was geht trotz allem noch – laufen wir in die kleine Lagune hinein, in der wir schon vor acht Monaten lagen. Dort lecken wir erst einmal unsere Wunden, versuchen uns etwas abzulenken; dabei helfen uns die großartigen Menschen der Station Prat, sowohl die gerade erst eingetroffene neue Mannschaft mit Manuel, ihrem Kommandanten, als auch die scheidende mit Freund Carlos. Die menschliche Wärme und Anteilnahme, die uns so vorurteilslos entgegenströmen, sind eine ungeheure Wohltat und geben uns Mut. Herrlich, auf der Station auszuruhen, keine Angst mehr haben zu müssen.

Nach kurzer Pause machen wir uns daran, die chaotische FREYDIS aufzuräumen. Alles einzeln aufzuzählen reicht nicht, Chaos läßt sich wohl nur durch Chaoten bewältigen, mit viel, viel chaotischen Anstrengungen, wodurch bei uns prompt neues Chaos entsteht: Ich bekomme wieder Hexenschuß, und Erich geht es nicht besser, er hat Magenschmerzen, Gelenkschmerzen – uns beide schmerzt eigentlich alles. Deswegen (und weil ich auch weniger davon verstehe) kann ich ihm den Streß nicht abnehmen, den er sich nun aufhalsen muß. Rund um die Uhr arbeitet er am Schiff. Chilenische Elektriker und Ricardo, Ingenieur und Boß der Reparaturbrigade, helfen nach Kräften. Die Isolierung der Startermotor-Wicklung ist verschmort, viel Strom wird benötigt, um die Maschine trotzdem zu starten. Ersatz für den Startermotor ist hier nicht zu kriegen. Glücklicherweise arbeitet der Hilfsdiesel wieder einwandfrei, so daß seine Lichtmaschinen den benötigten zusätzlichen Strom liefern. Ein Risiko bleibt es trotzdem. Wir müssen die Hauptmaschine während der gesamten Passage über die Drake mitlaufen lassen, damit sie, wenn nötig, sofort einsatzbereit ist.

Mitte Dezember bringt Hectór unseren Freund Heiner mit dem Helikopter nach Prat. Riesengroße Freude! Leider muß Hectór sofort wieder aufbrechen – eine dunkle Wetterfront ist im Anmarsch. Heiner ist im Oktober letzten Jahres auf der FREYDIS mitgesegelt, von Rio nach Mar del Plata. Damals trug er – dank seiner Freundschaft mit dem Mercedesboß von Argentinien – viel dazu bei, daß die FREYDIS nach dem Brand ihre Reise termingerecht fortsetzen konnte. Und nun ist er wieder zur Stelle, spontan, ohne langes Abwägen der Gefahr. Wir sind froh, daß er gekommen ist. Er bringt frische Fröhlichkeit, Begeisterung für die Antarktis und neuen Mut mit. Mit unverbrauchter Kraft packt er zu bei allem, was es im Schiff an Arbeit gibt, und renkt so manches wieder ein, unter anderem auch meinen lädierten Rücken mit chirotherapeutischen Griffen – wozu ist Heiner denn auch Orthopäde?

Die Antarktis lernt unser Freund gleich von ihrer schlimmen – für uns eher normalen – Seite kennen. Drei Tage Sturm! Üble Böen beuteln uns selbst in der kleinen Lagune. Und dann gibt es endlich einen wunderschönen, sturmfreien Tag, den wir drei mit Manuel und Ricardo verbringen.

Rückkehr aus der „Unterwelt“

Als wären wir nie getrennt gewesen –
Weihnachten in der Drakestraße –
Noch einmal: eine böse Feuerland-Lektion –

Bevor wir uns auf die Drakestraße wagen, planen wir als Testfahrt zunächst einen Fünfzig-Meilen-Abstecher zur argentinischen Station Jubany, um uns dort von unseren argentinischen Freunden zu verabschieden. Am Abend des 19. Dezember verlassen wir Prat bei leichtem östlichem Wind. Heiner ist fasziniert von seiner ersten Fahrt durch die antarktische Eiswelt, in der es nun auch in der Nacht nicht mehr dunkel wird. Der Motor läuft einwandfrei während der gesamten Strecke bis King George, wo wir um sechs Uhr früh in der Potter Cove vor Jubany Anker werfen. Es ist schön, die Freunde nach so langer harter Zeit wiederzusehen: Pablo, den Taucher, der gleich am Morgen mit dem Zodiac angeflitzt kommt; den Biologen Alberto, der in diesem antarktischen Sommer in der hübschen zierlichen Kollegin Theresita die Frau fürs Leben fand; Juan Carlos, den sympathischen Funker, mit dem ich so oft geplaudert habe; den Meteorologen Pepe, der immer zu Späßen aufgelegt ist; Ramón, den Tischfußball-Champion der Station, und Román, den Arzt und jetzigen Stationsleiter... Alle heißen uns willkommen und nehmen uns auf, als ob wir schon immer dazugehört hätten und nur kurz auf ein Bier weggewesen wären.

Besonders schön und eindrucksvoll wird unser ausgedehnter Uferspaziergang. Der ganze Strand ist bevölkert mit Elefantenrobben, die säuberlich nach Altersgruppen geordnet im angeschwemmten Seetang dösen. Die diesjährigen, nun auch schon drei Monate alt, sind gar nicht scheu und lassen sich von den Biologen geduldig mit Farbe markieren. Wir besuchen auch die Riesensturmvögel, die oben auf dem Felsplateau nisten, und außerdem an den Felshängen eine Kolonie Zügelpinguine, bei denen gerade Brut- und Schlupfzeit herrscht: reges Leben mit wunderschönen Aussichten auf Babys, Kleinfamilien und Kinderkrippen.

Drei Tage vor Heiligabend ist es ruhig und sonnig. Wir beschließen, möglichst bald zum großen Schritt über die Drake anzusetzen. Vorher müssen wir aber unbedingt noch etwas für unsere Wasserversorgung tun. Der Haupttank ist immer noch eingefroren, der Reservetank geplatzt. Sorgfältig füllen wir alle Waserkanister auf. Wir schäumen auch die Lüfter und andere Löcher im Schiff wieder aus, schließen die Sauerstoffflasche für den Luftsack in der Saling an, verstauen und verkeilen alles sturmsicher.

Gegen achtzehn Uhr ist der Anker oben. Marambio und Marsh geben uns die letzte Wetterprognose durch: weiterhin leichter Westwind, weit und breit kein extremes Tief in Sicht, also gute Aussichten für die Drake. Alle Stationen wünschen uns Glück, wollen uns über den Äther begleiten. Wir vereinbaren, daß ich zweimal am Tag mit Prat und Jubany Funkkontakt aufnehme, um unsere jeweilige Position durchzugeben und den Wetterbericht zu erhalten.

Soviel Fürsorge beruhigt, und doch bleibt eine gewisse Unsicherheit über die Seetüchtigkeit unseres angeschlagenen Bootes. Der Gedanke, daß sich bei starker Beanspruchung im Sturm doch noch irgendwelche versteckten Mängel offenbaren könnten, belastet uns.

Die Drake empfängt uns am Abend gnädig mit relativ ruhiger See und wenig Wind aus Südost, ideal für unseren Kurs. Rasch gewinnen wir Abstand von den Südshetlands. In der Nacht dreht der Wind auf West. Später Flaute, ölig glatte See, ein wenig Sonne hinter diesigem Schleier. Viele Begleiter haben wir: Kaptauben,

Riesensturmvögel und die lustigen kleinen Wilson-Petrelle. Eine Schule Minkwale zieht hinter uns vorbei, und auf dem einsamen Eisberg, den wir passieren, tummeln sich Pinguine. Wir lesen im Cockpit „Spiegel" und „Zeit", die uns Heiner mitgebracht hat, und natürlich den „Stern", in dem die Geschichte unserer Strandung steht. Wir haben großen Nachholbedarf an Neuigkeiten aus der Heimat. Ein paarmal setzt der Motor aus, da ist noch Luft im System; er läßt sich aber zum Glück wieder starten. Der Funkkontakt mit Prat und Marsh ergibt eine gute Wetterprognose, wenigstens für die nächsten zwölf Stunden. Wir sind dankbar für diese Ruhepause.

Zwei Tage später haben wir um vier Uhr früh Funkverbindung mit dem britischen Forschungsschiff JAMES CLARK ROSS, das uns mit Gegenkurs passiert. Die Wassertemperatur beträgt minus ein Grad, im Cockpit messen wir am Mittag minus zwei Grad. Noch vierzig Meilen bis zur Konvergenzlinie auf der Karte, also sind wir immer noch in antarktischen Gewässern. Großer Eisberg an Backbord, der allerletzte? Um uns herum sollen drei Tiefs lauern...

Der zweite Heiligabend auf dieser Reise. In der Nacht besucht uns eine müde Kaptaube und schläft friedlich auf dem Vordeck; am Morgen ist sie wieder verschwunden. Der Wind hat auf Nord gedreht, bläst uns jetzt mit zehn Knoten entgegen. Die See ist hoch, steil und kommt ebenfalls von vorn. Im Norden scheint sich ein Tief auszutoben. Die FREYDIS kämpft sich tapfer und geschickt durch die Wellen. Der GPS zeigt noch hundertfünfundsiebzig Meilen bis Kap Hoorn. Noch quält uns die Angst vor eventuellen verborgenen Mängeln... Zweimal werden wir aufgeschreckt durch alarmierende Geräusche aus dem Maschinenraum, es sind aber nur Kleinigkeiten. Danach brummt die Maschine vertrauenerweckend gleichmäßig vor sich hin.

Das Weihnachtsfest auf See fällt bescheiden aus. Unsere Nervosität ist zu groß, als daß wir frohen Herzens feiern könnten. Heiner läßt es sich aber nicht nehmen, den Weihnachtsmann zu spielen. Handgestrickte Gaben kommen aus seinem Sack zum Vorschein: eine Mütze mit Pinguinmuster für Erich und eine Kuschelkatze aus Angorawolle für mich. Adélie kriegt Frischfleisch aus Jubany und neue Katzenplätzchen von Heiner zum Sattfressen; nach der Menge zu urteilen, die sie wegputzt, ist sie nicht die Spur seekrank. Ein kleiner künstlicher Tannenbaum, den Segelfreunde mitgeschickt haben, steht festgeklemmt auf dem Cockpit-Tisch, dazu ein Windlicht. Das Weihnachtsliedsingen überlassen wir diesmal dem Wind und der See.

Vorsorglich reffen wir, denn für die Nacht sind fünfundzwanzig bis dreißig, maximal vierzig Knoten Wind angesagt. Aber das Wetter zeigt auch am Weihnachtsmorgen noch freundliche Züge. Ungemütlich wird es aus anderem Grund: Ein Riß im Auspuffrohr läßt Abgase ins Schiffsinnere dringen und von dort ins Deckshaus. Unter Deck können wir uns bald nicht mehr aufhalten. Wir bleiben alle im Cockpit und halten die Nase in den Wind, machen uns Sorgen, daß das Rohr ganz abreißen könnte; aber die Maschine abschalten, um den Auspuff für einen Notfall zu schonen, erscheint uns wegen des defekten Anlassers allzu gewagt. Dazu kommt, daß der Wetterbericht vom Mittag Starkwind aus Nord ankündigt, und bei Gegenwind können wir unseren Kurs, falls überhaupt, nur mit Maschinenunterstützung halten. Unter Segeln bliebe uns nur die Wahl, den Kurs zu ändern und die Staateninsel anzulaufen oder beizudrehen und abzuwarten: riskante Verzögerungen, die wir uns und dem lädierten Schiff nicht mehr zumuten wollen. Die Maschine bleibt also an.

Der Starkwind läßt nicht lange auf sich warten, Böen bis acht Beaufort attackieren uns frontal. Mit gerefften und dichtgeholten Segeln und der Maschine bolzen wir durch die vier bis fünf Meter hohen Wellen, die sich auf dem flachen Schelf vor Kap Hoorn aufsteilen und brechen. Die Drakestraße zeigt uns zum Schluß doch noch ihre Klauen und Zähne. Wir sitzen in unseren Schwerwetteranzügen mit Lifebelt und Rettungsweste wie auf Abruf an Deck.

Heiner, der Kap-Hoorn-Neuling, schreibt in sein Tagebuch: „Man braucht nicht viel Phantasie, um sich vorzustellen, wie das hier ist, wenn die See noch ein bißchen schlimmer tobt. Gedanken an Durchkenterungen, gelesene Schauergeschichten, halbverdaute Ängste vor theoretischen Gefahren ziehen in wirrem Durcheinander durch den Kopf, während wir durch die Wellen stampfen.

Die Gesichter werden ernster und angespannter. Immer wieder richte ich den Blick auf den Erfahrensten, auf Erich. Wie reagiert er? Aber er vermittelt Ruhe und Vertrauen in sein Schiff, obwohl seine Haut dünner geworden ist seit der Strandung."

Als wir uns nach langen Stunden endlich in das Labyrinth der Hermiteninseln flüchten können, ist es zwei Uhr nachts. Kap Hoorn, westlich von uns, kommt im Dämmerlicht nur schemenhaft in Sicht. Der Halbmond beleuchtet die heranrollenden Wolkenwalzen, aus denen noch immer Sturmböen fauchen. Bald macht sich aber der Landschutz bemerkbar, der Seegang wird niedriger, der Wind schwächer. Wir fallen etwas ab, gerefftes Groß und Fock bringen neuen Schwung. Mit sieben Knoten laufen wir auf unser Ziel zu, die geschützte Marcialbucht. Problemloses Navigieren durch die Hermiteninseln. Nach einer Stunde fehlen nur noch fünf Meilen bis zur Bucht.

Plötzlich Wetterleuchten... Seltsam – hier soll es doch keine Blitze geben! Aber was kann es sonst sein? Bald darauf wird es diesig, eine Nebelwand scheint sich vor uns aufzubauen, mitten in einer engen Inselpassage. Schnell verblaßt das Mondlicht, die Inseln verschwinden, die Sicht ist gleich Null. Was wir für Nebel gehalten haben, entpuppt sich als eine Unwetterwand mit Hagel. In Sekundenschnelle darin eingeschlossen, sind wir wehrlos dem Bombardement der Eiskugeln ausgeliefert. Das Radar, das draußen auf der Drake noch tadellos funktionierte und das wir in diesem Moment so dringend benötigen, läßt uns ausgerechnet jetzt im Stich, und das Echolot streikt ebenfalls.

Eine irre Blindfahrt zwischen den Inseln beginnt, mit erneuter Aussicht auf Strandung. Und das wieder nur einen Katzensprung vom sicheren Ziel entfernt. Bei mir kommen Panikgefühle auf – bloß nicht alles noch mal! Einen Weg aus diesem Chaos zurück aufs Meer würden wir ohne Radar nicht finden. Die Böen kommen genau von vorn, stoppen unsere Fahrt und drücken das Schiff quer zum Wind nach Steuerbord. Der Motor arbeitet schwer gegenan, hoffentlich fällt er nicht auch noch aus. Gehetzt legen wir das Ankergeschirr für eine Notankerung bereit. Dann zeigt das Echolot wieder an: vierzig Meter Wassertiefe. Aber wie dicht sind wir an

Land? Ohne Radar läßt sich das nicht abschätzen. Wir verlassen uns nur noch auf den Kompaß, hoffen, daß die letzte Peilung stimmt.

Dann plötzlich ist der Spuk vorbei. Feuerland hat uns wieder eine gründliche Lektion erteilt. Aber jetzt nimmt es uns gnädig in die Arme. Das Geprassel der Hagelkörner ebbt beruhigend ab. Es klart auf. Die Inseln sind wieder sichtbar. Um vier Uhr vierundvierzig fällt unser Anker in der Marcialbucht; von hier sind wir auf den Tag genau vor zehn Monaten aufgebrochen.

Strandung, antarktischer Winter, Schlechtwetter, aber auch elementare, gegensätzliche Naturerfahrungen haben ein Ende gefunden. Wir leben und sind trotz aller Mißgeschicke froh, diese einzigartige Solidargemeinschaft aus (noch) ungezügelter Natur und verständnisvoller Hilfsbereitschaft von Menschen aus vielen Nationen kennengelernt zu haben.

In der Marcialbucht gönnen wir uns nur einen Tag Pause. Dann laufen wir weiter nach Norden, in Richtung auf unseren Ruhehafen Puerto Williams.

Nachwort

Unsere Reise endete ebenso abrupt wie mein Bericht. Mehr als sieben Monate ist es her, daß die FREYDIS im Kratersee von Deception strandete. Seitdem verging kein Tag, an dem wir uns nicht gewünscht hätten, daß es uns gelingen möge, nicht nur uns selbst, sondern auch unser Schiff zum südamerikanischen Kontinent zurückzubringen.

Jetzt, drei Tage vor Silvester, liegt die FREYDIS sicher vertäut im Schutz des kleinen Yachthafens Puerto Williams am Beaglekanal.

Zeit, das Glücksgefühl auszukosten, haben wir ganze zwölf Stunden. Über Funk hatten wir dem Versicherer vorgeschlagen, einen vereidigten Sachverständigen nach Südamerika zu schicken, falls wir die FREYDIS wieder flott bekämen. Da steht nun Herr Altstaedt aus Hamburg pünktlich und einsatzfreudig am Ende der Welt auf der Pier, während uns dreien an Bord noch die Köpfe rauchen von der „Siegesfeier" der vergangenen Nacht. Schon in Deutschland kundig gemacht durch allerlei Film- und Fotomaterial des ZDF, krempelt der Experte die FREYDIS samt Inhalt drei Tage lang gewissenhaft vom Kiel bis zur Mastspitze um. (Später, in Deutschland, läßt das Gutachten dann nicht lange auf sich warten. Die Versicherung reguliert zügig den größten Teil des Schadens, so daß wir schließlich auch in finanzieller Hinsicht mit einem blauen Auge davonkommen.)

Erst am Silvesterabend kehrt an Bord wieder Ruhe ein. Heiner bemüht sich vergebens, Erich und mich wenigstens bis zum Jahreswechsel wach zu halten. Aber dieses Jahr endet ohne tiefgründigen Rückblick, ohne hoffnungsfrohes Vorausschauen. Nicht einmal das Knallen der Feuerwerksraketen der Armada kann uns aus unserem Erschöpfungsschlaf reißen.

In den ersten Tagen des neuen Jahres fliegen nicht nur der Versicherungsexperte und Heiner, sondern – ein wenig später – auch wir nach Deutschland zurück, nach Hause. Ich bin *so* froh – aber auch *so* müde. Wir haben die FREYDIS zurückgesegelt nach Feuerland. Adélie ist wieder Restaurantkatze in Ushuaia, wo wir sie ausgeliehen hatten. Und der Vulkan auf Deception rumort – die argentinischen Wissenschaftler, die vier Wochen nach unserem Aufbruch eintrafen, haben sich gleich wieder abbergen lassen.

Drei Monate später kehren wir nach Feuerland zurück, um die auf Deception begonnene Rückverwandlung der FREYDIS aus einem mit Eis und Seewasser gefüllten Wrack in ein Segelschiff fortzusetzen. Nach acht Wochen harter Arbeit mit Unterstützung der chilenischen Armada und mit Hilfe vieler Feuerland-Halbindianer haben wir unser Ziel erreicht: Die FREYDIS ist wieder ein hochseetüchtiges, sauberes und wohnliches Schiff geworden, das unseren Ansprüchen genügt.

Den letzten Abschnitt der Instandsetzungsarbeiten haben wir uns für Südafrika aufgespart; dort wollen wir die FREYDIS aufdocken, um die noch verbliebenen Schäden an Rumpf und Ausrüstung zu beseitigen. Wieso eigentlich Südafrika? Nach den Unglücksfällen und den damit verbundenen Schocks, Schwierigkeiten und Entbehrungen hätte es nahegelegen, unsere künftigen Segelaktivitäten in etwas gemäßigteren Breiten anzusiedeln. Das haben wir auch erwogen, wollen aber beide am ursprünglichen Plan, die Antarktis großbogig zu umsegeln, festhalten. Die südlichen Ozeane mit ihren angrenzenden Ländern und Kontinenten haben auch jetzt nichts von ihrer Anziehungskraft für uns eingebüßt. Allerdings werden wir die südlichen Meere nur in den Sommermonaten überqueren, also in der Zeit von Dezember bis März. Unser Bedarf an Eis und Finsternis ist gedeckt. Auch wenn wir zu unseren Erlebnissen stehen und sie nicht missen möchten: Einmal ist genug!

So planen wir also die Weiterreise nach Südafrika von Dezember 92 bis Februar 93. Und im Jahr darauf wollen wir über den Indischen Ozean nach Australien segeln. Wir wünschen uns schöne, wenig spektakuläre Reisen mit gleichgesinnten Freunden an Bord. Die FREYDIS hat im voraus bezahlt, ihre Crew auch. Und ich hoffe, daß Rasmus, der das letzte Wort hat, sich dieser Auffassung anschließt.

Adélie (2),
Restaurantkatze.
Wenig segelerfahren,
aber fast immer
begeistert dabei.
Segelte und
überwinterte mit uns.

Die Crew, die mit uns von Mar del Plata zum Kap Hoorn segelte, und die beiden ZDF-Kameraleute:

Karl Hießerich (59 Jahre), Ingenieur. FREYDIS-Veteran. Kennt unsere Yacht unter anderem von einem Törn nach Spitzbergen.

Arno Scheffler (52 Jahre), ZDF-Kameramann. Durch den Brand in Mar del Plata und die Zerstörung seiner Ausrüstung war für ihn die Reise zu Ende, bevor sie begonnen hatte.

Joachim Schmidt (45 Jahre), Fluglotse, genannt „Jochen 1".

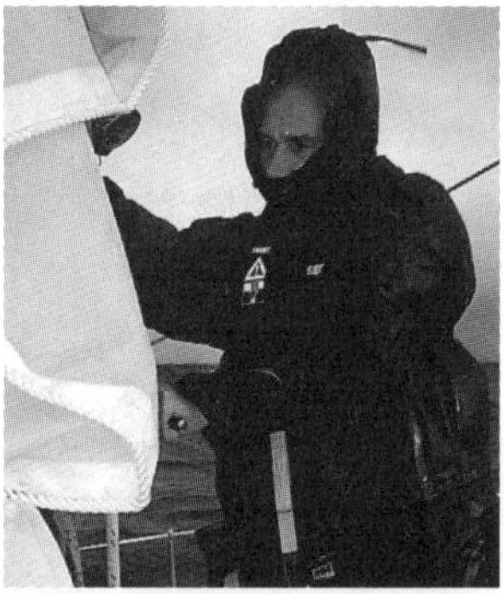

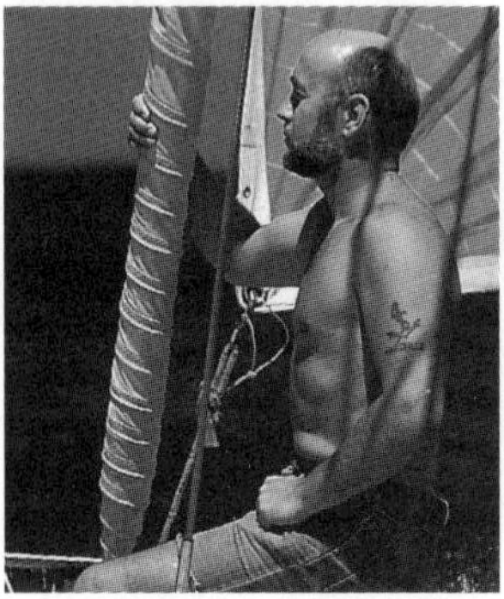

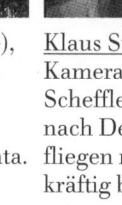

Erhard Schorge (47 Jahre), Konstrukteur. Segelte von Rio bis Kap Hoorn mit. Unsere große Hilfe nach dem Brand in Mar del Plata. Wachführer.

Klaus Stuhl (29 Jahre), Kamera-Assistent von Arno Scheffler. Bevor die beiden nach Deutschland zurückfliegen mußten, halfen sie kräftig bei den Instandsetzungsarbeiten auf der FREYDIS.

Joachim Terjung (38 Jahre), Fluglotse, genannt „Jochen 2". Brachte mit „Jochen 1" eine komplette neue Elektronikausrüstung aus Deutschland mit. Wachführer.

Die Crew, die uns durch Feuerland begleitete:

Dr. Herbert Kuckertz (55 Jahre), Chemiker. Segelte bereits im indischen Ozean auf der FREYDIS.

Dr. Eckart Schubert (52 Jahre), Chemiker. Mein Schwager. Sein Hobby: Bergsteigen. Von der FREYDIS aus fand er dazu zahlreiche Gelegenheiten in Feuerland.

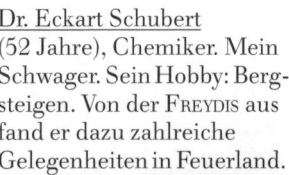

Annelie Speckmann (32 Jahre), Dipl. Kfm. Jungvermählt mit Holger. Hochzeitsreise mit der FREYDIS durch Feuerland.

Holger Speckmann (34 Jahre), Redakteur. Kennt die FREYDIS von zahlreichen früheren Törns. Wachführer.

Der Mann, der mit uns über die Drakestraße zurücksegelte:

Dr. Heiner Borgmann (48 Jahre), Orthopäde und Chirotherapeut. Er war auf dieser Reise gleich dreimal dabei: beim Start durch den Englischen Kanal, von Rio nach Mar del Plata und auf dem Rücktörn aus der Antarktis. Heiner von sich: „Ich bin ein Segler aus Leidenschaft mit beruflicher Vernunftbremse."

Albert Strobl (52 Jahre), Lithograph. Segelbegeisterter Bayer. Zählt schon viele Jahre zur FREYDIS-Stammcrew.

Unsere Antarktis-Crew mit dem ZDF-Team:

Dr. Reinhard Buhlig (44 Jahre), Arzt für Allgemeinmedizin, Wachführer. Hatte schon mehrere Törns mit anderen Yachten im Feuerland-Revier gesegelt, bevor er mit uns den Sprung in die Antarktis wagte.

Axel Esser (26 Jahre), Dipl. Kfm. und Student der Psychologie. Zweitjüngster Mitsegler. Sein erfrischender Humor verläßt ihn auch nicht in kritischen Momenten.

Thomas Euting (39 Jahre), ZDF-Korrespondent, stellvertretender Leiter einer Magazinsendung. Hatte die Idee, über den Feuerland- und Antarktis-Abschnitt eine Reportage zu drehen. An Bord als Filmemacher und Segler ebenso wie Per Mustelin doppelt gefordert.

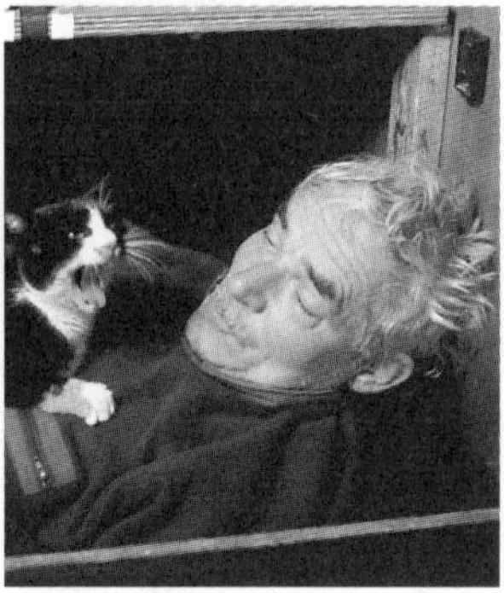

Christoph von Laßberg (24 Jahre), Medizinstudent. Jüngstes Crewmitglied an Bord. Immer bereit zu sportlichen Extraeinsätzen.

Per Mustelin (60 Jahre), ZDF-Kameramann. Für den passionierten Einhandsegler war das Mannschaftssegeln auf der Freydis eine neue und positive Erfahrung.

Hans Ulrich Vehrenberg (46 Jahre), Unternehmer (optische Geräte), Pinguin-Fan. Gehört zur Stammcrew. Sein bisher längster Törn: von Kapstadt nach Recife. Wachführer.

Die FREYDIS und ihre Ausrüstung

Erich Wilts

Ich bin Heide dankbar, daß sie mir Gelegenheit gibt, in einem Anhang zu diesem Buch einige Anmerkungen zur Ausrüstung und Seemannschaft für das Segeln unter extremen Bedingungen beizusteuern.

Sechsmal durchstreiften wir das Kap-Hoorn-Revier, zweimal das Gebiet vor der antarktischen Halbinsel. Da hat sich einiges an Erfahrungen angesammelt, das sicherlich nicht nur den Extremsegler, sondern auch den „normalen" Fahrtenskipper zu eigenen Überlegungen und Entscheidungen anregt.

Bei vielen Punkten muß ich auf eine ausführliche Erörterung des Für und Wider verzichten, denn das würde den Charakter dieses Buches sprengen. Über Zuschriften würde ich mich freuen und verspreche, diese zu beantworten. Das kann allerdings schon mal etwas länger dauern, da wir, wie der Leser weiß, noch ein paar Jahre um den Globus segeln wollen.

Heidelberg, im Juni 1992

Erich Wilts, c/o Ilse Massar, Werderstr. 30, 6900 Heidelberg

FREYDIS | SEGELRISS

Großsegel	ca. 37 m^2	Selbsttät. Fock	ca. 48 m^2	Trysegel	ca. 13 m^2
Sturmfock	ca. 21 m^2	Genua 2	ca. 60 m^2	Spinnaker	ca. 200 m^2
Fock 2	ca. 34 m^2	Reacher	ca. 80 m^2	Genua 1	ca. 95 m^2

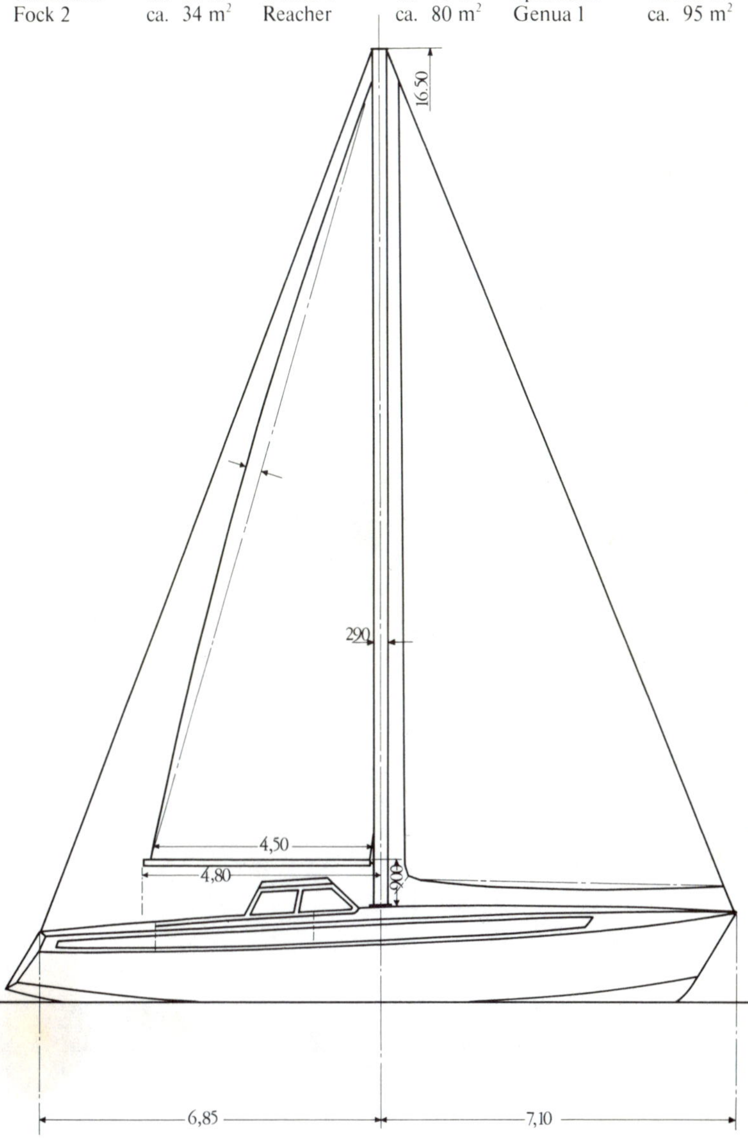

SEITENANSICHT

1 Luke der Achterpiek
2 Notpinne (fest installiert)
3 Achterpiek
4 Schränke
5 Achterkammer
6 Luke Achterkammer
7 Steuerstand
8 Maschinenraum
9 Dieseltank 1000 l
10 Dieselgenerator
11 Maststütze und Schornstein
12 Messeluke
13 Messe
14 Vorkammer
15 Vorluke
16 Vorpiek
17 Kollisionsschott
18 Kettenstauraum, 80 m Kette, ∅ 12 mm
19 Schmutzwassertanks
20 Schwertbolzen ∅ 90 mm Niro
21 Wassertanks
22 Schwert
23 Wellengenerator
24 Reservedieseltank
(in der Ruderhacke
25 Schraube

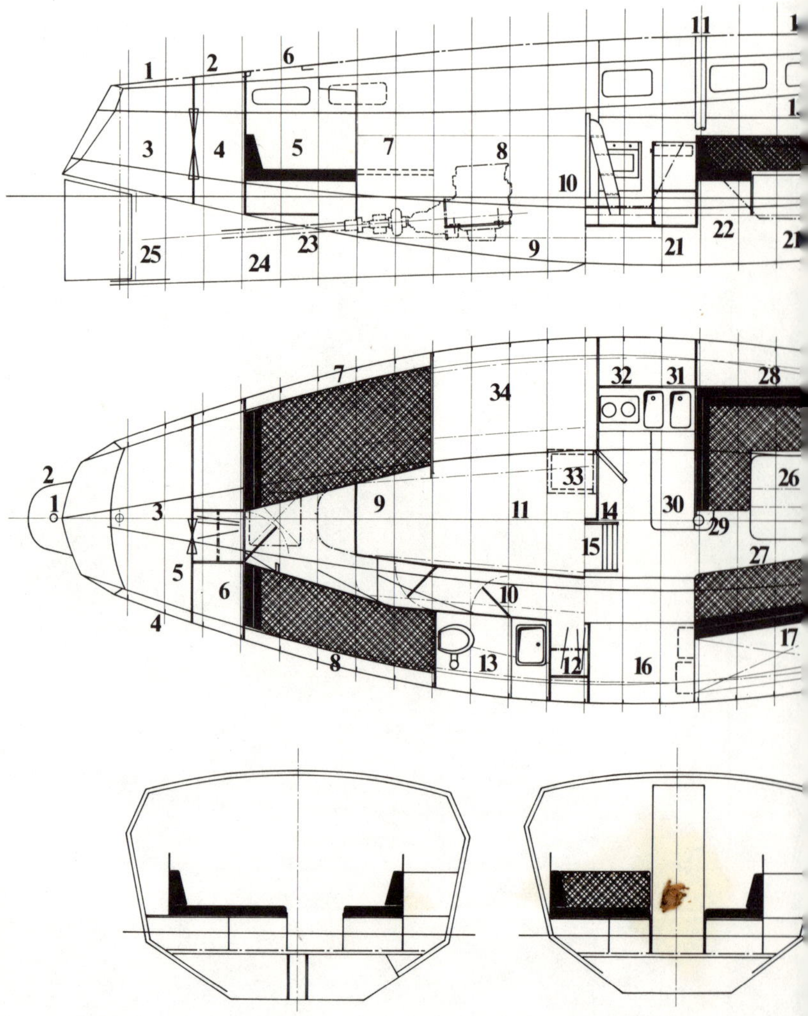

FSICHT

Aries-Windsteuer
chutzring für Aries
Rettungsinsel 1
Rettungsinsel 2
in der Seereling)
Achterpiek
Kleiderschränke
Doppelkoje

8 Koje
9 Steuerstand
10 Durchgang zur Achterkammer
11 Cockpit mit Tisch
12 Ölzeugschapp
13 Toilette achtern
14 Schwertwinsch
15 Niedergang
16 Navigation

17 Lotsenkoje
18 2 Kojen Vorkammer
19·20·21 Ersatzteil- und Werkzeugschränke
22 Segellast
23 Arbeitstisch mit Stehhöhe 1,90 mtr.
24 Kleiderschränke
25 Toilette Vorkammer
26 Messetisch

27 Messebänke
28 Bücherbord
29 Dieselofen
30 Kühlbox
31 Pantry
32 Gasherd mit Backofen
33 Kühlschrank
34 Backskisten

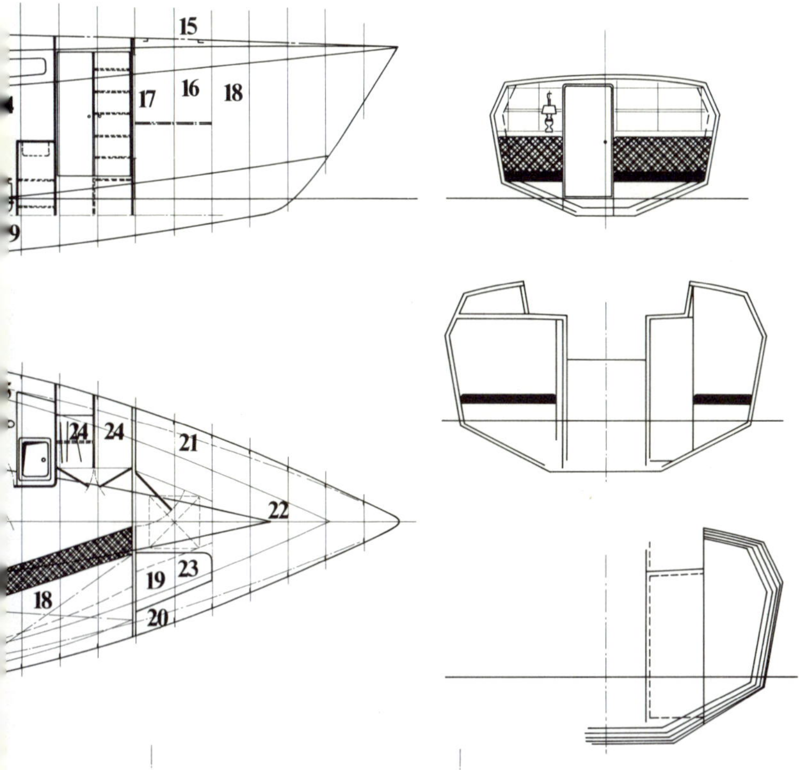

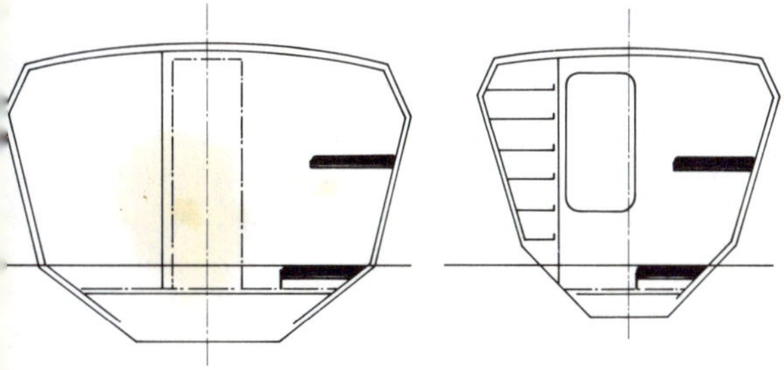

FREYDIS

Länge: 15,00 m
Breite: 4,15 m
Tiefgang: 1,20/2,20

Konstruktion und Kasko

Schiffstyp: Modifizierte Hydra
Konstrukteur: Kurt Reinke, Bremen
Stahlkasko: DiKuBo, Leer
Ausbau: Schlömerwerft und Eigenleistung

Als wir 1977 den Bau der zweiten Freydis planten, stand fest, daß wir wieder einen Reinke-Riß zugrunde legen würden. In Absprache mit dem Konstrukteur ließen wir einige Änderungen am Rumpf vornehmen, die für uns besonders wichtig waren. Die neue Freydis bekam (wie die alte) einen schwenkbaren Ballastkiel, eine durchgehende Ruderhacke und ein massives, nach hinten offenes Deckshaus.

Nur dem aufholbaren Kiel, der 20 mm starken Bodenplatte aus Stahl und der Ruderhacke verdanken wir es, daß weder Stahlrumpf noch Kiel, noch Ruder, Welle und Schraube größere Schäden aus der Strandung davontrugen. Wegen der waagrechten Bodenplatte betrug die Schlagseite der Freydis nach der Strandung nur 15 bis 20 Grad, so daß wir während des Winters Bergungs- und Instandsetzungsarbeiten ausführen konnten. Hätte das Schiff auf der Seite gelegen, wäre dies nicht möglich gewesen. Auch daß wir die Freydis am Ende des Winters mit eigener Kraft und Bordmitteln aus ihrer in der Orkannacht entstandenen Senke im Stein- und Lavageröll befreien konnten, verdanken wir allein der flachen Bodenplatte und dem aufgeholten Kiel.

Mit dem Achterschiff hatte sich die Freydis – die ja in der Brandung quergeschlagen war – besonders tief eingegraben; dadurch war das achtere Fenster dem Anprall des heranrückenden Meereises schutzlos ausgeliefert. Außerdem zersplitterten nach stundenlangen heftigen Aufsetzern die Kunststoff-Borddurchlässe von Sumlog und Echolot, wodurch das Schiff voll Wasser und Eis lief. Das Fazit für uns: Die Fenster sollten kleiner sein und die Stärke des Plexiglases 12 mm (statt 10 mm) betragen. Soweit Borddurchlässe nicht zu vermeiden sind, müßten auf ihrer Innenseite Rohrstutzen mit bereitliegendem Deckel aufgeschweißt werden, da in der Brandung keiner der Holzstopfen halten konnte. Sie wurden durch die Wucht des Aufpralls immer wieder ins Schiff hineingedrückt.

Rigg

Art der Takelung: Kutter
Alumast und -baum: Preusse, Bremen
Rollgenua: Variothurn, Kiel

Die Stärke der Mast- und Baumprofile liegt deutlich über den Konstruktionsvorschriften. Wanten, Stagen, Püttings, Wantenspanner und Mastbeschläge sind stärker als vorgeschrieben und üblich (z. B. Wanten 10 mm statt vorgeschriebener 8 mm, Oberwanten 12 mm statt 10 mm).

Ein zweites Vorstag, rund 1 m hinter der Rollgenua, an dem wir die Fock I und II bei schwerem Wetter anschlagen, ein Babystag und zwei Backstagen sorgen für zusätzliche Stabilität des Mastes. Daß er in der Strandungsnacht trotz gewaltiger Erschütterung nicht von oben gekommen ist, schreiben wir seinem kräftigen Profil und seiner besonderen Verstagung zu.

Noch ein Hinweis: Alle paar Jahre müssen wir einen Teil der Wanten austauschen, weil die Drähte am Ende der Walzterminals allmählich brechen. Es scheint uns, daß die Wanten und Stagen mit Norsemanterminals, die wir bei den Achterstagen und den Oberwanten verwendet haben, wesentlich länger halten, so daß wir uns fragen, ob wir nicht nach und nach sämtliche Stagen auf Norseman umrüsten sollen. Für die Dauer einer Weltumsegelung bringt dies mehr Sicherheit und ist im Endeffekt auch billiger.

Die ersten zwölf Jahre segelten wir die Freydis mit doppeltem Vorstag. Erst zu Beginn dieser Weltreise rüsteten wir sie mit einer Rollgenua aus. Wenn man ständig mit Crew segelt, sind zwei Vorstagen die sportliche Lösung. Da Heide und ich aber auch große Strecken zu zweit zurücklegen, ist die Rollgenua eindeutig von Vorteil, aus Gründen der Bequemlichkeit und vor allem der

Sicherheit. Denn riskante nächtliche Segelwechsel entfallen zum Beispiel.

Fock I + II werden bei schwerem Wetter am Fockstag mit Stagreitern gefahren. Auch hier ist zu überlegen, ob eine zweite Rollfockanlage bei kleiner Crew nicht die bessere Alternative darstellt. Nach 30 Segeljahren arbeite ich das erste Mal mit einer Rollgenua. Heute frage ich mich, warum ich das nicht schon früher getan habe.

Segel

Hersteller: Lee Sails
Lieferant: Gerd Frank, Flensburg

Vor Jahren haben wir den Fehler gemacht, die FREYDIS mit Segeln üblicher Qualität und Tuchstärke auszurüsten. Die Folge: Bei der massiven Beanspruchung auf den Nordmeertörns war ein Satz Segel bereits nach ein bis zwei Sommern verschlissen. Reparaturen unterwegs gehörten zum Bordalltag, und die Reparaturrechnungen des Segelmachers für die Überholung nach Saisonende waren beträchtlich. Seitdem stellen wir an den Hersteller außergewöhnliche Anforderungen bezüglich Tuchstärke und Verarbeitung: Tuchgewicht von Spinnaker und Blister nicht unter 90 g/m^2, Groß und Focks nicht unter 500 g/m^2, Genua nicht unter 340 g/m^2. Vorlieken und Segelecken (Kopf, Hals und Schothorn) müssen zusätzlich verstärkt sein. Fazit: Seit drei Jahren ist die Takelkiste an Bord kaum benutzt worden. Einziges, anscheinend technisch nicht lösbares Problem sind die Lattentaschen im Groß. Durch alle Klimazonen haben sich die Segel bewährt, und ihr Stand genügt, da wir keine Regattaprofis sind, voll unseren Ansprüchen.

Viel trägt natürlich auch der Umgang an Bord zur Lebensdauer der Segel bei: lieber ein Segel abschlagen, statt es an der Seereling zu befestigen, rechtzeitiger Segelwechsel, gutes Spinnakergeschirr, pflegliche Behandlung auch nach dem Einsatz (trocknen und gelegentlich mit Süßwasser reinigen).

Auf den Passatkursen hat sich die doppelte Genua mit zwei Bäumen bewährt. Da das Profilstag mit Rollvorrichtung ein problemloses Verkleinern oder Vergrößern der Segelfläche ermöglicht, kann man auch in die Dunkelheit mit Vollzeug hineinsegeln, ohne dramatische Segelwechsel befürchten zu müssen. Das gilt natürlich erst recht in den instabilen Windverhältnissen der Kalmen und Roßbreiten.

Unser Segelsatz besteht aus:

Großsegel (mit drei Bindereffs)	43 m^2
Trysegel (eigene Schiene am Mast)	15 m^2
Sturmgroßsegel (mit zwei Bindereffs)	30 m^2
Rollgenua, doppelt, 260 g	2 x 78 m^2
Rollgenua, einfach, 340 g	78 m^2
Fock I	35 m^2
Fock II (Sturmfock)	25 m^2
Blister	150 m^2
Zwei Spinnaker	200 m^2 und 250 m^2

Hauptmaschine

Typ: 4 Zyl. Diesel OM 314, 62 PS
Hersteller: Mercedes Benz, marinisiert durch Wizemann (Typ WM 80)

Der Brand im Maschinenraum der FREYDIS, der beinahe in Mar del Plata zum Ende unserer Reise geführt hätte, brachte durch seine Hitze noch Ersatzteile aus Kunststoff zum Schmelzen, die in den Schränken der Achterkammer gestaut waren. Der Motor hat die hohen Temperaturen ohne Schaden überstanden, lediglich die von ihm angetriebenen Aggregate wie Lichtmaschinen, Pumpen etc.

und natürlich die elektrische Verkabelung mußten erneuert werden. Noch am Brandtag waren Mechaniker der nächstgelegenen Mercedes-Benz-Vertretung zur Stelle, und drei Tage später waren die Schäden an der Hauptmaschine behoben.

Sieben Monate später, in der Schreckensnacht im Kratersee von Deception, stieg das Seewasser im Maschinenraum bis an die Decke. Das Motoröl lief aus der Hauptmaschine, Seewasser drang ein und gefror sofort zum Eisblock. Erst nach vier Wochen Quälerei konnten wir die Hauptmaschine zum erstenmal wieder starten; sie lief, als wäre nichts gewesen. Lediglich der Anlassermotor war beschädigt, da wir ihn vor dem ersten Startversuch nicht vom eingedrungenen Salzwasser gereinigt hatten. Wegen des schadhaften Anlassers wagten wir auf dem Rückweg über die Drakestraße nicht, die Maschine auszustellen. Als wir nach sieben Tagen Puerto Williams am Beaglekanal erreichten, hatten wir dadurch die Gewißheit, daß die Maschine in Ordnung war. Und selbst am Ende der Welt, in ihrer südlichsten Siedlung, war es nur eine Frage von wenigen Tagen, bis wir einen neuen Anlassermotor hatten. Wir sahen uns wieder einmal in unserer Entscheidung bestätigt, an Bord der FREYDIS den Motor eines Herstellers mit weltumspannendem Service einzubauen.

Allerdings ist uns bei der Konzeption der Maschinenanlage ein Fehler unterlaufen. Unsere Maschine leistet 62 PS. Bei einem Schiffsgewicht von rund 22 Tonnen erwies sich das in den meisten Revieren, in denen wir gesegelt waren, als ausreichend. In Patagonien aber und in der Antarktis war das zu wenig. Zu oft und zu plötzlich wird man dort mit Stürmen aus der falschen Richtung konfrontiert, und da ist dann die Hauptmaschine die letzte Hoffnung, einer möglichen Katastrophe zu entgehen. Mit einer stärkeren Maschine wären wir in Deception nicht gestrandet, sondern hätten uns nach dem Verlust des Grundgeschirrs zur Leeseite des Kratersees durchkämpfen können, die nur vier Seemeilen entfernt war. Auch in Feuerland war die Maschine einige Male nicht stark genug, um gegen mehr als 40 Knoten Wind anzugehen, auch nicht im Schutz der Kanäle. Noch vor Reiseantritt hatten wir den Propeller gegen einen größeren ausgetauscht, um im Notfall das letzte aus der Hauptmaschine herausholen zu können. Aber mit der vorhandenen Anlage machte die FREYDIS keine Fahrt mehr durchs Wasser, und der Wind drückte den Bug einfach zur Seite.

Andere Yachten, die sich länger in diesem Revier aufhalten, haben ähnliche Erfahrungen gemacht und daraus die Konsequenzen gezogen. Jean Paul Bassaget zum Beispiel hat seine KSAR vor einem halben Jahr mit einer neuen Maschine ausgerüstet und die PS-Zahl verdoppelt. Skip Novak, Eigner der PELAGIC, ist, während ich diese Zeilen schreibe, auf dem Weg nach Kapstadt. Er will sich dort ebenfalls eine neue Maschine mit doppelter Leistung einbauen lassen.

Elektronik

GPS Raystar 920 Satelliten-Navigator
Radar Raytheon R 40 mit Radomantenne
SSB-GW-KW Funktelefon IC-M 700 D
UKW-Seefunkanlage RT 6500 S
Echolot ES 120
Sumlog VDO Sumlog EL
Lieferant aller Geräte: Eissing KG, Emden

Als Heide und ich vor zehn Jahren mit derselben FREYDIS rund Südamerika segelten und dabei zum erstenmal in die Antarktis vorstießen, navigierten wir mit ähnlichen Mitteln wie James Cook vor 200 Jahren. Stützen der Navigation waren Kompaß, Sextant, Relingslog und Echolot. Zwar hatten wir einen Goniopeiler an Bord, aber da südlich der Magellanstraße keine Funkfeuer existierten, gab es auch nichts zu peilen.

Vor unserem erneuten Aufbruch in die südliche Hemisphäre hatten wir uns diesmal Radar und GPS zugelegt. Damit büßte die Navigation viel von ihrer Schwierigkeit, aber auch von ihrer Faszination ein. Aber natürlich werden weder wir noch andere künftig auf diese Navigationshilfen verzichten, genauso wenig wie Cook auf Kompaß und Sextant verzichtet hätte, nur weil Seefahrer vor ihm ohne diese über die Meere gefahren waren. Und auch mit Unterstützung der Elektronik ist das Segeln auf der Drakestraße und den angrenzenden Revieren von Feuerland und vor der antarktischen Halbinsel wegen der Stürme, des Eises und der Strömungen noch schwierig genug.

Mit dem Einzug der modernen elektronischen Navigationsgeräte an Bord kleiner Yachten ist indessen die Zeit der klassischen terrestrischen und astronomischen Navigation nicht zu Ende. Die elektronischen Geräte sind anfällig, und wenn die Stromversorgung zusammenbricht, geht nichts mehr.

Nach dem Brand in Mar del Plata waren alle unsere elektronischen Geräte in der Navigationsecke geschmolzen, und wir hatten uns bereits darauf eingestellt, auf der Weiterreise nach herkömmlicher Art zu navigieren. Aber wir hatten Glück: Zwei unserer Crewmitglieder, beides Fluglotsen, hatten keinen festen Flug gebucht und standen in Düsseldorf immer noch auf der Warteliste. Als unsere Freunde und der Lieferant nach unserem Anruf aus Südamerika schnell schalteten, waren die Ersatzgeräte mit dem Taxi so zeitig am Flugplatz, daß sie noch als Handgepäck mitkamen. Zwei Tage später waren alle Geräte an Bord der FREYDIS neu installiert. Spätestens jetzt hatte es sich ausgezahlt, daß wir beim ersten Kauf der Geräte nicht nur auf den Preis geschaut und alle Geräte aus einer Hand bezogen, sondern auch auf den Service des Lieferanten geachtet hatten.

Selbststeueranlage

Aries, Cowes, England
Autohelm 6000, Lieferant Ferropilot, Rellingen

Wir haben jahrelang versucht, die Aries-Windsteueranlagen erfolgreich einzusetzen. Auf raumen Kursen und vor dem Wind ist uns dies jedoch nicht zufriedenstellend gelungen. Das ist der Grund, warum wir seit Jahren ausschließlich mit einem elektronischen Autopiloten arbeiten.

Allerdings setzen wir den Autopiloten nur ein, wenn wir unter Maschine laufen oder bei zahlenmäßig kleiner Crew, also wenn wir zu zweit oder zu dritt segeln. Warum wir ihn nicht häufiger benutzen, obwohl er doch der Crew soviel Steuerarbeit abnimmt und wir immer über ausreichend Strom durch den Wellengenerator verfügen? Es liegt an dem häufigen schweren Wetter, mit dem wir auf unseren Fahrten in den extremen Breiten auf der Nord- wie auch auf der Südhalbkugel rechnen müssen. Und daran, daß in schwerem Wetter ein erfahrener Rudergänger an Bord einer kleinen Yacht jeder Selbststeueranlage, egal ob Wind- oder elektronische Steuerung, überlegen ist. Erfahrung im Steuern stellt sich aber nicht von selber ein, und deshalb gehen wir bei normaler Crewstärke (meist sechs bis sieben Personen) auch bei leichten und mittleren Winden konsequent Ruder.

Im Sturm, insbesondere auf Raumschotskursen und vor dem Wind, besteht die Gefahr des Querschlagens, des Knock-downs und des Über-Kopf-Gehens. Es gibt keine Segelyacht und keine Crew, mit der man diese Gefahren vollständig ausschließen kann, aber sicher ist, daß Probleme seltener auftreten, wenn das Schiff geeignet ist und die Crew es im Griff hat.

Man kann in stürmischer See den Brechern durch geschicktes Aussteuern viel von ihrer Gefährlichkeit nehmen. Das setzt aber voraus, daß das Schiff nicht einfach der Selbststeueranlage oder sich selbst überlassen, sondern von einem Rudergänger gesteuert wird, der in halbstündigem oder stündlichem Wechsel abgelöst werden kann. Dazu braucht man aber vier gute Leute. Zwei sind zu wenig. Ihre Kraft und Konzentration ist nach 24 Stunden längst dahin. Mit vier Leuten kann man zwei Wachen bilden, und innerhalb einer Wache können sich zwei Leute beim Steuern nach Bedarf ablösen.

Falsch wäre der Eindruck, wir könnten unsere Anlage entbehren. Wenn Heide und ich alleine segeln, geht nichts ohne Automatik. Das spielt sich aber fast ausschließlich in den Passatregionen ab. In den extremen Breiten wünsche ich jedem Skipper eine Crew, die seine Selbststeueranlage überflüssig macht.

Heizung

Drei Heizkörper im Schiff, angeschlossen an den Kühlkreislauf der Hauptmaschine (Eigenbau)
Warmluftgebläseheizung, Hersteller Eberspächer
Dieselofen Refleks, Lieferant Glüsing, Cuxhaven
Norwegischer Holz- und Kohleofen, Lieferant Trauernicht, Großefehn
Elektrische Heizlüfter, 220 Volt
Petroleumschnellkocher, Typ Geniol, Hersteller Heinze, Wuppertal
Zusatzausrüstung: Schamottsteine

Bereits aus der langen Liste der Fabrikate geht hervor, daß das Heizen für uns besonders wichtig war. Dies ist nicht verwunderlich, schließlich wollten wir ja einen langen Winter in der Antarktis verbringen und nicht mehr frieren als unbedingt nötig. Außerdem kam es uns darauf an, daß es im Schiff möglichst trocken blieb.

Erfahrungen haben wir mit allen sechs Systemen sammeln können. Unter Maschinenfahrt lieferten die drei am Kühlkreislauf der Hauptmaschine angeschlossenen Heizkörper wohlige Wärme in den drei Räumen der Freydis. Eine kleine 12-Volt-Umwälzpumpe sorgte dafür, daß das 80° heiße Wasser in alle Heizkörper gelangte. Achterkammer, Messe und Vorkammer waren dann angenehm temperiert.

Unter Segeln schalteten wir die Warmluft-Gebläseheizung stundenweise ein. Stundenweise deshalb, weil sie zwar zum Heizen (den reichlich vorhandenen) Diesel benötigte, aber für das Gebläse Strom aus den Batterien zog – nicht viel, aber auf die Dauer doch zuviel. Ein weiterer Nachteil bestand darin, daß zu ihrem Funktionieren eine Menge Elektronik installiert werden mußte. Der behagte das viele eingedrungene Seewasser überhaupt nicht. Nach der Strandung war dieses System nicht mehr einsetzbar.

Am Ankerplatz benutzten wir ausschließlich den Dieselofen, der hervorragend arbeitete. In früheren Jahren hatten wir schon gelegentlich Probleme gehabt, da der Regler durch eingedrungenes Schwitzwasser aus dem Tages-Tank verunreinigt wurde. Nachdem aber der Diesel durch einen Vorfilter lief, der auch Wasser separierte, arbeitete der Ofen zuverlässig und wurde von uns routinemäßig alle drei bis vier Wochen einmal von Ruß und anderen Rückständen gereinigt.

Den Holz- und Kohlenofen stellten wir in unserem Wohnraum in der Antarktisstation auf. Er erfüllte auch mit der Kohle minderer Qualität, die uns dort zur Verfügung stand, seinen Zweck. An Bord hatten wir bereits vor dem Start einen Abzug fest installiert; da wir aber nicht auf dem Schiff, sondern an Land überwinterten, kam er auf der FREYDIS selbst nicht zum Einsatz. Gegen einen Kohlenofen auf Langfahrt spricht allgemein das Brennstoffproblem. Man müßte Holz- oder Kohlenvorräte mitführen, die viel Platz auf dem engen Schiff beanspruchen.

Elektrischer Heizlüfter von 220 Volt: Wenn man elektrischen Landanschluß hat, ist ein Heizlüfter ein praktisches Zubehör. Bei uns kam der Lüfter etwa zwei Wochen lang zum Einsatz, als es galt, nach der Strandung das zu Eis gefrorene Seewasser in der Hauptmaschine aufzutauen. Während dieser Zeit mußte der uns verbliebene kleine Benzingenerator den Strom zu seinem Betrieb liefern.

Für den Notfall hatten wir zwei Petroleumkocher mit und für beide eine dicke Platte aus Schamottstein zum Speichern der Wärme. Als wir gegen Ende des Winters für zwei Wochen Besuch von dem Kameramann des ZDF aus Buenos Aires bekamen, heizte der Kocher seine kleine Kammer auf, wenn es nachts allzu kalt wurde.

Falls ich mich auf ein einziges System festlegen müßte, wäre dies der Dieselofen. Nicht von ungefähr wird dieser Ofentyp auf vielen kleinen Fischkuttern der Dänen und Norweger gefahren. Er ist robust und wenig störanfällig, auch bei Seegang. Seine Achillesferse ist der Regler, der so lange einwandfrei arbeitet, wie der mitgeführte Diesel sauber und frei von Wasser ist. Ich empfehle, auf größeren Reisen einen Reserveregler mitzunehmen für den Fall, daß es wider Erwarten zu Komplikationen kommen sollte.

Kleidung

Ölzeug von Henri Lloyd, Typ Oceanracer
Hi-Therm-Jacken und -Hosen von Henri Lloyd, Typ Versatile, Lieferant Hohorst, Bremen
Lifa-Unterwäsche, Faserpelzanzüge, Socken, Handschuhe, Gesichtsmasken, Mützen sowie Faserpelzoverall F 385 oder F 376, Lieferant Helly Hansen, Stelle bei Hamburg
Schuhzeug von Globetrotter, Hamburg

Vor 20 Jahren war es noch ein Problem, zweckmäßige Kleidung für einen winterlichen Segeltörn zu bekommen. Heute besteht das Problem darin, aus dem großen Angebot die richtige Wahl zu treffen.

Auf den kalten Etappen trugen alle Lifa-Unterwäsche und darüber Faserpelzanzüge. Bei kaltem, aber trockenem Wetter kam darüber entweder ein Faserpelzoverall oder ein zweiteiliger Hi-Therm-Anzug. Beide haben sich gut bewährt. Am angenehmsten waren die Versatileanzüge zu tragen.

Bei nassem Wetter gingen die Ansichten auseinander. Ein Teil der Crew trug zweilagiges Ölzeug, ein anderer Teil zwängte sich in wasserdichte, zum Teil gefütterte Überlebensanzüge.

Ich selber bin kein Freund dieser hermetisch abgeschlossenen Anzüge. Sie lassen zwar kein Wasser herein, aber auch keines heraus. Bei starker körperlicher Betätigung schwitzt man im eigenen Saft und friert anschließend, weil die Feuchtigkeit nicht aus der Kleidung heraus kann.

Auch bei schlechtestem Wetter, Sturm, Schneetreiben etc. hat sich für Heide und mich das zweilagige Ölzeug als beste Lösung herausgestellt. Nicht als Einteiler, sondern zweiteilig, damit man im Schutz des Deckshauses auch mal die Jacke öffnen oder sogar ausziehen kann. Wichtig ist nur, daß man die Ölzeuggarnitur groß genug wählt, damit man bei größter Kälte noch eine Garnitur Faserpelz zusätzlich unterziehen kann.

Einen Vorteil allerdings haben die Überlebensanzüge, die hermetisch dicht und deren Stiefel angeschweißt sind: Fällt man ins Wasser, dringt kein Wasser ein. Man unterkühlt nicht so schnell, da sie im Prinzip wie ein Trockentauchanzug wirken. Einige Crewmitglieder haben wegen dieses Vorteils die anderen oben geschilderten Nachteile in Kauf genommen.

Nicht ganz vermeiden konnten wir kalte Füße auf den Nachtwachen an Bord. Große Gummistiefel mit ein bis zwei Garnituren Faserpelzsocken waren schon ganz gut, aber die Füße wurden auf die Dauer trotzdem feucht und kalt. Wasserdichte Moonboots hielten zwar die Füße warm, aber man lief in ihnen sehr unbeholfen, was bei Arbeiten am Mast und auf dem Vorschiff von Nachteil war. Während des antarktischen Winters trugen wir an Land entweder steigeisenfeste Hochgebirgskletterschuhe mit Innenschuh und äußerer Kunststoffschale oder kanadische Jägerstiefel mit dicker Filzeinlage. Beides hat sich ausgezeichnet bewährt. An Bord kann man die Jägerstiefel bei Kälte und trockenem Wetter tragen. Wenn aber Wasser überkommt, dringt dies natürlich in den Stiefel ein. In jedem Fall empfiehlt es sich, bei Schuhzeug mit Innenschuhen immer ein bis zwei Paar Innenschuhe zum Wechseln mitzunehmen.

Anker

Bügelanker, Lieferant Rolf Kaczireck, Gettorf
CQR (Original) und BAAS-Ball-Anker,
Lieferant Hohorst, Bremen

In den Gewässern Patagoniens und an der Küste der antarktischen Halbinsel fällt der Auswahl des richtigen Ankergeschirrs und dem Umgang damit eine überragende Bedeutung zu. Die starken Strömungen, die plötzlichen Wetterumschwünge, die orkanartigen

Böen (Williwaws) aus nicht vorhersehbaren und wechselnden Richtungen und die problematischen Ankergründe machen das Ankern oft zu einer heiklen Prozedur mit ungewissem Ausgang. In keinem Bereich der Seemannschaft habe ich in den genannten Revieren mehr dazulernen müssen als im Ankern. Da ich mich kurz fassen muß, verweise ich bezüglich Grundwissen und Ankertechnik auf das Buch „Richtig ankern" von J. Schult* und begnüge mich mit einigen Ergänzungen und Anmerkungen.

Seit Jahrzehnten sind wir mit dem Umgang von CQR- und Baas-Ball-Ankern vertraut. Mit einem CQR-Anker haben wir zweimal sehr schlechte Erfahrungen gemacht. Von zwei Originalankern (beide 60 lbs schwer) haben wir den Pflug vom Schaft gerissen, einmal in den Felsen einer Feuerlandbucht, ein andermal im Schlick des ostfriesischen Watts. Beide Male deutete die Bruchstelle auf keinen Verarbeitungs-, sondern auf einen Konstruktionsfehler hin.

In Patagonien ist der Ankergrund oft mit Kelp bedeckt und erschwert das Eindringen des Ankers. Dies und das leichte Verhaken unter Felsen spricht aus unserer Sicht gegen den Einsatz des Baas-Ball-Ankers mit seinen Querstangen. So waren wir auf der Suche nach einem neuen Anker und rüsteten uns für diese Weltreise mit zwei Bügelankern aus (je 34 kg). Dieser Ankertyp hat sich auf der bisherigen Reise, auch an den tropischen Gestaden, ausgezeichnet bewährt. Gerade auf den problematischen Ankergründen hat er seine Überlegenheit über die beiden genannten Typen gezeigt.

Anker, Kette und Ankerwinde müssen überdimensioniert sein. Bei uns: Gewicht des Ankers 34 kg, Zahl der Anker insgesamt vier, Durchmesser der Kette 13 mm, Länge der Kette insgesamt 120 m. Ein in den Stahlrumpf integrierter Poller sorgte dafür, daß beim Einrucken nichts kaputtgehen konnte. Schwachpunkt auf der FREYDIS war die Ankerwinsch, eine Zwei-Gang-Handankerwinde Typ Seatiger. Bisher haben wir zwar noch immer das Ankergeschirr hochbekommen, aber manches Mal nur unter körperlichen

* Yachtbücherei Band 41, Klasing & Co. GmbH, Bielefeld

Qualen. Was wir brauchen und was wir auch anderen empfehlen, ist eine starke elektrische oder hydraulische Ankerwinde.

In Patagonien verläßt man sich nie auf den Anker allein. Eine Yacht muß mit ausreichenden Leinen und Festmachern ausgerüstet sein, um sie zusätzlich mit Leinenverbindungen an Land zu sichern, meistens indem man sie an Bäumen oder starken Büschen, gelegentlich auch an Felsen, festmacht.

Entlang der antarktischen Halbinsel besteht der Ankergrund fast immer aus glattem Fels. Deshalb kommt den Leinenverbindungen eine noch größere Bedeutung zu als in Patagonien. Man ankert zwischen Felsen, Bäume gibt es nicht, so daß man die Taue um Felsen schlingen muß. Damit die Leinen nicht durchscheuern können, führt man lange Vorläufer aus Kette oder aus Drahtseil mit sich.

Auch wenn man alles Erforderliche getan hat, ist es oft unverzichtbar, Ankerwache zu gehen. So kann man rechtzeitig mit Maschinenunterstützung entsprechende Manöver fahren, falls der oder die Anker nicht halten oder die Leinen ihren Zweck nicht erfüllen und man zu stranden droht.

Da es vorkommt, daß man einen für sicher gehaltenen Ankerplatz fluchtartig verlassen muß – oder um Probleme beim Anker-auf-Manöver zu umgehen –, ist es sinnvoll, grundsätzlich mit Sorgleine und Ankerboje zu ankern. Dazu nur zwei Beispiele von vielen: In unserer Ankerbucht auf Deception waren sich während eines Sturms mit wechselnden Windrichtungen die beiden Ankergeschirre ins Gehege gekommen. Das Bergen und Entwirren der Kettenknäuel dauerte über zehn Stunden unter Inanspruchnahme der Ankerwinde und aller Cockpitwinschen. Mit Sorgleine und Ankerboje wären wir schneller zum Ziel gekommen. Am Ende des Winters stellten wir beim Anker-auf-Manöver fest, daß sich unser Anker mit 90 m Kette in zwei weiteren Schiffsankern und -ketten verhakt hatte, die dort auf dem Grund lagen. Ohne Unterstützung der Chilenen mit Tauchern und mächtigen Winden an Bord ihres Schiffes hätten wir keine Chance gehabt, auch nicht mit einer stärkeren Ankerwinde an Bord der FREYDIS. Lediglich mit Sorgleinen hätten wir unseren Anker wahrscheinlich herausziehen können.

Beiboot und Außenborder

Beiboot Juca S, Lieferant Metzler
Außenborder Yamaha 2 PS und 4 PS, Lieferant Emder Schiffsausrüster

Man benötigt Beiboot und Außenborder für Landgänge und für das Ausbringen und Einsammeln von Leinen.

Zwei Dinge würden wir anders machen: Das Schlauchboot braucht einen festen Boden. Der luftgefüllte Gummiboden wird durch Korallenstrände und die steinigen Ufer allzu leicht beschädigt. Der Nachteil ist natürlich die schwerere Handhabung, das Über-Bord-Bringen und das Verstauen. Während ein kleiner 2-PS-Außenborder für normale Reviere ausreichte und wir meistens nur mit den Riemen klarkamen, war selbst der 4-PS-Außenborder in Patagonien und in antarktischen Gewässern zu schwach.

Vor allem bei zahlenmäßig kleiner Crew braucht man ein robustes Beiboot mit starkem Motor. Eine zweiköpfige Crew gerät schnell in Bedrängnis, wenn wegen schlechten Wetters am Ankerplatz keine Leinen ausgebracht werden können oder wenn beim Ein- oder Ausbringen der Leinen plötzlich Starkwind aufkommt. Brisant wird die Angelegenheit auch, wenn ein Teil der Crew mit dem Beiboot unterwegs oder an Land ist und sich das Wetter plötzlich und dramatisch verschlechtert – und das tat es oft genug.

Energie an Bord

Petroleumlampen mit Docht
Geniol-Petroleum-Starklichtlampen
Geniol-Petroleum-Schnellkocher
Geniol-Petroleumherd
Energiesparlampen mit Akku und Solarmodul, 12 V
Lieferant Heinze, Wuppertal

An Treib- und Brennstoffen für den Törn in der Antarktis und für die Überwinterung führten wir mit: 1600 l für Maschinenfahrt, Hilfsdiesel und Heizung, acht 11,5-l-Gasflaschen für Kochen und Backen, 300 l Benzin für Außenborder und Benzingeneratoren.

Die Dauer unseres Antarktisaufenthaltes war in der Planung nicht genau zu bestimmen. Da die Eisverhältnisse von Jahr zu Jahr starken Schwankungen unterliegen, war es theoretisch möglich, daß wir unsere Vulkaninsel bereits im Oktober verlassen konnten. Ebenso war es aber denkbar gewesen, daß uns das Eis erst vier Monate später entließ. Ebenfalls nicht voraussehen konnten wir, ob wir den Winter überwiegend an Bord oder an Land verbringen würden. Dazu kamen unvorhersehbare Ereignisse, wie in unserem Fall die Strandung. Wir gingen davon aus, daß unsere Bordelektrik möglicherweise ausfallen würde, daß das ganze System aus Diesel- und Benzingeneratoren, Lichtmaschinen, Ladegeräten, Windgenerator etc. Schaden nehmen würde, der mit Bordmitteln möglicherweise nicht zu beheben war. Und daß unser Vorrat an Gasflaschen nicht zum Kochen, Backen und Schneeschmelzen reichen würde. Deshalb nahmen wir als Alternative Petroleumlampen, -kocher (Heizung) und -herd mit, funktionierten den Schmutzwassertank um und bunkerten 300 l Petroleum.

Für die Lampen, die Kocher und den Herd hatten wir uns vom Lieferanten ausreichend Ersatzteile mitgeben lassen und alles vor der Reise in wasserdichte Folien eingeschweißt. So zählte dann diese Petro-Ausrüstung zu den wenigen Dingen an Bord, die nicht von Salzwasser durchtränkt wurden. Wir waren deshalb unabhängig von der empfindlichen elektrischen Installation und Ausrüstung. Allerdings waren wir während der Überwinterung in einer Hinsicht auf Batteriestrom angewiesen. Unser kleiner Kurzwellensender ließ sich nur über Batterie betreiben. Zwar waren die Bordbatterien durch den Brand und die Strandung arg strapaziert, ließen sich auch nicht mehr richtig laden, aber bei laufendem Motor des uns verbliebenen Benzingenerators während der Funkgespräche konnten wir die Funkbrücke zu den benachbarten Stationen und unserem Funkerfreund in Buenos Aires den ganzen Winter über aufrechterhalten.

Schwimmwesten

Secumar 15 Bolero, Secumar 15 KSL, Secumar 40 SL und HL (alle mit integriertem Lifebelt und Seenotlicht), Hersteller Bernhardt Apparatebau, Wedel/Holstein

Extreme Breiten sind kalte Breiten. Das wichtigste persönliche Ausrüstungsstück, die automatische Schwimmweste, erfüllt im eiskalten Wasser ihren Zweck nicht mehr. Es kann passieren, daß sich die Salztablette nicht schnell genug auflöst oder daß der Auslösemechanismus sperrt, weil er vereist ist. Gleich welchen Schwimmwestentyp Sie bevorzugen: Es ist wichtig, genaue Erkundigungen beim jeweiligen Hersteller einzuholen, bevor Sie starten. Wer im Winter in der Nordsee segelt, benötigt diese Informationen genauso wie derjenige, der in die extremen Breiten aufbricht.

Wir hatten Glück mit dem Hersteller, der alle Schwimmwesten kostenlos antarktistauglich machte, indem er sie umrüstete. Darüber hinaus bot er uns arktis- und antarktistaugliche Rettungswesten an, die sich noch bei Temperaturen bis −50° C aufblasen. Bei dieser speziellen Version, für die Heide und ich uns entschieden, sorgt eine vergrößerte Patrone in Verbindung mit einer speziellen Auslöseautomatik auch unter extremsten Bedingungen für eine schnelle, sichere Zufuhr zusätzlicher Gasmengen.

Natürlich trugen wir diese Schwimmwesten in der Schreckensnacht, in der wir die vollgelaufene FREYDIS verlassen mußten, wollten wir nicht ertrinken oder erfrieren. Es war für uns eine Beruhigung zu wissen, daß sich diese Westen aufblasen würden für den Fall, daß uns die Brandung unter Wasser drückte. Glücklicherweise ging aber dieser Kelch an uns vorüber, und wir erreichten stehenden Fußes das rettende Ufer.

Danksagung

Das Schönste nach Abschluß eines Buches sind zweifellos die Dankesworte, und ich habe vielen für Vieles zu danken.

Bedanken möchten wir uns bei allen FREYDIS-Crews, die durch ihr Engagement zum Erfolg der Reise beitrugen. Daß wir die Folgen des Brandes in Mar del Plata so rasch überwanden, war nur möglich durch den schnellen, uneigennützigen Einsatz einer ganzen Reihe Menschen. Und da sind vor allem die Mitsegler hervorzuheben, unsere Freunde Erhard Schorge, Joachim Terjung und Joachim Schmidt, Karl Hießerich und die Kameraleute Arno Scheffler und Klaus Stuhl. Letztere konnten zwar nicht an der geplanten Etappe teilnehmen, weil ihre gesamte Ausrüstung und die Filme verbrannt waren, aber sie halfen trotzdem noch einige Tage kräftig mit bei der Schadensbekämpfung und Instandsetzung.

Im Hintergrund, aber nicht weniger wirkungsvoll, arbeiteten unsere Freunde Dr. Heiner Borgmann und seine Frau Gaby in Buenos Aires, auch Thilo von Cölln in Weener/Ostfriesland und der Chef von Mercedes Benz in Buenos Aires, Dr. Zetsche. Honorarkonsul Dr. Weber half uns nach dem Brand, die bürokratischen Hürden im Eiltempo zu überwinden. Ein besonderes Dankeschön gilt auch den Verantwortlichen des Club Nautico Argentino in Mar del Plata.

Für die Zeit der Überwinterung danken wir dem argentinischen Polarinstitut und der argentinischen Armada für die großzügige Überlassung ihrer Stationshütte als Quartier, insbesondere auch der Mannschaft vom Sommer 1991 auf Deception unter Leutnant

Gabriel Malnati und dem wissenschaftlichen Leiter, dem Vulkanologen Professor Viramonte, der uns zusammen mit der Geologin Dr. Risso einen äußerst interessanten Einblick in das vulkanologische Geschehen auf der Insel Deception ermöglichte.

Dr. Mariano Memolli, Leiter der argentinischen Station Jubany und seiner Mannschaft, sowie den chilenischen Stationen Marsh und Arturo Prat danken wir für ihre Gastfreundschaft und Anteilnahme an unserem Unternehmen.

Hectór Barrientos Parra, dem Kommandanten von Marsh, und Carlos Rodriguez Sepulveda sind wir in ganz besonderer Weise verbunden. Sie waren es, die uns mit Vladimir Stepanov und Mayor Mario Menyou, den Leitern der russischen Station Bellingshausen und der uruguayischen Station General Artigas, erste Hilfe nach der Strandung zukommen ließen.

Unvergeßlich bleiben wird für uns auch Luis Montil, unser Helfer aus Uruguay, der in den ersten drei schlimmen Wochen nach der Strandung bei den Bergungs- und Reparaturarbeiten selbstlos und kräftig mit zupackte.

Als vier Monate nach der Strandung die Ersatzteile eintrafen, die wir dringend benötigten, um notwendige Reparaturen zu Ende zu führen, hatten an diesem Ergebnis viele mitgewirkt: Eduardo und Andi Düster, die argentinische und chilenische Fuerza Aerea, die Lufthansa sowie der Botschafter der Bundesrepublik Deutschland in Argentinien, Dr. Limmer. All die Fäden, die dabei gesponnen wurden, liefen bei einem Mann zusammen, der zugleich Motor dieser Hilfsaktion war, bei unserem Freund Thomas Euting, der wahre Organisationswunder vollbrachte. Er hat zusammen mit Kameramann Per Mustelin einen Reportagefilm über den Antarktis-Reiseabschnitt der FREYDIS fürs ZDF gedreht, den wir für überaus gelungen halten.

Nach der Strandung war es Thomas' Idee, unsere Freunde anzuschreiben und sie über unser Mißgeschick zu informieren. Als Folge erhielten wir eine wahre Flut von Briefen, in denen sie uns ihre Anteilnahme ausdrückten und uns in jeder Hinsicht Mut machten. Das alles verbanden sie noch mit einem wertvollen Geschenk: einem Verstärker für unser Kurzwellengerät.

Ein besonderes Lob der chilenischen Armada, die ihr Versprechen hielt und uns am Ende des Winters mit ihrem Patrouillenboot LAUTARO einen Weg durchs Packeis bahnte. Daß wir die Rückreise über die Drakestraße mit einer weitgehend intakten Elektrik antreten konnten, verdanken wir dem neuen Kommandanten von Prat (1992), Manuel Carrasco, und dem Leiter der damals gerade dort stationierten Reparaturbrigade, Ricardo Morales, mit seinen Leuten.

Ute Hohn und Salvador Gaetano danken wir für die reibungslose Abwicklung aller Crewflüge und für die freundliche Betreuung unserer Mitsegler vor und nach den Segeltörns. Ebenso danken wir Hans Ulrich Vehrenberg, der als „alter" FREYDIS-Seebär den neueren Crewmitgliedern in allen Fragen mit Rat und Fax zur Seite stand, sowie Annelie Arnold, die liebenswürdigerweise viele logistische Probleme meistern half. Dankbar bin ich auch meinem Freund Karl Segitz und Jutta Wannenmacher für das sorgfältige und einfühlsame Lektorat. Sicher ist dem Leser aufgefallen, daß dieses Buch einen besonders umfangreichen Bildteil enthält. Hieran hat unser Freund Albert Strobl ganz maßgeblichen Anteil; der Titel des Buches ist eine Idee von Sternredakteur Dr. Sandmeyer.

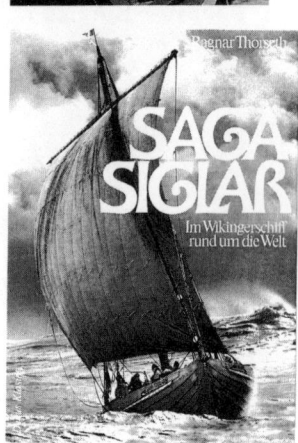